开盛世皇

杨 坚

水木年华·编著

开国帝王系列

郑州大学出版社

郑州

图书在版编目（CIP）数据

开皇盛世杨坚 / 水木年华编著 . —郑州：郑州
大学出版社，2018.4
（开国帝王）
ISBN 978-7-5645-5288-6

Ⅰ . ①开… Ⅱ . ①水… Ⅲ . ①杨坚（541-604）- 评
传 Ⅳ . ① K827=41

中国版本图书馆 CIP 数据核字（2018）第 024895 号

郑州大学出版社出版发行
郑州市大学路 40 号　　　　　　邮政编码：450052
出版人：张功员　　　　　　　　发行部电话：0371-66658405
全国新华书店经销
新乡市豫北印务有限公司印制
开本：710 mm×1 000 mm　1/16
印张：16.75
字数：235 千字
版次：2018 年 4 月第 1 版　　　印次：2018 年 4 月第 1 次印刷

书号：ISBN 978-7-5645-5288-6　定价：48.00 元
本书如有印装质量问题，请向本社调换

前 言

　　中国两千多年的封建历史长河是由一个个朝代组成的，每个朝代都会涌现出一个叱咤风云、扭转乾坤的开国帝王，这些开国帝王无不具有一段非凡的传奇，如夜空中群星般璀璨夺目。他们抓住历史机遇，尽显扭转乾坤、开疆辟土的万丈豪情和文韬武略；他们开启了一个新的朝代，翻开了历史的新篇章。

　　曹操说："夫英雄者，胸怀大志，腹有良谋，有包藏宇宙之机，吞吐天地之志者也。"细品这些开国伟人，他们无不深刻影响了中国的历史发展，他们也因此青史留名。

　　开国帝王在制定朝纲、驾驭群臣、发展经济、政治谋略、军事手段、思想文化、民族关系等方面所实行的一系列政策，都或多或少地推动着历史的进程。作为开国帝王，无论从哪个角度讲，他们都是当时的成功人物。解读开国皇帝，剖析中国历史，还原其真实的面目，可以让我们从中学到宝贵的人生智慧。

　　本丛书汇集历代开国皇帝的生平事迹，上起千古第一帝秦始皇，下迄清朝开国皇帝皇太极，直观、深入地介绍了每一位开国帝王惊心动魄的奋斗历程。

　　希望本书能够得到广大读者的喜爱。

内 容 简 介

　　杨坚是隋朝开国皇帝，他在位期间成功地统一了百年严重分裂的中国，开创了先进的选官制度，发展文化经济，使得中国成为盛世之国。杨坚在位期间，隋朝开皇年间疆域辽阔，人口达到七百余万户，是人类历史上农耕文明的巅峰时期。杨坚是西方人眼中最伟大的中国皇帝，被尊为"圣人可汗"。本书解读真实的隋文帝杨坚，解开他成功上位的历史密码。通过对他取得霸业以及辅政者的经验教训、智慧、谋略进行总结，期对我们当下的人生提供借鉴、指导。

目 录

第三章　建章立制

第四章　统一中国

第五章　勤政固本

第六章 绥服四夷

第七章 名君暮年

第八章 文帝趣话

附录　隋文帝杨坚大事年表

父祖之蔭

第一章

不凡家世

西魏大统七年（公元541年）六月十三日深夜，夜色漆黑昏暗。突然，冯翊县（今陕西大荔）般若寺内紫光充庭，祥云缭绕，室内洋溢着浓郁的芳香，霎时间，天色光亮一片，光彩照人，一位男婴呱呱坠地了。

第二天一大早，自称是河东来的一位法号为智仙的尼姑，对婴儿的母亲说"此儿将来富贵，万不可按俗儿抚养"，并要把他带到一个特殊的地方照料。其母欣然应允，并不定时地去看望娇儿。

这个男婴不同寻常的身世在他以后的人生道路上造就了他不同凡人的宏伟大业。

正因不凡的身世，他被取一小名叫那罗延，而杨坚却是他的为世人所共知的名字。但真正被世人所记住的，是他的伟大功绩——结束了中国长期的分裂局面，统一了南方和北方，并于北周大定元年（公元581年，建隋后，改元开皇）建立了在我国历史上具有深远影响的隋朝。

据传说，杨坚自幼相貌很像龙，前额隐隐有五根柱子直通头顶，目光四射，手上有轮廓似"文"字的纹理，身材上长下短，面部表情威严庄重，不苟言笑。

这样的传说当然可以理解，因为历史上关于天子的神奇传说实在太多。它一方面是人们对天子的过度崇拜，另一方面或多或少是统治者用以掌握权力以达到统治人民的手段。

然而，杨坚的智力并不像传说中那样生来就有天子的品质。

幼年的杨坚在史书上没有过多的记载，甚至只是一笔带过。毋庸置疑，幼年的杨坚并没有过人之处。少年时期的他也并未显示出超人的技艺和天赋。人们似乎只记得，杨坚自幼爱好音乐，少年时常怀抱琵琶自弹自唱，而且曾经编过两首歌曲，名为《天高》《地厚》。后来，杨坚做了皇帝以后，曾将其作为宫廷歌曲演奏，但人们至今并未找到它们的具体内容。

在一所古老的尼姑庵中，由于女尼的精心照料，杨坚无忧无虑地度过了自己的童年生活。这里没有幸福的父爱，没有难忘的同伴嬉闹，平日里能听到的只是喃喃的念佛声和唪唪的木鱼敲击声，能看到的只是尼姑智仙匆匆的佛事。然而，渐渐地，这些在杨坚幼小的心灵深处扎下了坚实的根。

是的，一个人幼年的事往往会终身难忘，而且往往会为他成年后的作为埋下深深的基石。而杨坚幼年清贫的生活给他的心灵留下的深刻印象，使他更加难忘。其中，最使他终生难忘的却是智仙尼姑的抚养之恩和她对佛虔诚的信念，这足以使他对女尼、对佛感激不尽。

不过，有一个人却始终为杨坚母子当时的境况感到遗憾。他就是杨坚的亲生父亲杨忠。

杨忠当时是西魏的名将，在妻子临产的时刻，他并未守护在妻儿的身旁。但人们并不能因此就断然责备身为父亲和丈夫的杨忠的无情。他那时正在为宇文泰征战疆场，以致使其子生于寺中，而养于尼。

后来的事实证明，杨忠比别人更爱自己的儿子。杨忠不愧是一名智勇双全的大将，一生的艰辛磨难，为杨氏家族立下了汗马功劳。为当时的名门——杨氏家族的辉煌成就而奋斗，是使杨氏家族载入历史辉煌一页的最重要的奋斗者。

那么，究竟杨忠是怎样为儿子开辟一代帝王的道路的？杨坚又是怎样成为中国历史上伟大的隋王朝的开创者的？这还得从杨氏家族说起。

在封建社会的中国，人们往往奉家族的名望为至上，因为它是借以区分人们地位高下的凭证，是表明自己高贵于他人的标志。而杨坚及其父祖所生活的时代正是一个十分讲究名望、家世的年代。

翻开《周书》《隋书》《北史》，展现在后人面前的是这样的史实。

杨忠，弘农华阴人。小名奴奴。高祖元寿，魏初，为武川镇司马，因家于神武树颓也。祖烈，龙骧将军、太原郡守。父祯，以军功除宁远将军。属魏末丧乱，避地中山，结义徒以讨鲜于修礼，遂死之。保定中，以忠勋，追赠柱国大将军、少保、兴城郡公。

很显然，杨坚及其父亲出身于弘农杨氏，而弘农杨氏在当时可称得上是名门望族。

那时的名门望族一般都有值得向别人炫耀的辉煌家族史。他们一般都是官宦世家，在朝中任高官代有其人。杨坚所在的弘农杨氏当然也不例外。

然而，正如史书记载，杨坚是东汉太尉杨震的第十四世孙。杨震是弘农华阴人，从杨坚上数六代人，即忠、祯、烈、暇、元寿、铉，史书上都有记载，而从杨坚的六世祖杨铉再往上数八代至杨震，历史却是一片空白，似乎这几代人都悄然失踪了。

人们不会忘记，杨坚家族的故里是在长安和洛阳两个古都之间，他们为北方的少数民族王朝效力至少有两个世纪；人们更不会忘记，在政权更换频繁的年代，贵族之间的斗争往往极为残酷，满门抄斩是常有的事，特别是身居朝廷显位的文才武将。而这正给我们分析杨氏家族断层史的原因提供了重要的线索。

也就是说，杨坚家族中，杨震以后很可能在一次激烈的贵族争权夺利中被残酷镇压。为了逃避灾难，杨氏家族有一些人远离他乡，而其中大部

分没落。可以想象，这是对杨氏家族的一次沉重的打击。以至于他们竟有八代人出没不定，过着艰苦的生活而不为世人所知，而且他们也被吓得暂时不敢与世争夺。

不过，到了杨坚的六世祖杨铉，似乎局势有所变化，杨氏家族又重新东山再起。这一次重新崛起，使得他们人才辈出，直至杨坚成为隋王朝的建立者，杨氏家族达到鼎盛时期。

不过，杨坚的成功，在很大意义上是其父杨忠一生奋斗的结果。可以说，没有杨忠的南征北战，没有杨忠的出生入死，结交天下贤才、名门贵族，就没杨坚后来的入太学，就没有后来的建隋代周。

看来，要了解杨坚，我们还必须从一生中对他影响最大的人——他的父亲杨忠谈起。

北魏正始四年（公元507年），杨忠出生于北魏北部的一个边镇——武川镇。

武川镇一带是辽阔无垠的草原。武川镇以草原得天独厚的特色，养育了一代代骁勇善战的健儿。他们能策马驰骋，自由豪放，是草原的骄子。

多少个春秋，多少年风风雨雨，历史留给了武川镇一次又一次残酷的战争，同时也造就了一批又一批勇敢的武士。他们个个具有矫健的体魄、坚强的意志和勇敢的性格，把武川镇庄严地写在了历史特殊的一页中。

杨忠正是武川镇人。不幸的是，在他出生的时期，武川镇已经失去了它昔日的重要地位。镇民开始被歧视，甚至被同罪犯等而视之，地位的急剧滑坡，最终埋下了不满、怨恨和反抗的种子。

北魏延昌年间（公元512—515年），武川镇发生了严重饥荒。然而，北魏政府却视而不见。因而，逃亡、闹事、哗变开始接连不断地发生。

北魏正光五年（公元524年），爆发了风起云涌的六镇起义。但起义最终还是被朝廷残酷镇压。

当时，杨忠的父亲杨祯是北魏将官，曾因军功被授予将军称号。六镇起义失败后，杨祯被免职，并随着二十多万移民的大潮到了河北中山（今河北定县）。失去了昔日显赫地位的杨祯，在中山同义军的冲突中兵败身亡。

六镇起义那年，十八岁的杨忠，并没有参加政府军对义军的残酷镇压。可以说，杨忠是一位有远见的人物，这也正是他不同于其父之处。

在杨忠的头脑里，装的是在饥饿中挣扎的六镇人民的疾苦，而拓跋鲜卑对广大人民的歧视和朝廷上下的腐败更使他无法容忍。毕竟，他有着满腔的热血和不甘人下的雄才。

不过，他同时又发现，边镇的武人虽骁勇善战，但有勇而无谋。他看到了义军的弱小和北魏军队的绝对强大，认定义军终将走向灭亡。于是，杨忠始终未参加义军。

认清形势以后，杨忠毅然选择了自己的路——只身南下，进入泰山郡境。这个选择对杨忠人生旅途的转折是至关重要的一步，而且一直影响到杨坚的将来。

齐鲁大地是孔孟的故乡，是著名的文化礼仪之邦，泰山矗立其间，是历代帝王举行封禅礼仪之所。这里是世家大族的聚集地之一，因而人才济济。虽然时间很短，但对杨忠的影响却是终身的。

就在杨忠客居齐鲁不久，在一次梁军对北魏大规模掠夺的战争中，杨忠被梁军掠往当时梁朝的国都——建康。

在这种充满儒风、佛光、道气、新奇的文化环境中，杨忠不知不觉生活了五年时间。这五年，正是杨忠十八岁到二十二岁的青春年华，也是人一生中的黄金时期。

整整五年时间里，杨忠以青年人特有的对新事物的敏感和求知欲，接受着于己有益的一切事物。这五年，弥补了杨忠前十八年生活经历给他造

成的缺憾，使他的气质显示出一种少有的特征，而他的个人品质更进一步得到完善。可以说，这五年才是真正使杨忠进入人生转折的关键时期。

从此，杨忠身上体现了塞北风格与中原文化的有机结合。这使他找到了往日的代北汉子和眼前的文化熏陶后铸成的自我。他不再仅仅是一个纠纠的武人，而且兼备了普通武人没有的文化修养。

杨忠的军旅生活，是从他到达南朝萧梁的第五年开始的。

这年十月，杨忠随梁朝魏王元颢率领的军队开始步入征战沙场的军队生涯。

元颢是在北魏主臣的一片猜忌中叛魏投梁的。梁将陈庆之勇猛杀敌、临危不惧的气概给杨忠留下了极深刻的印象。

在首次随军征战中，杨忠亲身经历了战场的厮杀，感受了死亡的威胁。在与死亡的反复斗争中，他明白了作为一军主帅，不但要有超人的技艺，还需要有过人的勇气，更要有礼遇部下乃至普通士兵的品格。

后来，元颢与陈庆之互不相容。在一次战败后，杨忠又被魏将尔朱度律收留。在尔朱军中，杨忠结识了同乡故友独孤信。在以后的征战中，杨忠随从独孤信并肩作战，同心协力，结为世交，成为北周主宇文泰坚强的左右手。

北魏永熙三年，即东魏天平元年（公元534年），北魏分裂成两部分，即东部以邺城（今河北磁县南）为中心，称东魏。西部以长安（今陕西西安附近）为都城，称西魏。

独孤信到西魏后，被任命荆州刺史。接到孝武帝的命令，独孤信攻打荆州，杨忠任军前驱。东魏令恒农太守田八能迎战，田在途中被击败。东魏又派重兵前来，一场血战之后，终因寡不敌众，独孤信、杨忠被迫退入南朝境内。

到了南朝萧梁，独孤信、杨忠被梁武帝看中，杨忠被封为文德主帅、关外侯。直到三年后，即西魏大统三年（公元537年）才随独孤信回到长安。

此时，步入而立之年的杨忠已经完全是一个成熟的胡风汉味的军帅。他有着代北草原赋予的强健的体魄、勇敢的个性，更兼备中原、江南汉族文化铸就的品质。

西魏大统四年（公元538年）七月，东魏派侯景、高敖曹等人率军攻打西魏。西魏洛阳守将独孤信被包围在金墉城内。西魏主接到洛阳告急的消息，派李弼、达奚武率领骑兵为先驱，并亲自与宇文泰一起随大军东征。八月，宇文泰率军到达谷水边的谷城。东魏将侯景准备采取以逸待劳的战术。另一个大将莫多娄贷文认为侯景太保守，并夸下海口说，只需率领千余骑兵，便可把宇文泰军冲个落花流水。他不听侯景的劝阻，率骑迎敌，当夜便遭遇西魏军前驱李弼、达奚武。东魏军大败，莫多娄贷文被李弼斩于马下。西魏军首战大胜。宇文泰被胜利冲昏了头脑，乘胜追击，不料侯景军早已在黄河边摆阵迎敌。但见阵中步兵如水，骑兵似龙，从邙山脚下向北密密层层一直延伸到黄河岸边。东魏军已牢牢守住黄河上的唯一通道河桥。显然，侯景已做好了充分的作战准备。西魏宇文泰军是轻骑而来，本应驻马收兵，以待后援。但他发热的头脑并未看到形势的危急，便下令军队进攻。经过一场激战，西魏伤亡惨重，宇文泰坐骑被流矢射中，马因受惊而翻倒在地，宇文泰坠于马下。幸好宇文泰手下的都督李穆赶到，将宇文泰救起，逃回营中。不久，西魏大部队赶到，宇文泰重整旗鼓，向东魏军发起了新的进攻。这一仗，刀光剑影，血流成河，双方整整交战达十几个小时。渐渐地，东魏军支持不住，退到河桥北边。正在这时，黄河边突然浓雾四起，东魏军乘机反攻。西魏右路军独孤信、李远，左路军赵贵、怡峰，都在战斗中失利，又与主帅宇文泰失去联系，便节节败退。兵败如山倒，西魏军面临全线崩溃。东魏军此时却势如破竹。在这

千钧一发之际，杨忠仅带领五名壮士，死死地守住河桥，掩护大军撤退。他们的铠甲战袍被鲜血染红，手中的刀剑因过久厮杀而卷刃，死亡对于他们来说在眨眼之间，但他们却毫不畏惧，勇敢杀敌，好似一堵铁墙挡住东魏军的追杀。敌军完全被他们勇猛的威慑力震住了，看着眼前成堆的尸体和愈战愈勇的壮士，只能呆呆地睁眼望着成群结队的西魏军从容地退去……

这一战，史称河桥之战。

杨忠因全军得以安全撤退而立功，被提拔为左光禄大夫、大都督，并兼云州刺史。

这一战只是杨忠参加过的众多战争中的一例，但足以反映出杨忠所具有的勇猛品质。可以说，他的勇猛足以使那些以勇著称的代北人吃惊。

然而，杨忠不仅有勇猛的品质，更具有一般武人所未有的超人胆识。

北周孝闵帝二年（公元558年），北齐北豫州刺史司马消难欲投北周，北周明帝在朝中有人怀疑其中有诈的情况下，派杨忠及达奚武两员猛将前去接应司马消难。

杨忠、达奚武二将率领五千骑按约定时间出发，为提防意外，他们沿小道，潜入北齐境内。在离北豫州州城三十里的地方扎营，杨忠派人前去先和城内联系。

但一个时辰以后，杳无音讯。又派一个人，又一个时辰，仍无音讯。

当第三个人该回却未回的时候，离和司马消难约定的时间只有一个时辰了。此时，杨忠意识到，不能再等了，机会难得，准备亲自带人前去接应。但遭到达奚武的坚决反对，他认为，打探的人未回，必是司马消难诈降，最乐观的估计也是情况有变。杨忠却认为，不知究竟，无以辨真伪。一时间，军中众说纷纭。最后，杨忠坚定地说："我宁可冒死前去探个究竟，也不贪生而出师无功，机不可失啊！"于是便带领一千骑士，趁着夜色摸到州城之下。

漆黑的夜，紧闭的城门，高耸的城墙如同陡峭的绝壁，几声偶尔的击柝声更使人增加几分恐惧。主张退却的达奚武也赶到，他要求立即退回。又有几百人动摇了，他们随达奚武踏上了归途。随从杨忠的只有几百骑。

突然，城楼上一声尖利的呼哨。司马消难向接应的人发出了信号。杨忠立刻回了两声，暗示一切按计划进行。

进了城，杨忠一行才知道，原来，齐文宣帝对司马消难产生了怀疑，派亲信伏敬远带甲士两千人对北豫州进行严密监视。杨忠所派的探士也已落入伏敬远手中。

就这样，杨忠成功地完成了宇文泰的接应司马消难的任务。而他的成功无疑是他胆识过人的必然结果。

事后，达奚武不无感慨地说："我一贯自以为是天下健儿，今天算是服了杨忠。"

作为一个武者，杨忠更有着敏锐的政治眼光。

杨忠直至死，始终给人们以忠臣的印象，尤其对宇文泰更加忠诚。

也就是说，杨忠的忠主要是对后来的西魏、北周的忠诚。

西魏大统七年（公元541年）六月十三日，也就是杨坚出生那天，杨忠并不在妻儿身边。据史载，就在当年，岷州（治所在今甘肃岷州县）刺史、赤水蕃王梁企定举兵反叛，朝廷派独孤信前去讨伐。当时，杨忠一直都跟随着独孤信。他和独孤信一起攻、守荆州，一起被迫逃入南朝萧梁，一起从南朝返回，又一起参加河桥之战。很显然，当时杨忠也一定参加了独孤信的讨伐。为了主上，杨忠抛下临产的妻子，足见其忠。

然而，杨忠既然是有头脑的武人，他的忠就必然显示出是有道之忠，而不是愚忠。他忠于友情，忠于知己，更主要的则是忠于值得为之而献身的人和事。从某种意义上说，他的忠更是出于对自身前途发展的、有着远

大抱负和敏锐政治眼光的忠。

经过了十几年的代北生活，又接受了汉族文化熏陶，更重要的是亲身经历了几十年戎马生涯的杨忠，终于踏上了一条自认为值得一走的道路，他坚信自己选择道路的正确性，因为他已经适应了这种特殊生活——权势、军事、政治斗争相融合。

杨坚生于冯翊县的般若寺，自小托养在尼姑智仙门下，在没有父爱的环境下，一晃十三年过去了。此时，他已经是一个英俊的少年，母亲偶尔的看望，似乎对他也是可有可无。年少的他，头脑中多半是对佛的虔诚和荒野的景致。这一切使他养成了独自沉默的习惯，然而，这种沉默似乎又多了一分玩世不恭，多了几分令人望而生畏的冷漠。

十三岁这年，杨坚被父亲杨忠带到长安。此时的杨忠已经身居高位。在宇文泰部下，他屡立战功，在贵族中已经处于举足轻重的地位了。

早在西魏初创时，宇文泰就晋行台郎中苏绰为左丞。苏绰为汉族士人，博闻强记，谙熟掌故，经常与宇文泰彻夜叙谈，孜孜不倦。宇文泰把苏绰视为奇士，常与他论及国家大事，就连一些朝廷机密，也往往要苏绰参预。

苏绰以国家为己任，每作文既达理又具有完美的格式，读起来一目了然。甚至在计账户籍等法令推行时期，秩序也井然有序。苏绰荐贤拔能，经他选拔的人才都尽心称职。他对于国家的事了若指掌，又敢于进谏，常向宇文泰提出对朝廷有益的措施。

当时，苏绰因宇文泰注重人才的培养与重用，而他本人也很重视人才的培养，就向宇文泰提出用仁义、孝悌、忠信、礼让、廉平、俭约教育百姓和臣民的建议。这个建议受到当权者宇文泰的高度重视，很快就依据苏绰的建议办起了第一所中央级的学府——太学。

太学以儒家经典为主要教学内容，执教先生都是当世名儒。能在太学上

学的学生大都是有一定来历的人，其中有许多还是宇文泰亲自送入的才士。

杨坚来到长安后，杨忠很快便把他送进了太学。但是，这并不是说杨坚有才而能入太学，他只是凭着父亲杨忠当时的地位才幸运地跨入了当时的最高学府。

权势联姻

西魏恭帝元年（公元554年），杨坚十四岁，转入太学学习已经有一段时间了。

太学是一所专门培养贵族子弟的学校。魏孝武帝匆促西迁，礼乐散逸，典籍不备；宇文泰集团起自行伍，军将骁勇少文；贵胄子弟从小习武，以弓马自矜。宇文泰深知，没有文化的队伍是难以担负起争夺天下的重任的，所以，他努力提倡学习，甚至在自己的行台设置学堂，让部下府佐白天办公事，晚上到学堂学习。当然，这种军政机构附设的学堂，充其量不过是进行诸如扫盲和学习一般公文写作之类的实用教育，同正规学校完全不能等量齐观。但弥漫于统治阶层的尚武轻文的风气，给以后形成的国家政权留下严重的先天不足的病根，这是后话。就当时的社会风气和学校的师资来看，西魏太学的教育水平，可想而知。

在这群质朴而孔武的子弟中，能文善武，就容易得到大家的尊重。例如，李礼成"虽善骑射，而从容儒服，不失素望"。至于像杨坚这种自幼深受佛学教育的学生，更是一种特异的人物，其威仪风姿，让那些胡人军

将公子和汉人世族子弟肃然起敬，"虽至亲呢不敢狎也"。在太学学习的都是官宦子弟，杨坚所获得的尊重，在他们这一代人登上政治舞台时，就成为极其宝贵的政治资本。

就在这一年，杨坚被京兆尹薛善看中，辟他为功曹。这一任命固然是象征性的，但对于杨坚来说，却是他走上仕途的开端。

翌年，杨坚因为父亲平定江陵（今湖北省荆沙市）的军功，被授予散骑常侍、车骑大将军、仪同三司的勋官，封成纪县公。第二年，又升为骠骑大将军，加开府衔。在宇文泰制定的勋位中，杨坚的勋位已是最高的九命一级。显然，作为宇文泰集团的核心家族，其子弟都从高位起家，这就确保了各个家族既得利益的世袭继承，维持了其显赫的政治地位和整个集团的稳固。所以，杨坚虽然还没有正式踏上仕途，但其似锦的前程，已经得到充分的保障。

就在这个时候，杨坚又迎来了对他一生具有决定性影响的喜事。他父亲的老上司，上柱国、大司马独孤信相中杨坚仪表非凡，满心欢喜，便把十四岁的女儿独孤伽罗嫁给了他。

两家都是北周开国勋臣，数一数二的豪门大族。杨忠是汉代名相杨震的后裔，他助宇文泰起兵，屡建战功，爵封隋国公，食邑万户，长子杨坚年方十七岁，因父亲的功勋，已被拜为骠骑大将军，开府仪同三司（将军开府置官属，指一种待遇），又进而封为大兴郡公。同他结亲的独孤信，更是权势隆盛。独孤信也是随宇文泰起兵的大将，官拜上柱国（北周时最高官衔，共八"柱国"，每人统二"大将军"，分别统率府兵），爵封卫国公。他的长女又是当今皇帝宇文毓的皇后。

独孤信共有七个女儿，对十四岁的幼女独孤伽罗最为钟爱，决意为她选一名乘龙佳婿。长安城内，多的是公子王孙，个个都想攀龙附凤，因此上独孤家求婚的人络绎不绝。但是，独孤信选中了杨忠的长子杨坚。他爱

杨坚长相奇特，气度不凡，也爱杨坚少年英武，韬略过人。经过几次慎重考察，才满意地定下这门亲事。

婚事办得热闹、隆重。洞房花烛之夜，一对新人含情脉脉，互相注视着对方。新娘正当豆蔻年华，修长的身材，雪白的肌肤，凤眼桃腮，眼波如水，似有无限柔情。独孤氏见丈夫痴痴地盯着她看，含羞低下了头。她也为自己终身有托暗暗高兴。她发现，杨坚不仅生得一表人才，而且很重情义。

婚后的生活非常美满。独孤氏虽然生长在权贵之家，但谦卑自守，柔和恭孝，家教、修养都属上乘。她不仅仅是个漂亮的女子，而且通晓书史，对于古今兴亡大事颇有些独特的见解，因此，她深得杨坚的器重。

有一天，杨坚下朝回家后，同夫人一起坐着叙话，忽有朝中同僚赵昭求见。赵昭是带着皇帝的秘密使命来的。由于有人传说杨坚有帝王之相，引起明帝宇文毓的疑忌，便派善于替人看相的赵昭来，仔细察看杨坚的面相，如真有帝王之相，就要设法诛灭他。赵昭一看杨坚的长相，不由大惊。他告诉杨坚，你这相，五百年也难得一见。额广，中央突起，直贯入顶，相法上称为"玉柱贯顶"，此相当为天下之君。

杨坚一听，害怕极了，忙用手掩住赵昭的口，不让他说下去。杨坚生怕赵昭是奉皇帝命来试探自己的，忙装出一副不经意的样子，说道："我不过是一凡夫俗子而已，只愿效法我父亲，为国出力，此外一无所求。"这时的赵昭，已决心投靠杨坚，谋求将来的富贵腾达，他说："我这绝非恭维话，将军日后必为天下之君，但须经过一番大诛杀才能定天下。请务必记住我的话！"他还嘱咐杨坚说，执掌朝权的大冢宰（丞相的代称）宇文护忌贤害能，要深自韬晦，等待时机。

赵昭回报明帝时故意说，杨坚虽然相貌奇特，但将来至多做一个柱国之类的大官，"天子之相"只是讹传而已。明帝这才放下心来。

再说杨坚送走赵昭，回到上房，将刚才赵昭的一番话告诉了妻子。独孤氏听后十分高兴，丈夫既有天子之相，那么，自己将来就能当上皇后。作为一个女人，还有什么比当皇后更高的企求呢？凭着她对于时势的判断以及对丈夫的了解，独孤氏相信丈夫是有可能取代北周而君临天下的。但同时，出于一个女人的本能，她又担心起来：做皇帝的人，哪个不是三宫六院，佳丽成群，到那时，丈夫还会对自己保持像现在这样的恩爱吗？她把这一层心事告诉了杨坚。杨坚哈哈大笑，说："夫人真是多虑，我杨坚岂是负心之人？将来无论大富大贵，我都不会背弃于你！"独孤氏还是不放心，她说："夫妻之间只有真诚相爱，始终专一，才有幸福可言。但是古往今来，男人都把娶妻休妻看作像穿一件衣服那样随便，总是三妻四妾，朝秦暮楚，更不要说帝王之家了。我希望你能始终只爱我一个人，不纳妾，不乱

杨坚像

爱。"她充满希望和深情地对杨坚提出要求。杨坚当即答应下来，而且，为了表示他对妻子的忠心，还立下誓言："不和第二个女人生孩子！"

公元557年，北周取代西魏而立。西魏灭亡早已是时间问题，这一点，没有人不清楚。可是，这番废立，却也经历了激烈的斗争。阻力并不是来自西魏皇室的反抗，而是爆发于宇文氏集团内部。宇文泰死后，其侄宇文护以迅速果断的行动，扶持宇文泰的嫡子宇文觉（孝闵帝）登上王位。同年，因为新的权力斗争，宇文护废弑孝闵帝，改立宇文泰的长子宇

文毓，即明帝，而朝廷权力则完全掌握在宇文护手里。

明帝即位后，杨坚被任命为右小宫伯，进封为大兴郡公，正式踏上了仕途。

宫伯掌管皇宫宿卫，小宫伯为其副职。贵胄子弟多由侍卫起家，其主要原因就是因为宿卫官在皇帝身边，贴近权力中枢，能够迅速得到提升。另外，从北周官制上说，宫伯隶属于天官大冢宰。当时，担任大冢宰的是宇文护。由此看来，杨坚担任此职，是宇文护为拉拢杨氏而作的安排。可是，这一职务正好夹在皇帝和权臣之间，地位十分微妙，是飞黄腾达还是身败名裂，就取决于在政治斗争中的立场态度。每逢朝会，宫伯官金刀金甲，立于两班卫士前头，威风凛凛，然而，个中冷暖滋味，只有自个心里明白。杨坚在这个职位上如履薄冰地度过了好几个寒暑，几度险遭不测，亲身体验到政治斗争的冷酷。可是，这个特殊的位置，却也让他洞察出朝廷复杂的人事关系，在宫里宫外，交结一帮密友，练就了深藏不露、处变不惊的政治本领。

树大招风

杨坚一踏入仕途，就经受了政治斗争惊涛骇浪的洗礼。

公元556年10月，关中政权的实际领袖宇文泰在北巡途中发病，急召其侄儿、中山公宇文护赶到泾州（今甘肃省泾川县北泾河北岸），交代后事道："吾形容若此，必是不济。诸子幼小，寇贼未宁，天下之事，属之

于汝，宜勉力以成吾志。"不日，宇文泰就在赶回长安的路上，于云阳（今陕西省泾阳县西北）逝世。云阳就在长安边上，用不了半天就可以到达。但是，宇文护仍然采取严格的保密措施，一直将灵柩护送到长安后，才公开发丧。由此可见，当时的形势相当严峻。

那么，宇文护究竟紧张什么呢？其实，从宇文泰的遗言已可略见端倪了。宇文泰说自己"诸子幼小"，可是，当时其嗣子宇文觉十五岁，长子宇文毓二十三岁，都不能说是"幼小"。既然如此，为什么宇文泰还要将权力嘱托给宇文护呢？

关中政权是由贺拔氏兄弟等几个武装集团合流而成的，其主要成员原是同辈，以兄弟相称，宇文泰因为胆略才智过人，为诸将所推崇而成为实际的领袖。因此，他们之间虽说是上下级关系，实际上宇文泰更像是"老大"。宇文泰对此十分清楚，所以，自西魏政权成立以来，他在内政方面所做的就是逐步提高相府权力，明确上下级关系，慢慢收服各路将领，培植宇文氏亲属势力。同时，他也尽量照顾各将领的利益，用毫无实权的西魏皇帝来平衡派系关系。宇文泰不急于代魏自立，其根本原因就在于此，同时也表现出自己对驾驭群雄的自信。可以说，时间的推移有利于宇文泰。

可是，天不遂人愿，就在宇文泰日占上风的时候，突然病逝，其手下的将领，个个都是出生入死久经沙场的好汉，他们崇敬的是本事和军功，绝非一般人所能驾驭。宇文泰的儿子素无功勋，显然镇不住这些英雄好汉。宇文泰所谓"诸子幼小"，指的并非生理年龄，而是政治上的成熟度。

其实，对于继承人问题，宇文泰早有安排。在自己的儿子尚未长大成熟之前，宇文泰着重培养其侄儿宇文导，早早就把他提拔为十二大将军之一，每逢自己出征，就让他留守关中，"深为吏民所附，朝廷亦以此重之"。可惜，宇文导死得太早。于是，宇文泰就把目光投向宇文导的弟弟

第一章

父祖之荫

宇文护。宇文护生于北魏延昌二年（公元513年），曾经参加过西魏建立初年的历次战役，宇文泰称赞他"此儿志度类我"，是宇文家族第二代中的佼佼者。宇文泰去世时，他四十四岁，正当盛年，宇文泰只能把终身为之奋斗的大业交付与他，希望他能实现改朝换代统一天下的目标。

宇文护临危受命，面对的形势十分严峻。从军功资历来说，他还不足以和第一代元勋相提并论，而且，宇文泰没有称帝，其职位并没有一定要由宇文氏继承的道理。所以，宇文泰一死，"群公各图执政，莫肯服从"，"怀等夷之志，天下有去就之心"，关中政权面临最严重的政治危机。

有资格向宇文氏家族挑战的，是那些和宇文泰（同辈）的元勋。当时，最初的八柱国尚存五家：于谨一直是宇文泰的心腹助手。李弼原为敌对的侯莫陈悦集团将领，正因为有这层关系，所以他归附宇文泰后，更是小心谨慎，忠心耿耿。而且，他们两人已同宇文泰结为儿女亲家。侯莫陈崇为贺拔岳部将，忠诚于宇文氏。那么，剩下来的赵贵和独孤信显然就是谋求执政职位的竞争对手。

当年，贺拔岳被害时，是赵贵力排异议，确立宇文泰的领导地位，对宇文泰有拥戴之恩。独孤信是贺拔胜集团的主要将领，他"风度弘雅，有奇谋大略"，在荆州、洛阳，特别是其长期镇守的陇右，甚得民望，"声振邻国"，以至于东魏传檄说他拥兵秦中与宇文泰对抗。敌国之说或为捕风捉影，但他的确不属于宇文泰嫡系，相互之间关系微妙。独孤信的三个女儿，分别嫁给北周明帝宇文毓、隋文帝杨坚和唐高祖的父亲李爵，这从一个侧面反映出独孤氏在宇文泰集团中的重要地位。但这自然也引起宇文泰的戒心。就在去年，宇文泰决定立嗣，长子宇文毓是独孤信的女婿，而嫡子宇文觉刚刚成年，宇文泰想立嫡子，却又担心独孤信不服，便向诸将征求意见。众将不愿得罪任何一方，便都沉默不语，立嗣之议差一点搁

浅。最后，还是李远挺身而出，请斩独孤信以立嫡子，这才勉强确定了继承人。宇文泰不立长子，恐怕有担心独孤信将来以外戚干政将无人能制的因素。宇文泰之死，使得集团内部潜存的矛盾表面化，如何处理这一矛盾，对于关中政权来说，既是严重危机，也是一大转机。

宇文护显然不足以镇住赵贵和独孤信，但他机智地请来威望隆重的于谨为他冲锋陷阵。于谨怀着"以死争之"的决心，在讨论继承人的会议上，回忆宇文泰对大家的恩德，声色俱厉地要求大家拥护宇文护主持大政，并带头向宇文护效忠，"群公迫于谨，亦再拜，因是众议始定"。

宇文护自忖，只要宇文氏不称帝、不确立与群雄的君臣关系，自己就没有把握驾驭他们。因此，他趁着宇文泰余威尚在，立即逼迫西魏恭帝禅让，于第二年正月，拥立宇文觉即天王位，正式建立北周。夺取了君权，宇文护也就让赵贵担任大冢宰，满足他想当"执政"的愿望，但同时将至关重要的大司马一职从独孤信手中收归己任，争得军权，并和于谨、李弼及侯莫陈崇参议朝政，把赵贵和独孤信架空并挤出权力中心。

赵贵和独孤信自以为和宇文泰平辈，居功自负，愤愤不平于晚辈宇文护专权。赵贵一时冲动，甚至想铲除宇文护，但被独孤信所制止。然而，不久，他们的密谋竟被远在盐州（今陕西省定边县）任刺史的宇文盛告发。于是，宇文护先发制人，在赵贵入朝时，将他捕杀，同时还罢免了独孤信，随即逼他自杀。这一事件大有疑问，赵贵和独孤信如果真的谋反，那么，人在外地的宇文氏族人宇文盛兄弟从何得知？今天，我们已经无法得知当时的真相了，但是，从不合理的蛛丝马迹，仍可看出这是宇文护为提高中央集权而进行的有预谋的铲除异己的行动。

然而，一波未平，一波又起。赵贵、独孤信一案刚刚了结，马上又暴发生了李植等人支持孝闵帝谋诛宇文护案。李植的父亲是十二大将军之一的李远，自称陇西李氏，实际上是陇西鲜卑拓跋族酋长。李贤、李远和李穆三兄弟，为宇文泰崛起于关中，立了大功。宇文泰曾经把两个儿子，即后来的周武帝和齐王宪，寄养于李贤家，可见关系之深。李植早在宇文泰时代就已经参掌朝政，宇文护专权，他和几位宫卫头领，与孝闵帝密谋捉拿宇文护，归政于孝闵帝。然而，计划不幸败露，孝闵帝被弑，李植及其成年的弟弟都被诛杀，甚至祸及其父李远，而李贤和李穆两家亦受牵连，除名为民。

继立的明帝，就是独孤信的女婿宇文毓，他早已成年，又聪明好学，明显不利于宇文护长期专权，所以，登基才两年，就被毒死。临死前，明帝没有把王位传给年幼的儿子，而是传给弟弟宇文邕，即武帝，希望他能完成两位长兄未竟之志，制服权臣，树立皇室的绝对权威。

北周初年一系列政变所造成的影响非常深远。第一，赵贵、独孤信事件，标志着在中央集权化过程中，北周元勋集团分裂了。第二，李植事件表明，在第二代中，新的领导权威尚未树立起来。第三，孝闵帝和明帝被弑则是中央集权由谁来完成的斗争，即皇权与相权之争，其结果是宇文氏家族的分裂，削弱了自身力量。

这三种矛盾，都反映出北周政权正坚定地迈向统一的中央集权国家的道路，在这一进程中，出现第一、二种类型的矛盾并不奇怪，它或许是中央集权所需付出的代价，可以通过完善的国家制度和妥善的政治措施来逐步消解。可是，不管怎么说，每一次重大的政治斗争，都需要相当一段时间来巩固其成果和消化其负面影响。然而，北周国家的发展却缺少了这一消化的过程。宇文护受命于危难之际，终能拥立宇文泰诸子，变魏为周，功勋殊伟。但他热衷权势，甚至走马灯似的一再废立君主，破坏了正常的政治秩序，在强化中央集权的过程中，自己反倒成为中央集权的最大障碍。而且，他缺乏文化修养，一味实行政治高压，激化矛盾，涣散人心，给北周政权造成很大的对立面，最后自己身败名裂。

武帝时代揭开北周最辉煌的一页，中央集权体制得到巩固，北方获得统一，各种政治矛盾逐步被纳入正常的国家体制内加以消化。遗憾的是，这段黄金时间匆匆而逝，还没来得及发挥影响，转眼之间又进入缺乏理性的宣帝时代。如果说宇文护时代的政治斗争还具有中央集权的意义，那么，宣帝所进行的则是变态、猜忌和无聊的政治迫害，造成统治集团的彻底分裂，新旧矛盾汇聚在一起，新的政治领袖和新的政治时代已经呼之欲出了。

在这一系列残酷的政治斗争中，刚刚出道的杨坚经受了严峻的考验。北周初年首先遭到清洗的独孤信不但是杨忠的老上司，而且还是杨坚的岳父。这样两层关系，不能不使得杨家格外引起宇文护的警惕。

赵贵和独孤信敢于向宇文护挑战，根本原因就在于宇文泰集团内部以实力为基础的相对平等的关系。府兵制建立初期，兵士分属于各军将而不直属于君主。因此，元勋军将得以同中央闹独立性。可是，经过宇文泰一番整顿和大力培植亲族势力之后，到了大统末年，实际统兵者已由柱国逐渐转移到大将军，因此，赵贵和独孤信他们只能凭着资历勋功和影响力同宇文护抗争，自然轻易就被击败。但是，大将军杨忠却是实力人物，宇文护既不信任他，却也不敢小看他，因此，对杨家是既拉拢又提防。杨坚就是在这种背景下当上宿卫将领的，其处境可想而知。

杨坚担任小宫伯，应该是宇文护所做的安排。刚刚发生过孝闵帝企图夺回政权的教训，宇文护更需要在宫内安插亲信，以监视宫中的活动。如果能把元勋子弟杨坚拉拢过来，可谓是一箭双雕。对于宇文护的主动接近，杨坚有点不知所措，他赶忙回家和父亲商量。杨忠不仅在战场上是一员虎将，在政治上也很有远见，他清醒地看到，宇文护固然大权在握，但他目无君主，和元老们形同水火，与其皇室的斗争，前途也不容乐观。支持他，将来会被斥为逆臣；反对他，则立招横祸。最好的办法就是与之若

即若离，超脱于宇文家族明争暗斗的漩涡之外。因此，杨忠冷静地对儿子说道："两姑之间难为妇，汝其勿往！"也就是说，夹在两个婆婆之间是很难做媳妇的。杨坚对父亲的劝告心领神会，拒绝了宇文护的招诱。

杨家的态度，表面上是不偏不倚，实际上是不与宇文护同流合污，这自然引起宇文护的不满。但是，杨氏父子对当时发生的事件保持沉默，似乎对政治毫无兴趣，宇文护也摸不清其底细，无可奈何。他只能在暗中密切观察，寻找破绽。杨坚是第二代中的佼佼者，有关他的出生及相貌的传说，似乎已在上层社会流传开了。当时，统治者相当迷信，时常发生因为名字相貌等犯讳而滥杀无辜的事例。因此，杨坚的相貌不能不引起注意，明帝特地派遣善于看相的术士赵昭，前去给杨坚看相。赵昭能够摇唇鼓舌于错综复杂的派系之间，自然八面玲珑。他先是回去禀报说："（杨坚的相貌）不过做柱国耳。"替杨坚遮掩了过去。然后又偷偷告诉杨坚道："公当为天下君，必大诛杀而后定。善记鄙言。"从当时朝廷的形势来看，政权已经逐渐向第二代转移，作为其头领，宇文护自然特别留意第二代子弟中是否有危险的或异己人物存在，所以，术士赵昭或是宇文护派遣的。

不久，朝廷的气氛更加紧张。年轻气盛的明帝亲政，改变以往的天王称号为皇帝，建立年号，逐步收回大权，触犯了宇文护。于是，宇文护派人毒死明帝，改立武帝宇文邕。翌年，改年号为保定元年（公元561年）。"以大冢宰、晋国公护为都督中外诸军事，令五府总于天官"，宇文护实现了总揽朝政的野心。

当初，宇文泰建立府兵制度，立左右十二军，由十二大将军统率，其所统军人，均改从将军姓，企图模仿鲜卑部落兵制，以虚构的血缘关系来提高战士的归属感和战斗力。然而，这支军队虽说统属宇文泰指挥，实际上具有相当的独立性。宇文护执政，成功地收回兵权，军队的所有调发，

父祖之荫

都必须有宇文护签署的命令才能实行。至此，北周实现了向中央集权体制的转换。只是权力没有集中到皇帝手中，而是在宇文护的控制之下。如此一来，中央集权体制还是没能最终完成。因此，不管武帝如何韬光晦迹，他必将是宇文护的对手。这一点，宇文护心里清楚，所以，他扩大用人层面，在大力提拔新人和培植亲信的同时，进一步加强了对元勋集团的监视和压制。

保定三年（公元563年）春正月，武帝出巡原州（今宁夏固原县），突然夜里回到长安。百官都觉得很奇怪，私下打听原因。随武帝巡行的侯莫陈崇对其亲信解释道："吾昔闻卜筮者言，晋公今年不利。车驾今忽夜还，不过是晋公死耳。"预言宇文护将死，不啻是爆炸新闻，顿时就在京城里流传开来。有人告发其事，武帝便将公卿召集起来，当众责问侯莫陈崇。当晚，宇文护就派兵包围侯莫陈崇府第，逼他自杀。侯莫陈崇在前述赵贵和独孤信事件中，显然是支持拥立宇文氏的，所以在事件之后成为四位参议朝政的大臣之一。但是，他所忠诚的无疑是皇室，而不是宇文护，因此，在皇帝与权臣的斗争中，他明显站在皇帝一边。侯莫陈崇一死，北周初年的五大柱国已经被宇文护清洗了三家，创业元勋所剩无几，可见当时斗争之惨烈。

武帝即位后，杨坚的职务从右小宫伯改任左小宫伯，几乎没有变化。从明帝即位（公元557年）起到武帝保定五年（公元565年）左右，他整整担任了八年的宿卫官。光阴荏苒，保定元年（公元561年），随着长女杨丽华的出世，他已经不再是当年那位春风得意的少年郎了。那些得到当权者青睐的伙伴，已经建功立业，节节攀升，而他仍被冰冻在起家的职位上，不仅得不到提升，而且还要时时提防宇文护的迫害。

这些年，杨家的日子过得并不顺，虽然还没有沦落为阶下囚，但也受到了许多不公正的待遇。就在宇文护整肃元老的时候，杨忠有意埋头于具体工作，对朝政漠不关心，以免给宇文护抓到口实。保定三年（公元563年），也就是侯莫陈崇自杀的时候，杨忠自告奋勇，率领步骑一万，迂回塞北，会合突厥，突破北齐雁门防线，连克二十余城，直逼晋阳。次年正月，与北齐主力会战于城下，因突厥退出战斗，不利而还。显而易见，仅以万人之师要攻打北齐，是不现实的。杨忠积极请战，或与回避朝廷斗争有关。这次出兵虽然没有取得预期的成果，但是，在周齐关系上却是一大转折。以前，每到冰封季节，周兵就要凿开河上冰床，阻止齐军进攻。现在，攻守之势逆转，变成齐兵凿冰以防周军。因此，这次战役具有重要意义。武帝对杨忠的功勋给予很高的评价，打算封他为太傅，但是，宇文护因为杨忠不依附于己而加以阻挠，结果，杨忠非但没有获得封赏，反被外放为泾州刺史。同年，宇文护亲率大军伐齐，却只让杨忠率偏师出塞北策应，有意冷落他。

宇文护的种种行为，深深地伤害了杨坚，他从心底里反感宇文氏，并对北周派系倾轧与维权有了极其深刻的认识。政治理想在遭受挫折之后，已经被权力所扭曲，热血变成欲望，抱负成为野心。逼人深缄其口的专制体制不仅使人变态，而且还教人把变态的欲望掩饰在伪善的面具之下，当它有机会迸发出来的时候，便是那样的猛烈、致命和惊世骇俗。就在宇文护如日中天的时候，杨坚已经深埋下反叛的念头。

保定五年（公元565年），被冷落了八年的杨坚好歹晋升为大将军，被派到随（或作隋）州（今湖北省随州市）担任刺史，总算有了出头的机会。这年，北周为了加强对外攻势，调整了荆、襄一带的机构，把荆州、安州（今湖北省安陆市）和江陵总管隶属于襄州（今湖北省襄樊市）总管府，并以大司空卫国公宇文直出任襄州总管。据庾信《周柱国大将军拓跋俭神道碑》记载："保定四年，治襄州，……控御五十州，风行数千里。"可知北周所辖今湖北、河南一带地区，均隶属于襄州总管府，则随

州应该也在其中。杨坚到随州，首先到襄州拜谒上司宇文直。宇文直是宇文护的红人，官大气盛，并没有把不甚得志的杨坚放在眼里，只是出于礼貌，派其部下庞晃回访一通。

庞晃是宇文泰元从亲信，此时随宇文直出镇襄州。他一见到杨坚，就被其卓尔不群的气度所打动，相信杨坚将来一定会大有作为，于是倾心交结，成为密友。

然而，好景不长，杨坚在随州还没坐热那把刺史的交椅，又被调回中央，再次路过襄州。清冷失意之际，想不到庞晃还前来接他，不由得心头一暖，便把庞晃请到馆邸，盛情款待。酒酣耳热，庞晃悄悄对杨坚说道："公相貌非常，名在图口。九五之日，幸愿不忘。"这番预言杨坚会当皇帝的话，简直是大逆不道，而杨坚竟坦然受之。时已微曙，有雄雉引颈报晓，杨坚让庞晃射雉为验，说道："中则有贵。然富贵之日，持以为验。"庞晃弯弓持满，一箭射个正中，杨坚抚掌大笑道："此是天意，公能感之而中也。"庞晃的这一箭，射去了杨坚心中的忧思，坚定了他上膺天命的自信。欢笑之余，杨坚把身边的两个婢女送给庞晃，两人遂成盟友，密谋篡周。

回到京城，政治空气依然紧张，武帝虽然早已成年，但他鉴于两位哥哥惨死的教训，深藏不露，对宇文护尊崇有加，任其专权。而宇文护大权在握，党同伐异，杨坚更是倍受排挤，回京之后，就被晾在一边。杨坚无奈，干脆以母亲生病为由，给自己找了个台阶下来，天天在家侍奉母疾，昼夜不离左右，既躲开宇文护的锋芒，又博得一片"纯孝"的称赞。但是，鹊起的赞誉，更引来宇文护的忌恨，好几次想对他下手加害，多亏大将军侯伏侯万寿为他说情，才得以幸免。

就在这时，天和三年（公元568年），外任多年的杨忠终于病倒，回到京城后不久就去世了。杨坚固然按例承袭父爵随国公，成为一家之主，但是，失去父亲这座坚强的靠山，杨坚更加觉得前途茫然，甚至有点怀疑自己是否真有天命。于是，他频频秘访著名的术士来和，看相问卜。来和详细询问了杨坚身边发生的事情，当他听到杨坚说自己只要一听到别人行走的声音就能辨别是谁的时候，顿时精神一振，故作神秘地说："公眼如曙星，无所不照，当王有天下，愿忍诛杀。"硬是把杨坚悬起的心给镇定了下去。后来，来和在回忆当年的情景时说道："臣早奉龙颜，自周代天和三年以来，数蒙陛下顾问，当时具言至尊膺图受命，光宅区宇。此乃天授，非由人事所及。"

可是，杨坚回家后，总觉得这天命老没应验，倒是咄咄逼人的宇文护像高悬的剑，让他寝食不安。于是，他又找了好几位道士，如张宾、焦子顺和董子华等，逐个看相。不料，这些赫赫有名的道士也都异口同声地说："公当为天子，善自爱。"杨坚这才略感安心。

就在杨坚担惊受怕，成天求神问卜的时候，北周的政局暗暗朝着不利于宇文护的方向发展。武帝大智若愚，小时候，父亲宇文泰见到他就惊异地说道："成吾志者，必此儿也。"长兄明帝遇害时，特意把皇位传给他，也是因为认定"能弘我周家，必此子也"。这些年来，武帝听任宇文护专权而得以自我保全，他让宇文护尽量表演，因为宇文护处在权臣擅政的地位，必然人心不服，而其推行的高压政策，会给自己造成巨大的潜在对立面，只要保住皇位，耐心等待，就一定能够铲除宇文护。

机会终于来了。天和七年（公元572年）春，宇文护的党羽宇文直因为五年前与陈军交战失利而被免职，遂记恨宇文护，秘劝武帝诛杀宇文护。十分明显，对手的阵营已经出现分裂，这是予其致命一击的最佳时机，武帝当机立断，秘密将右宫伯中大夫宇文神举、内史下大夫王轨和右侍上士宇文孝伯等一班心腹召进宫中，密谋布置。

三月十八日，宇文护从同州大本营回到京城，照例谒见皇上。武帝

平时并不以君臣礼而是以家人礼接见宇文护,以示尊崇。今天也不例外,他见到宇文护进来,显得非常高兴,一边带着宇文护到含仁殿去谒见皇太后,一边说道:"太后春秋高,颇好饮酒。虽屡谏,未蒙垂纳。兄今入朝,愿更启请。"说着便从怀里掏出早已写好的上谏文《酒诰》,交给宇文护道:"以此谏太后。"宇文护不知是计,慨然允诺。见过太后,宇文护果真拿出《酒诰》,读将起来。这时,站在一边的武帝悄悄绕到背后,用手中的玉珽猛击宇文护后脑。宇文护没有防备,跌倒在地,武帝命令宦官何泉用刀劈他,但宇文护平日威风惯了,何泉竟怕得下不了手。这时,埋伏在内的宇文直跳了出来,劈死了宇文护。

结束了宇文护专权,北周终于实现了朝政的统一。为了庆祝胜利,武帝把这一年改为建德元年,表示要推行德政的意思,杨坚也长长地舒了一口气。

平步青云

自从杨坚与独孤氏结为夫妻后,宇文护死后他在北周政权中的地位,可谓扶摇而直上。特别是周武帝聘杨坚长女为皇太子妃,对杨坚"益加礼重"。杨坚地位的骤然上升,在皇室和朝廷大臣中引起了某些人的戒心。大冢宰、齐王宇文宪(宪与武帝宇文邕同为宁文泰之子)曾对周武帝说:"普六茹坚(魏恭帝初年,赐杨忠姓普六茹氏)相貌非常,臣每次见到他时,总是不觉地失去主意。此人恐怕不肯久居人下,请陛下尽早除掉他。"

周武帝是北周最有作为的皇帝，他"沉毅有智谋""性又果决，能断大事"，于在位十八年中，"修富民之政，务强兵之术"，为强盛北周政权做出了重大的贡献。周武帝对杨坚的印象颇佳，不主张以貌取人，对于齐王宇文宪的进言，周武帝并不在意，只是淡淡地说道："此人止可为将而已，不必多虑。"

一次，内史王轨向周武帝进言说："皇太子非社稷主，普六茹坚貌有反相。"

周武帝闻言后，脸色立即冷落下来，很不高兴。在封建时代，废立太子被视为皇帝的"家事"。如不是在特殊的情况下，朝廷大臣是不敢贸然对此事发表意见的。王轨位不过内史，不待天子询问而突如其来地说什么"皇太子非社稷主"，可谓是触犯了大忌，当然要引起周武帝的反感。因此，"普六茹坚貌有反相"这后半句话，武帝听后也很不顺耳。但是，周武帝毕竟是一位自有主见的大度之君。他没有因此而加罪于王轨，只是不软不硬地反问道："如果必定是天命所在，又将会有什么办法呢？"

王轨听得出周武帝后半句话的分量，感到自己是失言于君主面前，怎敢再说三道四。

宇文宪、王轨的进言虽然先后被周武帝顶了回去，但杨坚得知后却恐惧万分。在伴君如伴虎的封建专制时代，杨坚从此更是时时事事小心谨慎，"深自晦匿"。

周武帝对于宇文宪、王轨等人及早除掉杨坚的言论，表面上或不在意，有时甚至反感，这是同如下背景有关。当时，大冢宰、晋国公宇文护专断国家人权，周武帝所处心积虑的大事，是如何及早地铲除宇文护及其一伙，怎会把主要精力用在消除对皇权尚未构成任何威胁的杨坚？当然，周武帝对于宇文宪、王轨的进言，也并非毫不动心。他曾向来和询问对杨

坚的看法，来和对周武帝搪塞说："随国公仅仅是个守节义的人，可以镇守一方。如果用他为将领，敌阵是没有攻不破的。"周武帝对于来和的搪塞之词表示首肯，杨坚在恐惧之中终于得以安然无恙。

来和是长安人，任畿伯下大夫。他于建德四年（公元575年）见大将军杨坚相貌不凡，便私下对杨坚说："国公的双目如同晨星般闪烁着光芒，天下的一切无不照临，定将王有天下。望您能宽容待人，不可妄行诛杀。"

来和既然认为杨坚日后能君临天下，并特意在私下向杨坚透露这层意思。他又怎能不在周武帝询问时以假言诡对呢？

建德元年（公元572年）三月，周武帝一举诛杀宇文护等人，国家的军政大权已牢牢地掌握在自己手中。作为一个大有作为之君，周武帝在诛杀宇文护后，根本不会把兴趣放在搜寻和消除杨坚一类的所谓隐患之上，他是要致力于"静在宁民"，轻徭薄赋，富国强兵，开疆辟土。而周武帝的富国强兵、开疆辟土，则为杨坚提供了施展才能、报效国家的大好机会，使得杨坚从受人谗言的窘境中走了出来，困龙得水。

建德四年（公元575年），周武帝自诛杀宇文护后，内修国政，人民安定，国家的经济实力和军事实力均有很大的恢复和发展。于是，七月丙子日，周武帝召大将军以上于大德殿，向诸位柱国、大将军们宣布说：北齐国主昏虐无道，为伐暴除乱，欲数道出兵，水陆兼进。并询问各位王公以为如何？群臣无不称善，于是周武帝发布了讨伐北齐的诏书，并于七月壬午日，亲自统率六

隋朝白瓷鸡首壶

军，众六万，东进直指河阴。在各路大军中，随国公杨坚与广宁侯薛勋被委任率舟师三万人，自渭水进入黄河，东进临敌。在此次伐齐之战中，杨坚所统率的三万水军于河桥击破齐师，为北周伐齐立有战功。是年，杨坚三十五岁。

建德五年（公元576年）十月己酉日，周武帝再次统率六军东进伐齐，随国公杨坚被委任为右三军总管。此次东征伐齐，周武帝大获全胜，杨坚进位柱国。是年，杨坚三十六岁。

建德六年（公元577年）正月乙亥日，北齐主高纬传位于太子高恒。壬辰日，周武帝率大军至邺（今河北临漳县西南邺镇）围城。齐人拒守，北周诸军奋击，大破敌军，平定邺城，北齐幼主高恒禅位于任城王高湝。周师追至青州，俘太上皇高纬、幼帝高恒。二月，任城王高湝于冀州拥兵南下，周武帝派上柱国、齐王宇文宪与柱国、随国公杨坚率军讨平之，俘任城王高湝，北齐灭亡。北齐五十州、一六二郡、三百八十县全部并入北周版图。

杨坚与宇文宪攻克冀州，杨坚被委任为定州（今河北定县）总管，不久又转任亳州（今安徽亳州）总管。

《隋书·高祖纪》曾记载如下一则故事：北齐定州城的西门曾长久关闭，不通行人。齐文宣帝高洋在位时，曾有人请开启定州西门，以便于行路。文宣帝不予允许，说道：“当有圣人来启之。”待到杨坚来定州就任总管，西门自动开启，众人无不感到惊异，这则故事的编造和流传，显然是因为杨坚后来成了隋王朝的开国皇帝，因而被载入正史。

杨坚在伐齐中立有军功，所得到的只是进位柱国，并令他出任定州总管，不久又令他转任亳州总管。这一人事安排，是否是周武帝因为记起了宇文宪、王轨的进言，对杨坚有所戒备呢？

建德六年（公元577年）十二月丁卯日，周武帝以柱国、随国公杨坚

　　为南兖州总管。

　　宣政元年（公元578年）六月丁酉日，周武帝因病重还京，当夜死于乘舆之中，时年三十六岁。

　　周武帝的英年早逝，这对于杨坚来说，究竟意味着什么呢?

开运征程

第二章

淫乱皇帝

杨坚是个命运的宠儿，他遇上了一个比较英明的君主。北周武帝宇文邕有着雄才大略，统一北方后，又策划着统一南北。他没有时间、没有精力，甚至根本不愿去猜忌别人，也并不把什么谣言、传说记在心里。并且，周武帝在世时又以杨坚的长女作为皇太子妃，这进一步巩固了杨坚的地位。

不过，杨坚灾难并没有因此避开灾难。

宇文赟即位后，杨坚的长女成为皇后，但除杨坚长女杨丽华之外，宇文赟还有四位皇后。

朱满月，曾是宇文赟掌管衣服的侍女。早在宇文赟为皇太子时，他见朱氏貌美多姿，便诱其淫乱，并使其怀孕。不久产下一男婴，就是后来杨坚辅佐的周静帝阐。宇文赟立朱氏为天大皇后。

又有元乐尚，十五岁时被选入宫。容貌秀丽，比朱氏更胜一筹，且年龄幼小，正值豆蔻梢头，非常娇嫩。一经侍寝，宇文赟满心欢喜，立即立为贵妃。不久立为天右皇后，又改为天右大皇后。

陈月仪，大将军陈山提的第八女，年龄与元妃相仿。柔情善媚，腻骨凝酥。不但朱氏无此温柔，就是元妃也不及其娇艳。立为德妃，不久立为天左皇后，又改为天左大皇后。

尉迟炽繁，尉迟迥的孙女，本是齐国公宇文亮的儿媳。宇文赟诱其淫

乱半月，宇文赟不满，举兵造反，兵败被诛杀全家，唯独尉迟氏被宇文赟据为己有，并立为天左大皇后。

另外还立司马消难的女儿为正阳宫皇后。后将前五后封太皇后，而对其直呼皇后。

宇文赟不但生活上奢侈、荒淫，而且对内采取了强硬而又残暴的压制政策。

乐运陈述他的八大过失并未使宇文赟清醒，反而使他更加大了戒心。北周建德七年（公元578年），他下诏令："应对皇帝朝拜的，都必须以三拜成礼。"虽然几次赦罪天下，但自己却在宫廷内外任意鞭打、杖击臣下，甚至于打死朝廷大臣。他制定的《刑经圣制》，用刑比武帝时的《刑书要制》更加严厉。他还秘密地派心腹窥伺群臣，只要发现谁犯有小的过失，便任意杀死治罪。

北周大成元年（公元579年）二月，宇文赟到藉田举行耕种仪式。不久，他又下诏，以洛阳为东京，并征调潼关以东各州的士兵修建洛阳宫，平时又有四万多平民被迫充劳役全力投入东京的建设。其间，他还遣使简视京兆及其诸州，凡有民家美女，一律采选，充入宫中。他又怕宫殿建筑简陋，便亲自前往视察。他随同四位皇后并驾前行，文武侍卫，成群结队，乘驿相随。一路上人马疲劳，病倒累死者甚多，伤财害民，而宇文赟却因此而更加快乐。到达洛阳，见到宫殿尚未建成，但规模已成形，壮丽非常，他很高兴，心喜之下，大摆宴席，接着四处游览，十天之后才命起驾回都。

周武帝辛辛苦苦创建的国泰民安的局面，经宇文赟奢性、暴政的折腾，已变得生灵涂炭，上下怨声载道。

宇文赟即位后，北周在军事、外交上也发生了巨大的变化。

由于国内政局的不稳，北周的边境纷纷遭到侵袭。虽然外侵被北周军队屡次击败，却仍引起了人民的极大不满，因为北周军队在宇文赟的影响下完全改变了武帝时的优良作风。

周武帝可以称得上是善于对待胜利的君主，别人得到胜利后就更加奢侈，周武帝胜利后却更加节俭。而宇文赟正是不同于其父周武帝的那种君主，他往往因胜利而更加骄横，更加奢侈。

北周宣帝宇文赟讨厌各种礼仪的约束，甚至连皇帝每天的第一件大事——早朝的仪式，他都不能容忍。北周大成元年（公元579年）二月二十日，为了摆脱约束，他干脆把皇位禅让给仅有七岁的太子，立其为静帝，自己自称为天元皇帝，尊皇太后为天元皇太后。诸王及大臣都不敢阻拦，只好请太子迁出东宫，将其扶上御座，朝臣排班朝贺。他还让衍改名为阐，改大成元年为大象元年，称东宫为正阳宫。将天元皇帝居住的地方称"天台"，皇冠悬垂二十四条玉串，车服旗鼓比以前的皇帝增加一倍。

宇文赟自称天元皇帝以后，更加骄纵奢侈，妄自尊大，无所顾忌。国家的典章制度随意改变，饮食时用金、玉制成的食器，还常对臣子自称为天，命令群臣必须到天台朝见，并在朝见前，先素食三天，洁身一天。他还自比上帝，不准群臣和他同样穿戴。他常穿着配装丝带的衣服，戴通天冠，冠上有金制的蝉作为装饰品。若看到侍臣的帽子上有金蝉、王公衣服上佩有丝带，都令他们去掉。不准别人有"天""高""上""大"等字的称呼，官员的姓名中有以上字样的，一律改掉；姓高的改为姓"姜"，九族中称高祖的改称"长祖"。又命令天下的车辆用整块木材做车轮。禁止天下的女子抹粉画眉，以后如果不是宫中的女子，都不许涂脂抹粉画眉毛。

天元皇帝召集侍臣聚议，只谈宫室的兴建变革，从不谈论政事。平日里随意游戏，有仪仗队随从，早出晚归，出入没有节制，连陪伴侍奉的官员都无法忍受。自公卿以下的官员，常常遭到刑杖的拷打。而且对人拷打时，以一百二十下为准，称为"天杖"，后来又增加到二百四十下。宫女

和在宫中任职的女官也不例外，后、妃、嫔、御，虽然受到宠幸，也多被施行拷打。于是，北周朝廷内外人心惶惶，动摇不定，失去了意志，只求苟安幸免。恐惧不安的气氛，直至宣帝死去为止。

北周政局在国主宇文赟的放纵中处于极度混乱状态。对北周来说这是一件极不幸的事。然而，对杨坚来说却是一个难得的机遇。宇文赟的昏庸表面上给杨坚造成了精神上的恐惧，但正是因为宇文赟的昏庸才给了杨坚可乘之机，而杨坚抓住了这个机会，在这个关键的时刻，利用自己所处的特殊地位，夺取了最高统治者的权力，成为历史上有名的隋文帝。

杨坚的政治生涯中，经历了多少次猜忌和风险的磨难，就连他自己也几乎无法数清楚。他似乎只记得父亲的庇护和指点是自己能化险为夷的法宝。

杨坚能无数次逃脱危险，也许是天意。天意往往被人们同命运联系起来。杨坚似乎命运中注定要受到幸运之神的保护。他有一个精明能干的父亲，他遇到有雄才大略、开明豁达的君主——周武帝宇文邕，同时又遇到荒淫奢侈的昏君——周宣帝宇文赟给了自己天赐良机。

这只能说是"成事在天"。而事情的成功不能没有人的主观努力。

杨坚之所以能在激烈的政治斗争中化险为夷，更多的还是靠自己的主观努力。他靠自己的艰苦努力铺下了通向政治顶峰的台阶。

首先，杨坚能正视现实，巧妙地避开矛盾斗争的焦点。

宇文护掌权时期，宇文集团与独孤集团的矛盾日益尖锐，赵贵事件的发生，使这一矛盾开始公开化并走向高潮。许多独孤集团的成员都无法容忍宇文护的专横。他们因满腔怨恨而谋反，以公开的挑战来对付宇文护，最终招致了杀身之祸。还有一些人采取执道固守，誓不依附的态度，结果落得平庸一生，得不到地位的升迁。那些依附于宇文护的人，最后也逃不脱遭到周武帝冷落的命运。杨坚采取了完全不同于以上三种人的做法。他既没有与宇文护发生直接的冲突，更没有依附宇文护。他巧妙地避开了两大对立集团矛盾的焦点，用表面持中立态度的策略来对付这场政治斗争。他让人们感觉到他似乎是这场斗争的局外人。

然而，事实上，杨坚及其父亲对宇文护的怨恨绝对不亚于任何人。他们根本谈不上对宇文护的屈从，他们身为独孤集团的重要人物更不会是局外人。只能说，他们能认清局势，正确对待矛盾，又能正确选择自己该走的道路。面对要么对立死亡、要么依附屈从，他们强压怨恨的怒火，毅然选择了既不对立冲突又不依附强权的道路。

这正是杨忠父子对待政治斗争的既不疏远敌人，又不亲近敌人的战术。

其次，为了避免更多的猜忌，杨坚坚持不争名、不邀功请赏。

北周建德七年（公元578年），杨坚受命与宇文宪一道攻伐占据冀州的齐任城王高湝，这是扫除北齐残余势力的一次重要战争。据史书记载，宇文宪"善智谋、多算略，尤长于抚御，达于任使，摧锋陷阵，为士卒先，群下感悦，咸为之用"。从中可见，对宇文宪功劳的记载是重上加重，而对杨坚却只字未提。哪有同受君命，同率一军，同一战争中获胜，而对胜利却寸功未立的道理？若是无功，在战争结束后，杨坚怎会被提拔为定州总管？身为战将，岂有无功得荣之理？

可见，杨坚在有意隐匿自己的功劳。他不去争报自己的功劳，从而减少了别人的注意和猜忌。

值得一提的是，在身受猜忌的险恶政治处境中，杨坚的不争功名，只是一种对生活苟安的企图，当时的杨坚根本谈不上有图谋帝位的野心。杨坚只是尽量减少自己惹人注意之处，力求在人们猜忌的视线外过一种平静安稳的生活。杨坚的这种自保之术也是对其父杨忠多年经验的继承和发扬。

另外，杨坚既能注意摆脱矛盾，同时又能巧妙地利用矛盾。

尽管杨坚表面不露声色，但内心对周宣帝的猜忌和反复无常也感到不安，唯恐喜怒无常的周宣帝会突然对自己下毒手。但他同时也看到北周朝廷已经处于混乱的局面，朝廷内外对皇帝的不满已到了极点。

为了避免周宣帝的猜疑，也同时想在这个动乱政局中拥有实力，杨坚决心暂时离开朝廷，到地方上去掌实权。

内史上大夫郑译，少年时与杨坚同学，对杨坚的相貌感到惊奇，于是诚心诚意地与他结交。有一次，杨坚在宫中的长巷内碰到郑译，悄悄对他说："我早就想出朝镇守一方，这你是很清楚的，希望你能够为我留心找到一个机会！"郑译说："凭随公您德高望重，天下归心。我也奢望前程远大，对您托付的事，岂敢遗忘！我很快就向皇帝启奏。"

适逢天元皇帝宇文赟将派郑译率军进攻南陈，于是，郑译乘机请求朝廷任命一位元帅。天元皇帝问道："你认为派谁合适？"郑译回答说："如果要平定江东，不用朝廷亲戚重臣做统帅，难以镇抚，请命令随公杨坚随军前往，担任寿阳总管，负责前线军事。"郑译原是无赖，周宣帝为太子时以讨好得宠。周宣帝对他言无不从，便答应郑译的荐举，任命杨坚为扬州总管。诏令已下，将要出发时，杨坚突然自称得了脚病，结果没有成行。

这件事显然反映出杨坚在朝廷内混乱时，一方面避开危险，一方面从掌握地方实权着手来巩固自己的地位。这足见杨坚处理政治斗争和集团矛盾的策略比其他人要高明得多。

广交深结

历史上的韬晦大抵可分两类。一类是给人以假象，而将真相隐瞒起来，在假象的掩护下干着秘密勾当，这类可归于阴谋诡计；另一类是尽量减少自己惹人注意之处，力求在人们猜疑的视线外过一种平静安稳的生活，这类可视为自保之术。杨坚的自匿，不是在假象的掩护下去图谋帝位，此刻他还没有那种野心；也不是要使自己的政敌麻痹，以便进行突然袭击，因为从宇文护、宇文宪等人之死中来看，都未曾与杨坚有任何瓜葛。杨坚的自匿，不过是借以求得自身安全的自保之术。

再看看杨坚的广交深结，友而不党。

广交、深结、友而不党，反映了杨坚与人们交往的特点。

杨坚交友之广，首先是范围广。在他的朋友圈子里，有各式各样的人。

杨坚也结交了不少名门望族。

陇西人李穆，在杨坚辅政时被拜为大左辅，并州总管。李穆的儿子李雅，被派往灵州镇守，以对付胡人。后被授为大将军，任荆州总管。李穆的侄子李崇，任左司武上大夫，加授上开府仪同大将军，后任怀州刺史。

安定乌氏人梁睿，在杨坚辅政时被任命为益州总管。梁士彦也被任为亳州总管、二十四州诸军事。

京兆人韦谟，周末拥戴杨坚辅政，被升迁为上柱国，封为普安郡公。

安定朝那人皇甫绩，北周末拥戴杨坚辅政，被加位上开府，转内史中大夫，进封郡公。不久又被拜为大将军。

河东解人柳裘，北周末与韦谟、皇甫绩等人同谋，拥戴杨坚，被进位上开府，拜内史大夫，委以机密。

涿郡范阳人卢贲，在北周末知杨坚与常人不同，乃与之交结。

赵郡人李谔，在周武帝平齐后入周，和杨坚交往很深。杨坚辅政后，对李谔特别器重，许多重要事都和他商量。

上述陇西李氏、安定梁氏、京兆韦氏、安定皇甫氏、河东柳氏、范阳卢氏、赵郡李氏都是关中或关东的望族大姓，他们在杨坚辅政时，或被委以重任，或被视为心腹，可见关系的密切。

勋臣贵族是杨坚结交的又一类朋友。

窦炽家世居代北，几代人都在北魏朝中做大官，是有名的勋臣贵族。窦炽在北周也是朝廷元老，名高位隆，常参与军国大谋。杨坚在北周末辅政，百官联名上表，劝杨坚登帝位，只有窦炽不肯在劝进表上署名。但这只是一种表面现象，在这种表象背后却掩盖着他与杨坚的密切关系。杨坚辅政之初，窦炽正在洛阳主持营建工程，这时尉迟迥举兵反对杨坚，而窦炽却简练关中军士数百人，与洛州刺史元亨共同固守洛阳，抵御尉迟迥。窦炽之所以不在劝进表上署名，不是反对杨坚，不过是考虑到自己累世受周朝重恩，以此行为换取一个虚假的名节而已。窦炽拒不署名，杨坚一点不怪罪，反而拜其为太傅，给予赞拜不名的特殊礼遇。这正说明窦炽与杨坚关系的不一般。窦炽的侄子窦荣定，从小与杨坚情契甚厚，又知他不同凡人，乃倾心与之结交。杨坚辅政时，窦荣定"领左右宫伯，使镇守天台，总统露门内两箱仗卫，常宿禁中"。杨坚在登上帝位后也曾对群臣说："我从小就讨厌轻薄之徒，与我性情相近的人，只有窦荣定。"窦炽的另一个侄子窦毅，在杨坚辅政时先后任蒲州总管、金州总管，加授上柱国，入为大司马。

于谨也是北魏的勋臣贵族，其家世代在北魏朝中作高官。西魏、北周初，于谨在朝中有很高的威望和地位，北周初，曾给宇文护执政以很大的支持，但宇文护却深忌他的儿子于翼。在周武帝时，宇文护奏请转于翼为小司徒，加拜柱国，"虽外示崇重，实疏斥之"。也许是因为和杨坚有共同遭遇，于翼和杨坚的关系也很好。在杨坚辅政时，于翼被拜为大司徒、幽、定七州六镇诸军事、幽州总管。尉迟迥起兵反对杨坚，曾派人送信给于翼，联合他共同起事。于翼将送信人扣留，连同信件一起送至杨坚处。杨坚大喜，赐于翼"杂缯一千五百段、粟麦一千五百石，并珍宝服玩等。进位上柱国，封任国公，增邑通前五千户，别食任城县一千户，收其租赋"。

西平乐都人源雄，其曾祖父源贺、祖源怀、父源纂，均为北魏勋臣。源雄在北周末任徐州总管。尉迟迥起兵反对杨坚辅政，当时源雄的家属正在尉迟迥管辖的相州。尉迟迥给源雄写信，要他与自己共同起兵，被源雄回绝。杨坚给源雄写信说："你的妻子儿女都在邺城，虽然暂时被尉迟迥扣留，但扫平相州后，你们全家就会团聚。你和家人的别离是暂时的，不要为此牵挂。徐州是个大郡，东南与南陈相接，要保持安宁。我现依靠你的英名才略，将重任委付与你，希望你建立功名，莫负我望。"源雄接信后，派徐州刺史刘仁恩击败尉迟迥进犯的兵将。

豆卢勋本是慕容鲜卑，其祖父是北魏柔玄镇大将，父亲在西魏、北周时为柱国、太保。北周末，杨坚辅政，拜豆卢勋为利州总管、上大将军、柱国。豆卢勋的哥哥豆卢通，北周末任北徐州刺史。尉迟迥起兵，派遣大军进攻北徐州，豆卢通带兵迎击，打退尉迟迥军。杨坚进其位为大将军。

元谐是北魏皇室宗亲，家世累代贵盛。北周末杨坚辅政，元谐常在左右。尉迟迥起兵，派兵进攻小乡，杨坚令元谐带兵将其击退。元胄也

是北魏皇族宗亲。杨坚辅政，将元胄引为心腹，宿卫左右，让他掌管宫内禁军。

贺楼子干是代北人，其祖父任北魏侍中、太子太傅。父亲在北魏任右卫大将军。贺楼子干在北周末杨坚辅政时任秦州刺史。尉迟迥起兵反对杨坚，进围怀州。贺楼子干与宇文述合兵击之，大获全胜。杨坚给贺楼子干写信说："尉迟迥进犯怀州，公受命诛讨之。听说你们获胜，我禁不住连声称赞。现在正是你们建功立业、争取富贵的时候，希望你们不要辜负我的希望。"

长孙览家也世居代北，在北魏朝世为勋贵。其祖父为魏太师、假黄钺、上党文宣王。其父在北周为小宗伯、上党郡公。杨坚辅政，长孙览任宜州刺史。

长孙平的父亲在北周也任柱国，长孙平在周朝任卫王宇文直侍读，参与助周武帝诛杀宇文护，与杨坚情好甚密。杨坚辅政，对长孙平更加亲近。

上述两类人与杨坚的密切关系，都是在杨坚辅政准备代周时表现出来的。然而冰冻三尺，非一日之寒，他们在北周末动荡变幻的政治风云中，不是站在尉迟迥等人一边反对杨坚，而是给杨坚政治、军事等方面的支持，这正是杨坚平时与他们结交的结果。

在杨坚所结交的人中，还有一类是社会地位不高的人。

京兆泾阳人李圆通，其父李景是杨忠手下的一个军士。李景与家仆黑女私通，后黑女怀孕，生下李圆通。由于李圆通是私生子，李景不认，便给杨坚家当使人。杨坚年少时，对李圆通很重视，每次宴请宾客，都让李圆通监厨。李圆通办事严格，不徇私情，婢女仆人们都很怕他。有一次杨坚举行宴会，杨坚长子的乳母认为自己有宠，轻视李圆通，食品尚未给客人拿上去，乳母便要先吃。李圆通不答应，有一个人为讨好乳母，私自拿去送给她。李圆通知道后大怒，命令厨人将这个人按倒，痛打一顿。挨打之人呼叫之声连宴会之处都能听到。宴会散后，杨坚问厨房为什么如此大呼小叫，李圆通如实禀报。杨坚听后，立刻嘉奖他，命坐赐食，认为他可以担当大任，从此对他更好了。

河东猗氏人陈茂，家世寒微，而为人耿直恭谨，被州里人所敬慕。杨坚任隋国公，引陈茂为僚佐，对他很器重，让他主管家事。陈茂对杨坚也竭尽忠诚，将家事管得井井有条。杨坚率军东伐，与齐军战于晋州，当时陈茂也随之前往。当时齐军力量很强，杨坚欲亲出挑战。陈茂认为此去危险，苦苦劝他别去。杨坚不听，跨上马背就走。陈茂一个箭步冲上去，一把拉住马络头，死活不让马走。杨坚急了，心想这个大胆家奴，竟敢干涉我的大事。便拔出腰刀，用刀背照着他的额头就是一下。陈茂的额头立刻出现一个口子，鲜血顿时流了一脸。但陈茂仍不放手，力阻杨坚的冒险行为。后来事实证明，那次若没有陈茂的阻拦，杨坚恐怕连性命都难保了。杨坚深深感谢陈茂的救命之恩，对他厚加礼敬，提他做了上士。后来杨坚辅政，又把他当作心腹之人。

京兆长安人来和，自幼学习相术，北周初即被宇文护引为左右，出入公卿之门。来和虽被宇文护所重，但并未依附于他。自周武帝天和三年（公元568年），开始与杨坚往来甚密。由于宇文宪、王轨等人屡言杨坚相貌异常，周武帝几次问来和，来和都说杨坚是守节忠臣，使周武帝打消了对杨坚的疑心，保护了杨坚的安全。除来和外，道士张宾、焦子顺、董子华三人也善道术，杨坚在辅政以前就和他们关系密切。

杨坚所交往的第四类人，就是那些被人视为小人的轻狡奸佞之徒。

博陵望都人刘昉，性轻狡，有奸术。周武帝时，以功臣之子被召入宫内侍奉皇太子宇文赟。刘昉善于阿谀奉承，投皇太子之所好，深受皇太子宠爱。后宇文赟登帝位，刘昉以奸佞见狎，出入宫掖，宠冠一时。当时刘昉、郑译、王端、于智等皆为宇文赟近臣，宇文赟对他们言听计从，宠信

无比。他们一句好话，可使人平步青云，飞黄腾达；一句谗言，可使人免官罢职，身遭诛戮。刘昉见杨坚举止不凡，又是皇后之父，对杨坚很好。杨坚见刘昉受宠，对皇帝影响很大，与之交好，则多一个护身符，便不拒绝刘昉的结交之意。

在与杨坚交往的各类人中，还有一些是对立政治集团的成员。

北周的柱国、大司马贺兰祥与宇文护有特殊关系。贺兰祥的父亲贺兰初真，是宇文泰的姐姐建安长公主的丈夫。建安长公主是宇文护的姨妈，所以，宇文护与贺兰祥为中表兄弟。贺兰祥自幼丧母，长于舅氏之家，与宇文护等表兄弟一起上学，一起玩耍。教他们的老师姓成，对学生管教极严。宇文护、贺兰祥和其他两个兄弟淘气，设计了一场恶作剧，将成先生害得好苦。后来，被家长们知道，各自将孩子痛打一顿，只有贺兰祥没有母亲，免于挨打。后来，宇文泰在关中起兵，将宇文护、贺兰祥等人接到长安。几十年后，宇文护的母亲在给宇文护的信中还充满深情地提起这段往事。后来，宇文护执政，由于和贺兰祥的亲密关系，凡是军国大事，全都引他共同参谋。在诛杀赵贵、废黜孝闵帝等重大政治活动中，贺兰祥都立了大功。可见贺兰祥是宇文护集团中的重要成员。但贺兰祥与杨坚却一直关系很好。史书记载："隋文帝与祥（即贺兰祥）有旧，开皇初，追赠上柱国。"

杨坚与贺兰祥有什么样的旧情呢？是不是在宇文护执政

隋朝黄堡窑青釉贴雕龙

的日子里，贺兰祥出于友情帮助杨坚免于猜忌之难呢？史书上没有详细记载，也不好妄加猜测。但宇文护集团中另一个成员侯万寿保护杨坚之事，在史书上则有明确记载。

侯万寿与侯龙恩是亲兄弟。侯氏在西魏初被赐姓侯伏侯氏，所以史书上有些也称他侯伏侯万寿，或侯伏侯寿。宇文护执政的时候，侯龙恩与侯万寿深被信用。宇文护诛杀赵贵后，一时闹得朝中人人自危。侯龙恩的从兄侯植曾对他说："现在主上年纪幼小，朝中旧臣的团结与否关系到朝廷的安危。旧臣老将结成唇齿之谊，还不能完全保证平安无虞，更何况互相仇视自相夷灭呢？如果晋公（指宇文护）再这样下去，会使天下之人与之离心。你既然深被信任，为什么不进一言呢？"侯龙恩兄弟并未听从侯植的劝告。天和七年（公元572年），周武帝诛杀宇文护，又下诏说："我即帝位以来，已有十三年了。十三年以来，一直是冢宰辅政。而冢宰宇文护目无君长，行违臣节，心怀恶毒，狼性大发。任情诛杀，肆行威福，朋党相扇，贿货公行，喜欢的人就加以美化，厌恶的人便横加残害。我的很多施政意图，都被他所抑制而不得实行。于是天下户口削减，征赋日剧，家家贫穷，民不聊生。如今天下尚未统一，东有高齐，南有陈朝，正需加强武备。而侯伏侯龙恩、侯伏侯万寿、刘勇等人，未立军功，先居上将之位。家中高门峻宇，甲第雕墙，实为同恶相济的党徒。如今，我已肃正刑典，诛除首恶，其余凶党，亦皆伏法。从此维新朝政，与民更始。"从周武帝诏书可以看出，侯万寿为宇文护集团中的成员之一。而这个被宇文护所信用，最后成为宇文护殉葬者的人，对杨坚却很好。史书上记载说："宇文护执政，尤忌高祖（指杨坚），屡将害焉，大将军侯伏侯寿等匡护得免。"

上述杨坚所交往的人中，有世家大族，有勋臣权贵，有庶人寒门，有奸狡之辈，甚至还有敌对集团中的成员，这反映出杨坚交友范围之广。

杨坚交友之广，还表现在交友途径的多种多样。

利用父亲杨忠的关系，是杨坚交友的一种方式。如太原人郭荣，是郭徽的儿子。郭徽在西魏末任同州司马，而当时杨坚父杨忠任同州刺史，是郭徽的上司。因这层关系，不但郭徽与杨坚交好，其子郭荣更是与之亲密，情契极欢。

利用姻亲关系，是杨坚交友的又一种方式。杨坚是独孤信的女婿，仅这层婚姻关系，就使杨坚的交友得到极大便利。如渤海人高宾，在西魏大统六年（公元540年）背离东魏归降，大司马独孤信深爱之，引为僚佐。后独孤信被杀，高宾为避疑忌，在家种竹植树、修舍建屋，以示无意于朋党之争。后来，全家被徙往蜀地（今四川）。杨坚之妻独孤氏，因高宾是父之故吏，常常到他家看望。这样，杨坚便与高家结为友好。后来，高宾的儿子高颎，在杨坚辅政乃至称帝后，为他竭诚尽智，立下汗马功劳。除了与独孤氏姻亲外，杨坚还通过儿女婚姻结交了不少人。北周旧臣王谊，功高名重。杨坚将自己的第五女嫁给王谊之子王奉孝，与王谊结成儿女亲家。北魏宗室元孝矩，北周时任益州总管司马，转司宪大夫。杨坚重其门第，便娶其女为长子杨勇之妻。陇西狄道人李礼成，北周时被封为冠军县公，任北徐州刺史、民部中大夫。李礼成的妻子死后，杨坚将自己的妹妹嫁给他，李礼成也与杨坚情契甚密。

利用同窗之谊，是杨坚交友的第三种方式。杨坚年少时曾被送入太学。当时的太学是西魏宇文泰办的中央级的学府，进入太学学习的多为皇族子弟和勋臣之后。因此杨坚在太学中结识了不少人。郑译自小被宇文泰所亲，让他和自己儿子们朝夕相处，也曾被送入太学。《隋书·郑译传》载："高祖（指杨坚）与译（指郑译）有同学之旧，译又素知高祖相表有奇，倾心相结。"王谊之父任凤州刺史，因此也被送进太学。杨坚曾说过："王谊在周时与我同窗共读，因此相亲相好。"可见王谊与杨坚也是同学。元谐与北魏皇帝同宗，世代贵盛，"少与高祖（指杨坚）同受业于国子，甚相友爱"。博陵安平人崔仲方，"少好读书，有文武才干。年十五，周太祖（指宇文泰）见而异之，令与诸子同就学。时高祖（指杨坚）亦在其中，由是与高祖少相款密"。可见杨坚在太学期间结交了不少人，并长时间保持着亲密关系。

友而不党，是杨坚与人交结的又一特点。杨坚交友，主要目的是为了在猜忌、争斗、倾轧的政治风云中求得自身的安全。从这个意义上说，多一个朋友，就多一层保护；少一个敌人，就少一分危险。这就使杨坚以最大的努力，寻求最广泛的结交。但杨坚所结交的这些人，只是与杨坚本人为友，而他们之间因种种不同而不可能结交很深。这就决定了他们只是一个以杨坚为中心的松散的朋友群，而不是一个利益攸关、共荣共枯的政治集团。

杨坚的朋友元谐曾对他说："您现在无党无援，就像立在大水中的一堵墙，迟早要被冲塌。这太危险了。"

元谐只说对了一部分。

杨坚确实无党，然而无党不见得危险，有党不见得安全。宇文护结党，最后终落得被杀的结果；宇文直结党，最后也不难身亡的下场。杨坚无党，不受别人注意，不受别人诛连，反而可以避过一次次政治风浪的冲击，比别人更安全些。

杨坚确实无党，然而无党不见得无援。当他面临宇文护迫害时，当他因相貌受猜疑时，当他受周宣帝威胁时，都有朋友从各个方面给了他巨大的帮助。

杨坚在北周时，所处的政治环境是险恶的，然而，也是这种环境成就了他。为了在这种环境中安身立命，他采取韬光匿迹，广交深结等手段为自己构筑了一道由朋友组成的保护层。这些人在杨坚尚无政治野心时是一个松散的朋友群，在杨坚想在政治上有所作为时，便成了支持他的强大势力。

入宫辅政

北周大象二年（公元580年）发生的一件事，促使杨坚加快了夺权的步伐。

这年五月的一天，都城长安，云密风紧。后宫气氛更是异常紧张，预示着一场政治格斗即将爆发。这一天，周宣帝宇文赟突然对性格柔婉的杨皇后大发雷霆，甚至逼令自杀。"我一定诛灭你的全家"，宇文赟发疯似的叫嚣。由于杨皇后之母独孤氏诣阁求情，叩头流血，才勉强给予赦免。杨坚听后，不禁打了个寒噤。

第二天，杨坚被周宣帝召入宫中。周宣帝吩咐左右，如果杨坚脸色和平常不一样，立刻捕杀。早有思想准备的杨坚，神情自若，就像什么事情也没有发生。周宣帝没有机会下手。

周宣帝对待杨坚，先是重用，如今变得猜疑，甚至想除掉他，原因何在？其一，杨坚自周宣帝即位以来，权势日重，位高震主；其二，周宣帝放荡不羁，喜怒无常，杨坚曾经劝谏。诸后争宠，他和杨皇后不和，必然猜忌于杨坚。

杨坚回府，已是内衣全湿。他清醒地预感到将有大祸临头，在这种危急的情况下，杨坚的夺权计划全面展开。一方面寻机外放，另一方面在内廷网罗心腹。

五月初五日，由于郑译的暗中帮助，周宣帝下令将杨坚外放扬州总管，准备征调各路兵马在寿阳（今安徽寿县）会师，约期讨伐南陈。杨坚因此手握部分兵权，待机而动。但因杨坚"暴有足疾"，没有立即离京。就在他短暂的逗留期间，周宣帝遇疾。与此同时，杨坚网罗了皇帝身边的机要人员，除郑译外，还有刘昉、柳裘、韦谟和皇甫绩等人。

郑译，字正义，荥阳开封（今属河南）人。祖、父显贵。他的从祖父郑文亮娶西魏平阳公主。平阳公主是宇文泰夫人元后的妹妹，因没有孩子，公主收郑译为养子。有了这么一层特殊的关系，郑译入仕平步青云。在周武帝时，初任给事中士、左侍上士，不离武帝左右。周武帝亲政后，迁御正下大夫，太子宫尹。与刘昉同侍失德太子宇文赟。郑译与杨坚有同学旧谊，又素知杨坚为人不凡，故倾心相结。

刘昉，博陵（今河北安平）人。他的父亲刘孟良曾任北魏大司农。北魏分裂后，投西魏，被宇文泰任命为东梁州刺史。刘昉以功臣子入侍皇太子宇文赟。此人"性轻狡，有奸数"，和"奸回肆毒"的宇文赟可谓"君臣际合"。还在宇文赟为储君之时，俩人一同干了很多坏事。刘昉是个典型的专事钻营的小人。

柳裘，字茂和，河东解（今河南洛阳）人。早年在南梁供职，后入周任麟趾学士、太子侍读、天官府都上士等职。在宇文赟继位后，官拜仪同三司、御使大夫。

韦谟，京兆（今陕西西安）人，仕周内史大夫。

皇甫绩，字功明，安定朝那（今甘肃灵台）人。3岁而孤，由外祖父韦孝宽抚养。少时不学无术，稍长，有些醒悟，自言自语说："我无庭训，养于外氏，不能克躬励己，何以成立？"从此发愤苦读。周武帝即帝位前，引为侍读，以宫尹中士侍皇太子宇文赟。

　　郑译、刘昉、柳裘、皇甫绩四人的共同特点是：曾侍太子宇文赟，对其人品有深刻的了解，也预感到周宣帝的统治不会长久。他们见异思迁，共同选择了身为外戚、名高位隆的杨坚。杨坚也想利用这些人夺权，这样双方一拍即合。

　　五月十一日，周宣帝觉得身体不适，知道自己病得不轻，急召刘昉、颜之仪入宫，打算嘱托后事。当二人急匆匆赶到皇帝病榻前，周宣帝喉咙已哑，不能口授遗嘱。刘昉借故脱身去找杨坚，正在府上候着的杨坚带族侄杨惠（后改名杨雄）入宫，与刘昉、郑译、柳裘、韦谟、皇甫绩等人商议对策。大家拥杨坚入总朝政。刘昉说："公若为，速为之；不为，昉自为也。"柳裘也劝说："时不可再，机不可失，今事已然，宜早定大计。天予不取，反受其咎，如更迁延，恐贻后悔。"

　　杨坚等人密谋的同时，不附杨坚的颜之仪另有打算，他正与宫廷宦官密引大将军宇文仲辅政。

　　杨坚果断地抓过朝中大权，不等颜之仪策划成功就先杀掉了宇文仲，软禁颜之仪于后宫，御医由杨坚监管。当晚，周宣帝死去，死因不明。

　　这是杨坚精心策划的宫廷政变。杨坚夺权取得了初步胜利。

　　杨坚秘不发丧，以周宣帝的名义假传圣旨，办妥两件事：一是宣布杨坚总知中外兵马事，控制京城禁卫军；二是借口千金公主远嫁突厥，征召在藩的五位亲王进京。这五位亲王是赵王宇文招、陈王宇文纯、越王宇文盛、代王宇文达、滕王宇文迪。此举目的在于防止他们在外起兵。

　　在所有见到周宣帝最后一面的大臣中，只有颜之仪不是杨坚的心腹。此人是北周平江陵后来到长安的，以战俘身份出任麟趾殿学士，可见他确有才学。颜之仪的文学天才得以施展，就是自梁入周之时。宇文邕建储宫，任命颜之仪为太子侍读，成为宇文赟的老师。曾从皇太子宇文赟西讨吐谷浑，"以累谏获赏"，拜小宫尹。宇文赟即位后，颜之仪任御正中大夫，仍"犯颜骤谏，虽不见纳，终亦不止"，足见他的刚直。周宣帝死后，刘昉、郑译等引杨坚辅少主，颜之仪知道不是周宣帝的旨意，不肯在遗诏上签字，并厉声质问刘昉："主上升遐，嗣子冲幼，阿衡之任，宜在宗英。方今贤戚之内，赵王（宇文招）最长，以亲以德，合膺重寄。公等备受朝恩，当思尽忠报国，奈何一旦欲以神器假人！"宁死不签字，刘昉只好代签。杨坚又向颜之仪索要玉玺，颜之仪正色曰："此天子之物，自有主者，宰相何故索之？"杨坚大怒，命拉出去斩杀，又考虑其名望，出为西疆郡守，实际上是发配边陲。

一切就绪，杨坚于五月二十三日正式发布周宣帝死亡的消息。是年，周静帝只有八岁，遂以杨坚为假黄钺，左大丞相，总揽朝政。又任命汉王宇文赞为上柱国，右大丞相；秦王宇文执为上柱国，以掩人耳目。

杨坚大权在手。

宇文阐居住的皇宫称正阳宫，就是原来的太子宫。是北周大象元年（公元579年）宇文赞皇位禅给宇文阐时改名的。宇文赞称天元皇帝，其居所称天台。正阳宫和天台建制相同，设纳言、御正、左右宫伯。周宣帝死后，宇文阐正式登极，入居天台。正阳宫遂更名为丞相府，成了杨坚的办公地点，大政皆由此出。

丞相府一时成为满朝文武关注的中心。

杨坚任命郑译为丞相府长史，刘昉为司马，李德林为府属，高颎为相府司录，司武上士卢贲负责保卫工作。

杨坚以刘昉有定策之功，拜上大将军，封黄国公；郑译兼领天官都府司会，总六府事，封沛国公。杨坚对二人赏赐巨万，出入以甲士相从。出入杨坚卧内，言无不从。朝野倾属，称为黄、沛。时人语之曰："刘昉牵前，郑译推后。"

李德林，字公辅，博陵安平（今河北安平）人。北齐任城王高湝任定

州刺史时，重其才而召入州馆，朝夕同游。之后便在北齐朝中为官。周武灭北齐，把李德林迎入长安，授内史上士，迁御正下大夫。杨坚辅政后，派族侄、邘国公杨惠入主丞相府，李德林非常高兴，表示"以死奉公（指杨坚）"，于是杨坚任命李德林为丞相府属。

高颎，字昭玄，渤海（今河北景县）人。其父背齐归周，杨坚岳父独孤信引为僚佐，赐姓独孤氏。十七岁时被北周齐王宇文宪引为记室，入仕途。周武帝即位后，历任内史上士，下大夫，以平齐功拜开府。杨坚辅政后，组建丞相府，便引他入府，任司录。高颎坚决表示："颎受驱驰，纵令公事不成，颎亦不辞灭族。"高颎和李德林都成了杨坚的心腹。

郑译画像

杨坚结识范阳（今河北涞水）人卢贲是在平齐战争中，杨坚位至大司马，卢贲被任命为司武上士，掌禁卫军。在宣布了周宣帝的死讯，组建丞相府的时候，满朝文武面对骤变的政局惊慌困惑、人心浮动。杨坚召集文武百官，说道："想发财的人、想做官的人，跟我来吧！"大家交头接耳，有的愿往，有的不愿意，议论纷纷。此时，卢贲率禁卫军赶到，气氛凝重，百官没有人敢反对了，都随杨坚出宫城东门崇阳门，前往正阳宫。来到宫门口，宫门卫士拒绝杨坚进入，卢贲上前解释政府改组的情况，卫士仍不让开。卢贲急了，怒目而视，厉声呵责，卫士只得撤离。杨坚遂入正阳宫。

局势稍稳，杨坚便不容宇文赞。

宇文赞是宇文贇一母所生的胞弟。年少无知，庸庸碌碌，贪财好色。

虽在周宣帝死后委以右丞相，也不过是一个"外示尊崇，实无综理"的虚职，仍住皇宫院内，常和小娃娃宇文阐同坐御帐之中。杨坚先施一计，让宇文赞体面地搬出了皇宫。

杨坚派刘昉挑选美艳的舞女，呈献给宇文赞。宇文赞非常高兴，把刘昉视为知己，往来甚密。一来二去，刘昉便趁机对宇文赞说，大王是先帝（指宇文赟）的弟弟，天下人都敬重您，宇文阐年幼，怎么能承担江山社稷。如今，先帝刚刚辞世，人心不稳。我觉得，大王不妨先回王府，等到事情安定，再进宫做天子，这才是万全之策。宇文赞信以为真，遂搬出了皇宫。当年七月，加授杨坚都督内外诸军事。九月底，取消了左、右丞相官职，由杨坚出任大丞相。右丞相宇文赞栽了一个大跟头。

起初密谋夺权时，郑译、刘昉私自商议，由杨坚任大冢宰，郑译任大司马，刘昉任小冢宰。杨坚与李德林谋，李德林说："即宣作大丞相，假黄钺，都督内外诸军事。不尔，无以压众心。"于是杨坚另建丞相府，由李德林、高颎来牵制郑译和刘昉。刘、郑因此记恨李德林，对杨坚不满，丞相府内部出现了小小的裂痕。

刘昉自恃有功，颇有骄色。他性粗疏，逸游纵酒，不以职司为意，丞相府事务，多所遗陋，杨坚甚为不满，于是以高颎代替他为丞相府司马。此后日渐疏忌。郑译性轻险，不亲职务，而赃货狼藉，也被杨坚疏忌。这时，李德林进授丞相府从事内郎。此后，丞相府的政事主要由李德林、高颎处理。

平定三方

矫诏入总朝政的杨坚，急需巩固政权，因而采取了诸多除旧布新的应急措施。

杨坚在正式发布周宣帝死讯的当天，便下令停止洛阳的土木工程。几天后，删改旧律，施行《刑书要制》。又罢入市之征。"躬履节俭，中外悦之"。

六月初六日，在杨坚发布周宣帝死讯半个月后，下令撤销对佛、道二教的禁令。对在周武帝禁断佛、道二教期间，仍信佛信道者，分别送入寺院、道观，妥善安顿。杨坚是个有政治野心的人，他的复佛、道之举除了个人感情外，更重要的是他利用这件事来达到其政治目的，即抚慰那些因遭周武帝粗暴打击的僧道势力，笼络人心。

隋王朝建立后，杨坚也颇为自得地讲述过这样一段话："朕于佛教，敬信情重。往者周武之时，毁坏佛法，发言立愿，必许扩持。乃受命于天，仍即兴复，仰凭神力，法轮常转。十方众生，俱获利益。"

年底下令，凡是改鲜卑姓的，一律恢复原姓。

为了防止边患，杨坚派司卫上士长孙晟等护送千金公主宇文氏前往突厥汗国和亲。再派建威侯贺若谊，前往突厥，贿赂阿史那佗钵可汗，让他交出北齐流亡皇帝高绍义。

贺若谊，字道机，父亲是东魏降将，因此举家迁居河南洛阳。兄贺若

敦，与杨坚的父亲杨忠参加过平齐战争。后触怒宇文护，通令自杀，其子贺若弼后来成为杨坚的重臣。贺若谊能言善辩，口舌如簧。早在宇文泰初据关中时，派他通使柔然，第一次就诱降万余人，第二次又带厚礼贿赂柔然酋长。柔然便弃齐连周，还将派到柔然的齐使交给贺若谊发落。

此次游说突厥，贺若谊的口才再次得以施展。在贺若谊授意之下，阿史那佗钵可汗陪同高绍义到汗国南境狩猎，贺若谊突然杀出，劫走高绍义，押抵长安，随后贬出巴蜀，高绍义不久死去。至此，北齐高氏皇族根断巴蜀。

另外，杨坚加紧结纳朝中和地方百官，进一步扩大自己的政治势力，如大将军元谐、上柱国郭衍、少内史崔仲方、少司宪裴政、少师右上士李安、益州总管梁睿、代理陵州刺史薛道衡等。郭衍密劝杨坚"杀周室诸王，早行禅代"。崔仲方与杨坚相见后，"握手极欢"，当夜崔仲方上便宜十八事，杨坚并嘉纳，崔仲方力劝杨坚早日代周自立，梁睿也上表劝进，皆使杨坚喜形于色。

但是，反对势力仍然不小。御正下大夫裴肃叹说："（周）武帝以雄才定六合，坟土未干，而一朝迁革，岂天道软！"杨坚听后不悦，废裴肃于家。开府苏威，听说杨坚将要代周，赶紧逃归乡里。北周元老、上柱国、雍州牧窦炽，拒绝在百官劝进的文书上署名。史部中大夫、上仪同杨瓒，是杨坚之弟，杨坚召其计议夺权之事，杨瓒不从，说："作隋国公恐不能保，何乃更为族灭事邪？"他见"群情未一，恐为家祸"，有除掉杨坚之意。

不久，反对派发动了大规模的反抗。

杨坚辅政，引起了北周地方势力的不满。尉迟迥、司马消难、王谦分别在相州（今河南安阳）、郧州（今湖北安陆）、益州（今四川成都）起兵反抗杨坚。在北周，尉迟迥、司马消难、王谦是有地位有影响的重要人物。

尉迟迥，字薄居罗。世居代北。祖先是拓跋鲜卑的一支，号尉迟部，因此得姓尉迟氏。尉迟迥的母亲是宇文泰的姐姐，号昌乐大长公主。公主生尉迟迥、尉迟纲兄弟二人。尉迟纲以骑射见长，被宇文泰引为侍卫，官至太保。尉迟纲的儿子尉迟运勇于谏净，反被当时的周宣帝贬斥，忧郁而死。只有尉迟运的弟弟尉迟勤，以青州直兵，参加了后来尉迟迥的叛乱。

尉迟迥起初在宇文泰的大丞相府挂名帐内部督，得宇文泰钟爱。宇文泰把魏文帝元宝炬的女儿金明公主嫁给了他，尉迟迥官升驸马都尉。在跟随宇文泰"复弘农，破沙苑"的战斗中获得了一些军事经验，在破梁取蜀的战争中显示出军事才干，拜大都督，益、潼十八州诸军事，益州刺史。北周初年进位柱国大将军，封蜀公。周宣帝即位，官至大前疑，相州总管。因不满于杨坚辅政，举相州之兵反叛。

司马消难，字道融。河内温（今河南温县）人。其父曾任北齐高欢朝的尚书令。司马消难以著作郎起家，又娶高欢之女，官拜驸马都尉、光禄卿、北豫州刺史。在家庭中，司马消难与公主感情不和，司马消难的内弟齐文宣帝倾向于公主。因此，司马消难决定西奔宇文泰。如前所述，杨坚的父亲杨忠冒死营救，司马消难才从齐境逃出。北周灭北齐之后，司马消难进位大后丞，他的女儿纳为周静帝后，又出为郧州总管。在北周灭北齐时，司马消难妻儿随周军入关，司马消难对妻儿"便相弃薄"，夫妻感情没能改善。当司马消难只身赴任郧州总管时，高氏对杨坚说："荥阳公（司马消难被封为荥阳公）性多变诈，今以新宠自随，必不顾妻子，愿防虑之。"事情的发展被高氏言中了。

王谦，字勅万。父亲王雄，位列西魏十二大将军之末，是北周的重臣宿将，以五十八岁高龄参加平齐战争，"马革裹尸"而还。王谦在西魏以父勋累迁骠骑大将军、开府。北周初年，拜柱国大将军，袭父爵庸公，邑万户。王谦因参加由宇文赟领导的西征吐谷浑的战争，又随周武帝东征，皆有战功，进位上柱国，益州总管。在蜀起兵响应尉迟迥。

在诏令五亲王进京的同时，杨坚派出了尉迟迥的侄子、魏安公尉迟惇，带着宇文阐的诏书，前往相州令尉迟迥回京参加周宣帝的葬礼。

大象二年（公元580年）五月二十八日，即周宣帝死讯发布的第五天，杨坚秘密任命了上柱国韦孝宽任相州总管，准备在尉迟迥回京后取而代之。因为有迹象表明，尉迟迥在做叛乱准备。实际上尉迟迥在五月二十三日就得到了周宣帝驾崩的消息，便在邺城主持了祭悼大典。早些时候，朝廷到相州巡察的计部中大夫杨尚希也在场，杨尚希觉得当时的气氛紧张，对左右侍从说："蜀公哭不哀而视不安，将有他计。吾不去，惧及于难。"便连夜逃回长安，报告了杨坚。杨坚派人接替尉迟迥的同时，又派杨尚希督兵三千，镇守潼关。

双方剑拔弩张，却小心谨慎，像是化上了一层淡妆。

前往接替尉迟迥的韦孝宽试探着向前行进，抵达朝歌（今河南淇县），停了下来。不期遇到了尉迟迥的大将贺兰贵。交谈中，韦孝宽觉得来人迹象可疑，称病不出，派人以买药的名义前往邺城附近察看动静。尉迟迥再派韦孝宽侄子韦艺去接应韦孝宽，韦艺是尉迟迥的心腹，不肯向叔叔说出真实来意。韦孝宽假装要斩韦艺，韦艺才把尉迟迥谋反的实情全盘托出。韦孝宽决定原路返回。

为了防备尉迟迥的追兵，在回返途中，韦孝宽每过一个驿站，便把驿站中所有的马匹带走，并吩咐驿司说，蜀公随后就到，你们要多备酒菜，好好招待。果然，尉迟迥带大将梁子康及精兵数百追来，每到驿站，总会碰上丰盛的酒肉，又没有可以换乘的马匹，延迟稽留许久。韦孝宽逃险后把尉迟迥的谋反计划如实地向大丞相杨坚做了汇报。

是年六月，杨坚又派侯正破六韩哀，以传达圣旨为名晋见尉迟迥，

却密带书信，联络相州总管府长史晋昶为内应。破六韩哀一到邺城，便被尉迟迥识破，与晋昶两人同时被杀。之后，尉迟迥登北城楼，集合文武士民，发出了讨杨令："杨坚藉后父之势，挟幼主以作威福，不臣之迹，暴于行路。吾与国舅甥，任兼将相；先帝处吾于此，本欲寄以安危。今欲与卿等纠合义勇，以匡国庇民，何如？"

手下齐声响应。尉迟迥自称大总管，行使皇帝职权，设立临时中央政府。奉赵王宇文招之子为皇帝，借以发号施令。所辖相、卫、黎、洛、贝、赵、冀、瀛、沧九州和尉迟迥的侄子尉迟勤所辖的青、齐、胶、光、莒5州全部响应，部众数十万。声势所及，荥州刺史宇文胄、申州刺史李惠、东楚州刺史费也利进、潼州刺史曹孝远都在各州响应。另外，徐州总管司录席毗罗据兖州、毕义绪守兰陵响应。尉迟迥还北结齐亡臣高宝宁以通突厥，南连陈朝许割江淮之地。反叛的烟尘一时弥漫关东大地。在这些响应的人当中，有的是尉迟迥的亲族旧部，有的是宇文氏宗族。

七月，郧州总管司马消难起兵响应，据淮南地区。八月中旬，益州总管王谦集结巴蜀军队攻始州（今四川剑阁）反叛朝廷。至此，三方之反全面爆发了。

尉迟迥、司马消难、王谦三方反杨势力，形成了一个自东、东南到西南的弧形包围圈。

尉迟迥据有太行山与虎牢关以东，滹沱河以南，即今山东省全境及淮北之地（除彭城外）。司马消难方面则据有汉水以东，长江以北，即今湖北省三分之一地区。王谦方面据有剑阁以南，即今四川全境及云、贵部分地区。其中尉迟迥势力最强大，他利用其与周王室舅甥的关系与宿望，以安周室为辞，号令天下，成为杨坚的劲敌。

大敌当前，腹背有患。丞相府中刘昉、郑译惊慌失措，已乱了方寸。杨坚认真分析形势，从容布置迎敌之策：一是将韦孝宽大军主力放在太行山、虎牢关一线；二是北结并州实力派李穆，联络突厥以固北疆；三是派少量部队应付南方、西南叛军。轻重缓急，处置得当。

并州实力派李穆，陇西人，是西魏十二大将军之一李远的三弟。长兄叫李贤，因父亲早逝，李贤抚养了两个弟弟：李远和李穆。李穆官到小冢宰、雍州刺史。后来李远之子李植因参与了推翻宇文护的政变，父子伏诛。李穆受株连被免去所有官职，后又被起用，进位大将军，转大司空。周武帝时，拜太保，进位上柱国，转并州总管。周静帝大象初年，又拜大左辅。

杨坚做大丞相后，李穆仍任并州总管，拥兵北边。阴谋反叛的尉迟迥派人联络李穆，李穆子李士荣也以并州为天下精兵处，劝李穆造反，李穆还是决定依附大丞相杨坚，他"锁其使（指尉迟迥的说客），封上其书"。杨坚派内史大夫柳裘及李穆子李浑至李穆处联络，李穆派其子李浑奉熨斗于杨坚说："愿执威柄以尉（熨）安天下也。"又献上天子之服"十三环金带"，以表忠心。时尉迟迥的儿子尉迟谊为朔州刺史，李穆将其执送长安。接着，出兵击败并州辖内亲尉迟迥的势力，消除了杨坚的后顾之忧。

北周大象二年（公元580年）六月初十日，杨坚发关中兵，以韦孝宽为行军元帅，梁士彦、元谐、宇文忻、宇文述、崔弘度、杨素、李询为行军总管，讨伐尉迟迥。七月末，大军进抵永桥（今河南武陟县西）城下。

永桥，地当要冲，城池牢固。在东、西魏战争的年代，争夺洛阳的战役中，高欢曾派大将领重兵镇守永桥，地理位置十分重要。尉迟迥果然派大将率重兵据守永桥。

韦孝宽诸将纷纷请战，韦孝宽却说："永桥虽小，却固若金汤，贸然进攻的话，如果不能取胜，必挫我军锐气。只要我们想办法击败其主力，永桥小城不攻自破。"

韦孝宽领大军绕道永城，进逼敌主力军驻地武陟（今属河南），列阵沁水西岸，尉迟迥派其子魏安公尉迟悖率十万大军于沁水东岸扎营。七月、八月之交，阴雨连绵，河水暴涨，两军隔岸对峙，直到八月间。

形势对杨坚方面有些不利。另一叛军首领司马消难奔陈；南梁后裔在江陵建立的傀儡政权后梁也发生了动摇，很可能倒向叛军一边；蜀地王谦大规模反叛开始。在复杂、严峻的形势下，韦孝宽大军军心有些动摇。军中传闻，行军总管梁士彦、宇文忻、崔弘度三人接受尉迟迥的馈金。而崔弘度与尉迟迥有亲戚关系，他妹妹嫁给了尉迟迥的儿子为妻，尤其令杨坚不放心。此事由长史李询密报杨坚，李询是李穆的侄子，叔侄二人在消灭尉迟迥的战斗中起了重要作用。

崔弘度，字摩诃衍，博陵（今河北安平）人，和刘昉是同乡。人长得身高体阔，满脸的络腮胡子，膂力过人，性格火爆，似三国猛张飞。早年被宇文护引为贴身侍卫。在讨伐尉迟迥的战争中，虽说崔弘度的妹妹是尉迟迥的儿媳，但崔弘度并无叛杨之心。他亲率数百人组成的先锋队，攻无不克，战无不胜。

梁士彦，字相如。安定乌氏（今甘肃泾川东）人。周武帝时参加平齐战争，以固守晋州而被诏奖。周宣帝时参加"吕梁覆车"之战，略地淮南。杨坚位大丞相，梁士彦官至亳州总管。

宇文忻，字仲乐。朔方（今内蒙古杭锦旗北）人。骑马射箭能左右开弓。韦孝宽守玉璧，招入帐下。周武帝时参加了平齐战争。周宣帝时参加了"吕梁覆车"之战，位至豫州总管。

在平定尉迟迥叛乱的过程中，三人以行军总管的身份由韦孝宽节制。

围绕前线问题，丞相府高参们各执己见，争论不休。郑译认为，在两军决战的关键时刻，主将动摇是失败的前奏，丞相应及早将此三人撤回，改派别人顶替，以除后患。李德林的观点与之相背，理由有四：一是"公与诸将皆国家贵臣，未相服从，今正以挟令之威控御之耳。前所遣者，疑其乖异，后所遣者，又安知其能尽腹心邪"！意思是说，现在政局不稳，权力分散，如果代替他们三人的人也出现这种情况，怎么办？二是收取贿赂之事，真假难明，很有可能是敌方的离间之计。三是临阵惩罚大将，易造成阵前倒戈。四是大敌当前更换将领，会重蹈燕、赵失败的覆辙。战国时代，公元前279年，燕惠王信谗，派骑劫接替乐毅而败于齐将田单，燕因此亡了国；公元前260年，赵孝成王听间，命赵括代替廉颇而败于秦将白起，赵也亡了国。说到这儿，杨坚点头称是。李德林说："如愚所见，但遣公一心腹，明于智略，素为诸将信服者，速至军所，使观其情伪。纵有异意，必不敢动，动亦能制之矣。"杨坚采纳了李德林的建议，激动地说："公不发此言，几败大事。"

李德林果然是难得的人才。时三方叛乱，杨坚指授兵略，皆与李德林参详。"军书羽檄，朝夕填委，一日之中，动逾百数。或机速竟发，口授数人，文意百端，不加治点。"

那么，派谁前往军所担此重任呢？

杨坚打算派崔仲方前往。崔仲方和崔弘度是同乡，又因其父崔宣猷久在相州，便推辞不去。杨坚改派刘昉、郑译前往，刘昉说他没有当过武官，郑译说他娘亲已老，都推辞了。杨坚很不高兴，危难之际，丞相府司录高颎自荐请行，杨坚大悦，即刻任命他出征。高颎来不及亲自向老母辞行，就匆忙上路了。

高颎一到前线，沁水暴涨之势稍减，军心逐渐稳定下来。他会同韦孝宽等军中将领谋划对策：设桥横渡，用计破敌。先在沁水上搭建浮桥，水中兴建"土狗"（大水中积石成堆，前尖后宽，前高后低，形状酷似坐在水中的狗，故名）。接着，周军遣使向尉迟惇建议说，我军渡过沁水，两军决一死战。尉迟惇即答应下来。尉迟惇想等周军半渡后进出。果然，当

周军开始渡河时，尉迟惇假装后退。此时，韦孝宽指挥将士猛擂战鼓，喊杀声震天，全军迅速渡过沁水，而敌军则一退不可收拾。周军渡河烧桥，背水一战，尉迟惇大败，丢下数万具尸体，只身逃回邺城。

双方在邺城再次布阵。

邺城，位于今河北省临漳县境内。古代西门豹治邺的故事就发生在这里。北朝的东魏和北齐在这里建都。北周建德六年（公元576年），杨坚曾随伐齐大军攻占邺城，战功显赫。

尉迟迥是从周宣帝即位那年起位居相州总管的。他多年经营，城防坚固。尉迟迥又是沙场老将，指挥有方。

以逸待劳的叛乱军队瓦解了韦孝宽大军的第一次攻势。

其后，行军总管宇文忻施计破敌。由于最初双方是在城南开战，因此，城中居民出来观战的很多。宇文忻命手下向人群中放箭，惊得人群四散奔逃，相互践踏，呼号震天。宇文忻命手下士兵大喊，寇贼败矣！寇贼败矣！尉迟迥的守军以为后边杀来敌兵，一下子乱了阵脚。韦孝宽挥兵掩杀，尉迟迥向城中心败去。

韦孝宽大军将邺城包围得水泄不通，尉迟迥陷入四面楚歌的境地。走投无路的尉迟迥登上城楼，崔弘度也登城楼尾追。尉迟迥弯弓，将射崔弘度。崔弘度脱下兜鍪，对尉迟迥说："相识不？今日各图国事，不得顾私。以亲戚之情，谨遏乱兵，不许侵辱。事势如此，早为身计，何所待也？"尉迟迥掷弓于地，大骂杨坚后自杀。时崔弘度弟崔弘升也在军中，崔弘度令其弟割下尉迟迥首级。

尉迟迥叛乱从发表讨杨宣言到邺城自尽，历时六十八天。

司马光把尉迟迥败亡的原因，归于他年迈昏庸，用人不当。尉迟迥掌军机的长史崔达拏是北齐昏君高澄的亲信大臣崔暹之子，乃一介书生，没有军事韬略。除此之外，叛乱三方互不联系，各自为战，也是某迅速败亡的重要因素。

在韦孝宽大军东进的同时，为侧应韦军，杨坚派河南道行军总管于仲文，自洛阳进击响应尉迟迥起兵的叛将檀让和席毗罗。

于仲文，字次武，是西魏八柱国之一的于谨的孙子，生于西魏大统十二年（公元546年），在尉迟迥作乱前，任东郡太守，颇有治绩，人称"明断无双有于公，不避强御有次武"。东郡治所在今河南省滑县境内，此地距尉迟迥叛乱中心地带不足百里。叛乱爆发后，尉迟迥先拉拢于仲文不成，即大军进袭，于仲文只身逃回长安，妻子儿女5口被杀害。杨坚见于仲文，引入卧内，为之泣下，进位大将军。

大象二年（公元580年）七月，身负家仇国恨的于仲文被任命为河南道行军总管，从洛阳出发了。一路上，于仲文大军斩将夺城，占梁郡（今河南商丘），攻曹州（今属山东），克成武（今属山东），巧取叛乱军队席毗罗起兵基地金乡（今属山东）。

金乡，地域虽小，是南北交通要道和叛军的巢穴，席毗罗及诸将家眷均在城中。于仲文设计取金乡。他先派人冒充席毗罗的信使，传信给金乡守城主将徐善净说，檀让明天中午来到金乡，传达蜀公尉迟迥的指令，并犒赏三军将士。好久没有得到补给的金乡守军得此消息非常高兴，大喜过望，竟没有仔细盘查辨别信使的真伪，铸成城失人亡的后果。

于仲文挑选精兵，更换旗帜，大摇大摆朝金乡进发。

金乡城探马早已把消息传到城中，徐善净等出城迎接。不等叛军仔细辨认，于仲文骑兵已杀到城下，生擒徐善净。又在城中设伏，擒檀让，斩杀席毗罗。关东余乱平定。

关东社会秩序逐渐恢复稳定下来，大象二年（公元580年）十一月，平叛功臣韦孝宽因病辞世，享年七十二岁。

韦孝宽，原名叔裕，字孝宽。生于北魏宣武帝永平二年（公元509

年），京兆杜陵（今陕西西安）人。韦孝宽担任过弘农郡守，以大将军行宜阳郡事，南兖州刺史，晋州刺史，以后坐镇玉璧（今山西稷山县西南）三十余年。北周灭北齐后，韦孝宽入朝，官拜大司空，历任延州总管、徐州总管、相州总管，平定尉迟迥之乱韦孝宽功居首位。韦孝宽痴心扶杨坚有两个原因：一是韦孝宽早年与杨坚岳父有旧，二是韦孝宽兄长对宇文护专权不满，与杨坚秉性相投，因此，韦家与杨家关系一直很好。《周书》的作者令孤德棻曾这样评价韦孝宽："孝宽在边多载，屡抗强敌。所有经略，布置之初，人莫之解；见其成事，方乃惊服"。"所得俸禄，不入私房。亲属有孤遗者，必加振赡。朝野以此称焉。"韦孝宽确实是一个难得的忠臣贤士，良将谋臣。

从杨坚重用韦孝宽说明了他知人才，用人才。

在平定尉迟迥叛乱后，杨坚进一步采取措施，根除东方三患。首先，把相州治所由邺迁到安阳（今属河南），毁老城，建新城。其次，从相州划出一部分郡县另立毛州（今山东定陶）、魏州（今河北大名）。最后，任命长子杨勇为洛阳总管，东京小冢宰，统治旧北齐地区。

在尉迟迥反叛的过程中。"变色龙"司马消难在府中与心腹田广密谋多日，决定起兵反叛。

大象二年（公元580年）七月二十四日，郧州总管司马消难杀了反对起兵的总管长史侯莫陈杲、郡州刺史蔡泽等四十余人，宣布其所管辖的郧、随、温、应、土、顺、沔、儇、岳九州，鲁山、甑山、沌阳、应城、平靖、武阳、上明、涡水八镇脱离北周统治，并以其子司马泳质于南陈以求援。两天后，杨坚派柱国王谊为行军元师，率荆襄大军征讨。八月初，司马消难不敢抵抗，率领部众，连同鲁山、甑山二镇投降陈朝。

对于北周三方之反，起初，南陈态度暧昧，后梁犹豫不决，最终两国态度相悖。

对于尉迟迥叛乱，后梁明帝萧岿由犹豫不决到决定不与尉迟迥为伍，这种态度的转变，柳庄起了积极作用。

柳庄，字思敬。河东解（今河南洛阳）人。年轻时以好读书、善辞令而小有名气。此后，他便在南梁岳阳王萧詧府中任参军、法曹。在北周扶助下，萧詧称帝，是为后梁宣帝。柳庄历任中书舍人、给事黄门侍郎、吏部郎中，鸿胪卿，倾心于梁周友好。

尉迟迥兵变，后梁诸将纷纷请战，愿与叛军结盟抗周，后梁与北周关系有破裂的危险。柳庄赶紧北上，携带文书进见杨坚。杨坚也极力拉拢柳庄。临别时，杨坚设宴款待，席间，杨坚拉着柳庄的手说："我从前带兵时，曾派到江陵协防，受到贵国皇帝特殊礼遇，永志不忘。而今，主上（宇文阐）年幼，时局艰难，承先帝托付后事，深感责任重大。贵国君王累世效忠中央，当此残冬严寒之际，我们应相互保证：此心不变，永世盟好。请代申此意于梁主"。柳庄这才离京南返。

后梁都城江陵的争吵还在进行。"结迥派"认为，如果联络尉迟迥取胜，等于向宇文周皇家尽忠；如果败北，也可收回汉水流域大片土地。柳庄回来后，反对与尉迟迥结盟一派实力大增。柳庄耐心地给大家解释说：从前，袁绍、刘表、王凌、诸葛诞都是一代豪杰，踞守要地，手握重兵，后来霸业均不能成。原因在于曹操、司马氏都挟天子以令诸侯，保有京师，名正言顺。而今，尉迟迥虽是一员老将，但年事已高，神智昏聩。司马消难、王谦乃庸碌之辈，无救国救民之才智。北周则谋有良臣，战有猛将，多孝忠杨坚。依我看，尉迟迥等人的覆灭只是时间问题，而杨坚在平叛之后，很可能篡位夺权。我们不如保境安民，静观变化。一席话使踌躇犹豫的萧岿不再犹豫，紧张激烈的争论也平息下来。后梁忠实于北周。

对于司马消难请降，陈宣帝陈顼很快做出决定：纳降司马消难。以司马消难为大都督，总督九州八镇诸军事，加授司空、随公。并出兵广陵

（今江苏扬州）接应他。八月初，陈顼任命镇西将军樊毅为都督沔汉诸军事，派南豫州刺史任忠进击历阳（今安徽和县），超武将军陈慧纪以前军都督进击南兖州，还派通直散骑常侍淳于陵进击临江郡。淮南地区形势对北周越来越不利。杨坚决定派亳州总管元景山收复淮南地区。

元景山，字瑶岳，河南洛阳人。早年参加过西征吐谷浑和东灭北齐的战争。周宣帝即位后，便随韦孝宽经略淮南。后来元景山升任亳州总管。

司马消难叛陈后，元景山的辖区成了南陈进攻的主要地区。八月，一支由陈朝镇西将军樊毅统率的队伍赶到郧州，企图接应司马消难的叛军南归，此时司马消难已闻风南走。为了全歼樊毅所部，元景山联合南司州的宇文弼，将樊军包围在漳口（潼水注入郧水处），展开大规模会战。一天之中，三战三捷。司马消难献陈的湖北东部地区，被元景山全部收复。

与此同时，进攻广陵的陈慧纪、萧摩诃部也被北周吴州总管于凯击败。

历阳方面，周军失利。北周将领王延贵增援久被陈军围困的历阳，陈朝老将任忠迎战，周军失利，王延贵被生俘。至此，由司马消难叛降而引起的周陈之间争夺淮南地区的战斗基本结束，周方胜多败少。

在元景山尽复司马消难献陈地区的时候，另一支讨伐司马消难的大军由王谊统领，进抵郧州。王谊大军未到，司马消难已南奔。王谊正准备挥师南进，当地"巴蛮"多叛，王谊大军停下来，开始了艰苦的平定"巴蛮"叛乱的战争。

王谊，字君宜，和元景山是同乡，都是河南洛阳人。宇文护势力庞大时，杨坚抑郁不得志，多遭非难，担任宇文护左中侍上士的王谊，暗中多次帮助杨坚。杨坚掌北周实权，重用王谊，出任郑州总管，遂挂帅平叛。

巴蛮叛乱首领兰洛州，自称河南王，气焰嚣张。王谊分别派部将李威、冯晖、李远率三路军从周围向叛乱中心合围，叛乱平息。

巴蜀有险阻，消息闭塞。

皇帝被大丞相杨坚毒死了，老臣尉迟迥起兵了。在周宣帝死后一个月，大象二年（公元580年）七月初，这些早已过时的消息却在巴蜀之地成为爆炸性新闻。尉迟迥早年经营益州，政有美绩，人民怀念。得到尉迟迥叛乱的消息，当地人蠢蠢欲动。恰在此时，王谦所派赴京奉表的司录贺若昂从京师赶回。

京师形势紧张，宗室诸王被杨坚软禁起来。贺若昂先向益州总管王谦汇报了长安形势，接着密报了一条重要消息：杨坚已派梁睿为益州总管，人已到达汉中地区。王谦遂叛。

王谦署官司，所管益、潼、新、始、龙、邛、青、泸、戎、宁、汶、陵、遂、合、楚、资、眉、普18州及嘉、渝、临、渠、蓬、隆、通、兴、武、庸十州之人多响应。

梁睿生于北魏普泰元年（公元531年），长杨坚十岁。安定乌氏（今甘肃泾川东）人。以沉敏、远见有名，与杨坚性格相投。杨坚总揽朝政，深感益州是尉迟迥的故地，乃不安定地区之一，便以心腹梁睿代替王谦守益州。梁睿行至汉中（今陕西汉中），王谦遂叛。杨坚立即任命梁睿为行军元帅，节制于义、张威、达奚长儒、梁升、石孝义五路兵马，共二十余万。

始州（今四川剑阁）是益州的门户，它的东北有天下险——剑门关。此地有大剑山、小剑山，峰峦连绵，下有隘路如门，故称剑门关。三国时，诸葛亮凿剑山，辅设阁道三十里，为川陕间主要通道。后又有姜维拒钟会之战就发生在这里。因此，始州也就成了梁睿与王谦必争之地。

双方第一仗在始州附近的利州（今四川广元）展开，叛军是达奚基、高阿那肱、乙弗虔统率的十万大军，驻守在利州的只有利州总管豆卢勤的不足两千人。豆卢勤日夜坚守，历时四十多天，待梁睿援军一到，里应外合，叛军大败。

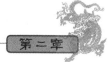

　　叛将达奚惎分兵据险，梁睿派将各个击破。叛军全线溃败，梁睿驱大军抵达成都城下。

　　此间，达奚惎、乙弗虔等叛将看到王谦败局已定，便寻找退路，暗中降了梁睿，相约在成都城内做内应。

　　成都城内，王谦在布将派兵：令达奚惎、乙弗虔守内城，他亲自统精兵五万，背城布阵。双方刚一交手，王谦就吃了败仗，想退到内城，死守城池。他抬头向城楼望去，城上挥动着的旗帜是周军的旗帜，原来，守城的达奚惎、乙弗虔已献城降周了。王谦只得率残部落荒而去，在成都附近的新都（今属四川）被王宝擒拿。十月二十六日。王谦和高阿那肱被斩于成都，益州之乱遂定。

　　高阿那肱原是北齐幸臣，位在武成帝时的八位佞臣之列，北齐后主时"三贵"之一。当周武帝大举伐齐时，边境告急，高阿那肱却对后主说："大家正作乐，边境小小兵马，自是常事，何急奏闻？"反责打了奏报之人。

　　建德六年（公元577年）北周军占邺都，高纬弃城东逃，命高阿那肱断后，高阿那肱不保后主，反投周军，由于高阿那肱的指引，高纬在青州（今属山东）被俘。战后，高阿那肱被任命为隆州刺史，赴蜀就职。

　　当初，高阿那肱向王谦献三策："公（王谦）亲率精锐，直指散关，蜀人知公有勤王之节，必当各思效命，此上策也；出兵梁、汉，以顾天下，此中策也；坐守剑南，发兵自卫，此下策也。"王谦参用其中下之策，乃败。

　　前方正在平叛，后方政局不稳。宇文氏皇族中的六位亲王组织了一起又一起的夺权事变，企图重新夺回朝廷大权。杨坚成功地粉碎了六王之谋。

　　六王指赵王宇文招、陈王宇文纯、越王宇文盛、代王宇文达、滕王宇文迪，毕王宇文贤。下面对六位亲王做简单介绍。

宇文招，字豆虏突，宇文泰第七子。恭帝三年（公元556年），封郡公，三年后封赵国公。建德三年（公元574年）晋爵为王，参加了周武帝的伐齐战争，官拜太师。

宇文纯，字堙智突，宇文泰第九子。北周武成初，封陈国公。保定中，被任命为岐州刺史，加开府仪同三司。建德三年（公元574年）晋爵为王。接着参加了周武帝伐齐战争，是第一次伐齐战争的前三军总管之一，也是第二次伐齐即灭齐战争的先锋官。后官拜太傅。

宇文盛，字立久突，宇文泰第十子。武成初封越国公。北周天和中，晋爵为王，也参加伐齐、灭齐战争。平北齐后，在齐都邺城设相州，宇文盛为首任相州总管。后历任大冢宰、大前疑。

宇文达，字度斤突，宇文泰第十一子。武成初，封代国公；建德初任荆州刺史；建德三年（公元574年）晋爵为王，出为益州总管。他是宇文泰诸子中不可多得的人才：其一，性果决，善骑射，在州（荆州）有政绩。为政的特点是处事周慎。其二，好节俭，"食无兼膳，侍姬不过数人，皆衣绨衣。又不营资产，国无储积"。他说："君子忧道不忧贫，何烦于此。"

宇文迪，字尔固突，宇文泰第十三子。武成初，封滕国公；建德三年（公元574年）晋爵为王。曾任北征稽胡、南伐陈国的行军元帅。

宇文贤，是宇文毓的长子。保定四年（公元564年）封毕国公，建德三年晋爵为王。后官拜大司空、太师，雍州牧，驻守京畿。

六王中的前五位是大象元年（公元579年）五月离京前往封国的，他们在地方上多手握重兵。

杨坚入正阳宫执周政。对于他来说，潜在的威胁莫过于封国的五位亲王和驻守京畿的宇文贤。如何削夺他们的兵权，杨坚苦思冥想，终于找

到了一个借口，一年前，第四任突厥可汗阿史那佗钵曾向北周求婚，当时的周宣帝想以突厥交出北齐流亡皇帝高绍义为交换条件，将赵王宇文招的女儿千金公主嫁给突厥可汗，突厥一方不答应，此事便搁置起来。想到这儿，杨坚命人拟定诏书，无条件地将千金公主嫁给突厥可汗，以此为借口召五王进京。

杨坚采取阴谋手段执周政，暂时瞒过了刚刚抵京的五亲王，却早已被雍州牧毕王宇文贤看穿。但因势单力薄，宇文贤没有轻举妄动。五亲王抵京，毕王宇文贤的阴谋计划开始紧锣密鼓地实施了。

利用杨坚倾心东讨尉迟迥这一时机，六王设计圈套谋杀杨坚。道高一尺，魔高一丈，杨坚果断应对。他们的阴谋活动未能得逞。五王早在进京时就被严密监视起来，杨坚抢先下手，捕杀了宇文贤和他的三个儿子。杨坚只打击了首恶，而对其他五王的罪行没有追究，给五王以佩剑穿履上殿，进朝不用疾步趋行的特殊礼遇，来安抚他们的心。

大象二年（公元580年）七月底，关东之乱遍地，赵王宇文招等再设圈套谋杀杨坚。

一天晚上，杨坚应邀入赵王府赴宴。在这样一个非常时期，杨坚想，此举必是"鸿门宴"，他便自带酒菜前往应酬。宇文招在酒菜中自然无机可乘。宇文招把杨坚引入内室，他早藏刃于帷席之间，埋伏壮士于室后。杨坚一入内室顿觉空气紧张，屋子里除了宇文招外，还有佩刀站立两旁的宇文招之子宇文员、宇文贯和王妃弟弟鲁封。杨坚的侍卫有族弟、开府仪同三司杨弘和大将军元胄，坐在门口旁边的位置上。

七月的天气闷热，宇文招抽出佩刀切瓜送给杨坚吃，企图借机行刺。元胄一看，忙起身向前，说道："相府有事，（丞相）不可久留。"

宇文招大声斥责道："我与丞相言，汝何为者！"

元胄手不离刀柄，眼似铜铃，异常警觉。

　　宇文招主动缓解紧张情绪，赐元胄酒说道："吾岂有不善之意耶！卿何猜警如是？"元胄心中暗骂，闭口不答。

　　当场行刺已不可能，宇文招又施一计。

　　他假装呕吐想脱身去后阁，元胄忙起身挡住，扶令上坐，如此再三。他又妄说口干，让元胄去厨房取些水来，元胄置之不理。宇文招和元胄正在僵持不下，滕王宇文迪前来问候，杨坚起身出屋相迎。元胄看准时机，与杨坚耳语："事势大异，可速去！"

　　杨坚说："彼无兵马，何能为！"

　　元胄说："兵马皆彼物，彼若先发，大势去矣。（元）胄不辞死，恐死无益。"

　　杨坚再度入席。

　　此时，元胄听到门外有穿铠甲的声音，便疾步向前，像是在命令杨坚："相府事殷（多），公何得如此！"说罢，挟持杨坚离座而出，直趋房门。宇文招起身便追，被元胄用身体挡住。

　　杨坚脱离了险境，安全返回。宇文招恨事未成，弹指出血。

　　回到丞相府，杨坚以谋反罪诛杀了宇文招、宇文盛，一同被诛杀的还有他们的儿子和鲁封。

　　皇族宇文氏绝不甘心自己的失败，又数次寻找时机谋害杨坚。由于有元胄、李圆通等人的保护，他们的阴谋没有得逞。

建隋代周

大象二年（公元580年）岁末和翌年初，已掌握北周实权的大丞相杨坚，做了进一步的代周准备工作。

十二月十三日，周静帝擢升大丞相杨坚为相国，总管文武百官。取消都督内外诸军事、大冢宰称号，晋封隋王，并划出安陆等二十郡为随国郡。启奏时不再称名字，接受"九锡"。

杨坚故作谦恭，仅接受了王爵和十个郡的封国，其余都"婉言谢绝"了。

第二年二月，山庚季才看好时辰——二月十四日，说这一天是顺应人心、接受天命，杨坚登基称皇帝的日子。

宇文椿奉册后，大宗伯、大将军、金城公赵煚手捧玉玺献给杨坚，百官劝进。

本来很想做皇帝，却说成是天命，非他莫属，还要百官劝进，"三让，不许"，很"勉强"地坐上皇帝的宝座。黄河有九曲，政治舞台上的事情也要拐九十九道弯。

二月十四日，杨坚的登基大典在临光大殿举行。

这一天，四十一岁的杨坚显得格外精神。他头戴远游冠，穿常服入宫。入临光大殿，改戴冕冠，穿衮袍，坐上皇帝宝座。

杨坚下诏大赦天下。改年号为开皇，国号隋。依照传统习惯，用原封

号当新国号，杨坚既封隋王，便称隋朝。

杨坚建隋，预示着自西晋末年以来的大分裂时代，进入尾声。

接着，杨坚改定官制，设三师（太师、太傅、太保）、三公（太尉、司徒、司空）、五省、二台、十一寺、十二府，分司统职。又置上柱国、柱国、上大将军、大将军、上开府仪同三司、开府仪同三司、上仪同三司、仪同三司、大都督、帅都督、都督十一等勋官以酬勤劳有功者；特进、左光禄大夫、右光禄大夫、紫金光禄大夫、银青光禄大夫、朝仪大夫、朝散大夫共七个散官加授文武百官中的有德望者。很快任命了百官，组成了中央政府。

二月十五日，杨坚追封其父杨忠为武元皇帝，其母吕氏为元明皇后。

二月十六日，封随王后独孤伽罗为皇后，王太子杨勇为皇太子。

接着，又封皇弟杨惠为滕王，杨爽为卫王；皇子杨广为晋王，杨俊为秦王，杨秀越王（后改封蜀王），杨谅为汉王；宗室杨智积为蔡王，杨静为道王。杨氏宗室莫不荣耀。

杨坚下诏，前代品爵，皆依旧不降。

于是，北周天下"自然地"过渡为隋朝天下。

唐太宗于贞观四年（公元630年），与大臣萧瑀谈论治国之道的时候说，杨坚是"欺孤儿寡妇以得天下"。言外之意，有隋代周不费吹灰之力。

清代史家赵翼在《廿二史劄记》中也认为，"古来得天下之易，未有如隋文帝者，以妇翁之亲，值周宣帝早殂，结郑译等，矫诏入辅政，遂安坐而攘帝位"。

隋代周之际，周静帝年仅九岁，无任何政治能力，杨坚夺权，似乎捡了便宜。其实，周隋鼎革，与宇文护长期专权，打击开国功臣，削弱了北周的统治基础有关；更与周宣帝残暴失德和对皇族"芟刈先其本枝，削黜偏于公族"有关。

史家令孤德芬慨叹道："呜呼，以太祖之克隆景业，未逾二纪，不祀忽诸。斯盖宣帝之余殃，非孺子之罪戾也。"

杨坚在称帝前，洞悉北周朝弊政的全貌，且积极进行代周准备，到了周宣帝时，条件成熟起来，便以宫廷政变的形式夺取大权。可见，杨坚成功的原因，除了周宣帝时的客观条件外，更重要的是杨坚深谋远虑，笼络人心和选择适当时机的结果。唐太宗、赵翼等人的看法是不全面的。

北周的统治至周宣帝时已经腐朽，九岁的周静帝不能再振北周武帝时的雄风。就整个历史发展而言，杨坚代周不是坏事，杨坚建立的隋朝比北周末年的统治要好。

最后谈一下杨坚建隋后对原北周皇族的处理问题。

开皇元年（公元581年）二月十五日，杨坚称帝后，于二月十九日下诏，封原北周末帝宇文阐为介国公，邑五千户，为隋室宾。旌旗车服礼乐，一如其旧。宇文氏诸王，全部降爵为国公。

原北周皇太后杨丽华改封乐平公主。起初刘昉、郑译矫诏以杨坚辅政，杨太后虽未预谋，但闻之甚喜，以为幼小的嗣子有了依靠。后杨太后知其父有代周之意，意颇不平，形于言色。及杨坚称帝，杨丽华越发愤怒；又令她改嫁，她誓死不从。隋炀帝大业五年（公元609年）卒，年四十九岁。

新朝建立后，虞庆则劝杨坚尽诛宇文氏皇族，正合杨坚之意。时高颎、杨惠也依违从之；依违者，心以为不可，而不敢言其不可。李德林固争，以为不可，被杨坚斥之为"书生气"。于是一批宇文氏宗族皆被杀。

就连九岁的北周静帝宇文阐，杨坚也不放过。开皇元年（公元581年）五月，杨坚下令害死宇文阐，以绝北周根苗。

宇文阐被害后，杨坚为之举哀，谥为静皇帝，葬于恭陵。一副伪君子的面孔。

实际上，杨坚诛杀宇文氏皇族并非是在他称帝后才进行的，早在他入主周政后就开始了。杨坚是用宇文氏家族的血洗涤通往皇宫之路的。

大象二年（公元580年）十月底，这一年的冬季似乎比往年来得早。阵阵寒风吹过长安街头。

禁卫军接到大丞相杨坚的密令。灾难首先降临到陈王府，陈王宇文纯和他的三个儿子宇文禅、宇文让、宇文义被诛杀。此后一年多时间里，被诛杀的周朝宇文皇族及宗室共计五十一人。

先来看宇文泰十三子中被诛杀的情况。

宇文泰次子宇文震过继的儿子宇文实，在大象初被杀，曾位至大前疑。

七子宇文招，建德三年（公元574年）封为赵僭王，是"六王之谋"成员之一，其子宇文员、宇文贯、宇文乾铣、宇文乾铃、宇文乾铿六人被杨坚诛杀。

第八子宇文俭，也是建德三年（公元574年）被封为王的，称谯孝王。宣政元年（公元578年）二月卒。他的儿子宇文乾恽在大定元年（公元581年）被杨坚诛杀。

第九子宇文纯、第十子宇文盛、第十一子宇文达、第十三子宇文迪在建德三年（公元574年）分别封国陈惑王、越野王、代奭王和滕闻王，此四人是"六王之谋"的成员。在大象二年（公元580年）下半年，杨坚先后下令诛杀了宇文纯和他的儿子宇文谦、宇文让、宇文议，共四人；宇文盛和他的儿子宇文忱、宇文惊、宇文恢、宇文倾、宇文忻（此非平尉迟迥乱之宇文忻）共六人；宇文达和他的儿子宇文执、宇文转，共三人；宇文逌和他的儿子宇文□、宇文裕、宇文礼、宇文禧，共五人。

第十二子宇文道，封冀国公，天和六年（公元570年）十月卒。其子宇文绪，在建德三年（公元574年）封王爵，大象年间被杨坚诛杀。

北周第一任皇帝孝闵帝宇文觉，生有一男叫宇文康，曾出任利州刺史，驻守大剑山、小剑山等要冲地区，"阴在异谋"，被赐死。其子宇文湜，大定元年（公元581年），被杨坚杀害。

北周第二任皇帝周明帝宇文毓，生有三男。

长子宇文贤，是"六王之谋"的主要成员。宇文贤连同他的儿子宇文弘义、宇文恭道、宇文树孃被杀，共四人。

次子宇文酆，大象初年宇文酆和他的儿子宇文德文被杨坚诛杀，计二人。宇文酆曾位至大冢宰。

北周第三任皇帝周武帝宇文邕，生七男。

次子宇文赞，曾被杨坚利用，在杨坚夺权后官拜右丞相。杨坚地位稳固后，宇文赞失去了利用价值，被杨坚诛杀。其子宇文通德、宇文通智、宇文通义一同被杀。计四人。

第三子宇文贽，走了和宇文赞相同的道路，在杨坚夺权过程中被利用，后被诛杀。其子宇文靖智、宇文靖仁被杨坚诛杀。计三人。

第四子宇文允、五子宇文充、六子宇文兑、七子宇文元均被杨坚诛杀。

第四任皇帝周宣帝宇文赟。生三男。

长子宇文阐即周静帝，次子宇文衎，三子宇文术，均遭杨坚杀害。

以上共计三十九人。

宇文氏宗室被杀害的有：宇文胄、宇文洽、宇文椿、宇文众，及宇文椿之子宇文道宗、宇文本仁、宇文邻武、宇文子礼、宇文献，宇文众和他的儿子宇文仲、宇文孰伦、宇文洛。共十二人。

以上总计五十一人。

从被杀的原因来看，有三类情况：一类是参加了谋杀杨坚的活动而被诛杀的，如宇文招等；一类是参加了地方上的反叛，兵败被诛杀的，如宇

文胄等；最后一类也是被杀人数最多的，是被株连杀害了。

据此，史家称杨坚嗜杀成性，横加贬斥。如清代史学家赵翼在《廿二史劄记》中说："窃人之国，而杀其子孙，致无遗类，惨忍致极也。"

杨坚的残忍不能否认，但他为了巩固新生的政权，排斥镇压他的反对派，有其必要性。杨坚摆脱不了那个一人犯法、满门被杀的封建时代的局限性。因此，一些无辜的皇室子孙，乃至襁褓中的婴孩也被杀，便是不可避免的。

杨坚大杀宇文皇室宗族，其主要原因是：杨坚篡权，而宇文氏皇族成员不甘心自家江山落入他姓之手，总想卷土重来。具体表现为"三方之反""六王之谋"这样的事件。为了不出现这类的政变，巩固政权，杨坚便尽绝其根芽。

隋朝末年，宇文化及发动江都兵变，诛杀了隋炀帝，隋朝灭亡。需要说明一下，宇文化及杀杨氏，与杨坚杀宇文氏没有什么联系，纯属历史巧合。

建章立制

第三章

封官定势

为巩固隋王朝的统治,隋文帝吸取宇文氏没有强宗固本的教训,大封同姓诸侯王,使隋王朝成为杨氏的天下。

开皇元年(公元581年)二月,隋文帝封他的弟弟、邵公杨慧为滕王。封另一位弟弟、安公杨爽为卫王,兼雍州牧。封次子雁门公杨广为晋王,兼并州总管。封三子杨俊为秦王,兼洛州刺史。封四子杨秀为越王,兼益州总管。封五子杨谅为汉王,后来接任并州总管。杨坚封众子为王,并且各管一州,同时又兼管周围各州军事,还分别配备亲信重臣辅佐诸王,其目的无疑是为加强杨氏家族对地方的控制。与此同时,隋文帝还封侄儿杨静为道王,封侄儿杨智积为蔡王。

任命百官是隋文帝即皇帝位后安定局势的一项大事。据《隋书·高祖纪》记载,隋文帝即位后:

以柱国、相国司马、渤海郡公高颎为尚书左仆射兼纳言;

以相国司录、沁源县公虞庆则为内史兼吏部尚书;

以相国内郎、成安县男李德林为内史令;

以上开府、汉安县公韦世康为礼部尚书;

以上开府、义宁县公元晖为都官尚书;

以开府、民部尚书、昌国县公元岩为兵部尚书;

以上仪同、司宗长孙毗为工部尚书;

以上仪同、司会杨尚希为度支尚书；

以上柱国、雍州牧、邗公杨惠为左卫大将军；

以大将军、金城郡公赵煚为尚书右仆射；

以上开府、济阳侯伊娄彦恭为左武侯大将军；

以上柱国、并州总管、申国公李穆为太师；

以上柱国、邓国公窦炽为太傅；

以上柱国、幽州总管、任国公于翼为太尉；

以观国公田仁恭为太子太师；

以武德郡公柳敏为太子太保；

以济南郡公孙恕为太子少傅；

以开府苏威为太子少保。

隋文帝所任命的地方军政大员有：

以上柱国元景山为安州总管；

以上开府、当亭县公贺若弼为楚州总管；

以和州刺史、新义县公韩擒虎为庐州总管；

以上柱国、神武郡公窦毅为定州总管。

隋文帝即位后任命百官的事实表明，刘昉、郑译虽有拥戴之功，但因其为反复无常的小人，又没有治国治军的真实本领，新任命的百官中已没有他们的重要位置；原北周政权中的一些重臣如李穆、窦炽、于翼等人，他们原有很高的官职和爵位，此次则授予太师、太傅、太尉以及太子太师、太子太傅、太子太保等职衔，有利于团结北周政权中的旧臣，逐步实现由旧到新的过渡；而国家三省六部的官员，隋文帝则任命自己的亲信并具有治国治军才能的人来充任，如尚书左仆射高颎，尚书右仆射赵煚，太子少保兼纳言、度支尚书苏威，内史兼吏部尚书虞庆则，内史令李德林以及地方官员中的贺若弼、韩擒虎、窦毅等人，他们才是隋王朝国家政权所

依靠的中坚力量。

对于北周时期的重臣，隋文帝采取尊崇、笼络的政策。例如北周上柱国、并州总管、大左辅李穆，是当时位尊权重的一位老臣。杨坚篡周自立前夕，赐李穆诏书曰："公既旧德，且又父党。敬惠来旨，义无有违。即以今月十三日恭膺天命。"

李穆应召自并州入朝，被隋文帝任命为太师，赐予参拜时可不称名字的最高礼遇，他的子孙虽在襁褓之中，全部被拜为"仪同"，李氏一门执象笏者多达百余人。国有大事，杨坚亲自到李穆府第询访。

三省六部的官员，以苏威、高颍所受到的重用和宠幸最为突出。美阳公苏威是苏绰的儿子，少年时代即美名传扬，北周晋公宇文护强行把女儿嫁给他为妻。苏威见宇文护专权，担心祸及己身，隐居于山寺之中，以读书为乐。周武帝闻知苏威有贤才，任命他为车骑大将军、仪同三司，又任命稍伯下大夫，苏威一概以疾病为辞拒不接受。周宣帝拜苏威开府仪同大将军。杨坚任北周丞相，高颍向丞相推荐苏威，杨坚召见苏威，同他交谈后，十分高兴。月余过后，苏威闻知杨坚将篡周自立为皇帝，便逃归乡里。高颍请杨坚将苏威追回来，杨坚说："这是不想参与我的事而已，不要追了。"待到杨坚篡位自立为皇帝，征拜苏威为太子少保，追封其父苏绰为邳公。不久，又任命苏威兼任纳言、民部尚书。苏威上表辞让，隋文帝诏书曰："舟大者任重，马骏者远驰。以公有兼人之才，无辞多务也。"苏威这才接受任命。

苏威以父亲苏绰生前的感叹为己任，任职后奏请隋文帝减轻赋役，多被采纳，愈发受到隋文帝的亲信和重用，与高颍参掌朝政。苏威劝谏隋文帝为政节俭，敢于犯颜直谏，深受隋文帝的器重。

高颍在杨坚执掌国政后入丞相府任职，在平定尉迟迥的战争中，以监军之职做出了重大贡献。此人善计谋，隋文帝即位后被任命为尚书左仆

射兼纳言。高颍深避权势，上表逊位，让于苏威。隋文帝为成全高颍的这番美意，听从了他辞去尚书左仆射的请求。可是，几天过后，隋文帝说："苏威在前朝隐逸不仕，高颍能把他推举给朝廷，我听说进贤者应受上赏，难道可以使他辞去官职吗！"于是，隋文帝又恢复高颍尚书左仆射职务，不久又拜为左卫大将军，本官如故。史称"颍、威同心协赞，政刑大小，帝无不与之谋议，然后行之。故革命数年，天下称平。"正是在高颍、苏威等人的辅佐下，隋文帝即位后开始了他的政治改革。

三省六部

隋文帝废除六官制度，在中央行政机构中实行"三省六部"制。三省即尚书省、中书省、门下省。六部即尚书省下设的吏部、礼部、兵部、都官部、度支部、工部。

尚书省的前身是秦、汉时的尚书署，隶属于九卿中的少府，专门掌管收发皇帝诏命及臣下奏章。东汉时，尚书署被改称尚书台，职权较秦、汉时有所扩大。各级官府的奏章全都呈送到尚书台，由它拆阅、判定、记录、转呈、代奏。它负责将皇帝的命令拟成诏旨，直接发给三公九卿。还负责官吏的选举、任免、考课等，同时还兼管国家的刑狱。此时的尚书台，名义上虽仍属少府，实际上已成为管理国家行政事务的行政中枢机关。到了曹魏、两晋时，尚书台又被改为尚书省。这时的尚书省，组织机构已逐渐完备，尚书令、左右仆射为尚书省最高行政长官，总领省务，参议国政。尚书又下列各曹，而且各有分工，分别掌管国家的官吏任免、军事、财政、民户、礼仪、国家工程等事务。统治者为了防止尚书省权力过重，便将纳臣下奏章、代皇帝批诏令的权力转移到中书省。到东晋、南朝宋、齐时，尚书省的权力又有所加重，所以南朝梁、陈，又开始加重中书省的权力，以限制尚书省的权力。在北朝，北魏初即仿晋制设尚书省，到魏孝文帝改制后，尚书省已成为全国的行政中枢机构。

中书省是三国时期魏文帝初年所设置的宫廷政治机构。它虽不是朝官，但权力极重。它的设立，起初主要是为了削弱尚书省的权力，使权力趋于均衡，从而使皇帝能够更好地控制政权。它主要负责为皇帝拟诏，代皇帝发令，替皇帝接纳裁决臣下奏章等事务。在西晋时，皇帝的机密诏令，甚至可以不经尚书省，直接发到州郡。由于中书省的权力超过了尚书省，到东晋时，纳奏、拟诏、出令等职权又被皇帝转给门下省，中书省的长官中书监、中书令皆变为闲职。到南朝时，中书省的中书通事舍人权力逐渐加重，由他们组成的舍人省，名义上是宫廷官职机构，实际上已成为国家的政务中枢。

门下省在魏、晋、南朝初期是门下诸省的泛称。东汉时，宫中有侍中寺，是门下三寺之一。三国曹魏、两晋时，宫中黄门下设侍中省和散骑省，东晋时又增设西省，于是便开始被泛称为"门下三省"。此时，门下三省的权力已明显加重，它代替了中书省行使纳奏、拟诏、出令的职权。南朝刘宋时，门下的散骑省被改称集书省，主管图书文翰，权力被减轻。南朝萧齐、梁、陈时，门下省又专指寺中省，其职责除领内侍诸署、侍奉皇帝生活起居、侍从左右侯相威仪、顾问应对等以外，还兼管纳奏、封还、出令、驳奏，同时又负责审核中书省所拟皇帝草诏，上呈臣僚奏事，下传皇帝旨意。如有密奏、密诏，可不经中书省、尚书省，直接封转颁行。到北朝、北魏末、北齐时，门下省权力已极重，当时对门下省有"政

归门下"的说法。

可见，中书、门下、尚书三省在魏晋南北朝时，已初具雏形，而且都具有重要的地位。虽然它们的权力地位有过变化，但中书制定诏令、门下评议国政、尚书具体执行的职能已大体确定了下来。

隋文帝正是参酌这些变化，在中央确立了"三省六部"制。不同的是，隋文帝为避其父杨忠的名讳，而将中书省改名为内史省，将侍中改为纳言。另外，除三省六部外，隋文帝还设立御史台、都永台和九寺（其中包括太常寺、光禄寺和宗正寺等），以及国子寺和监察机构。这些官署的主要官员都有规定的称号和各级属员人数，对每个官署任职官吏所必需的官品也做了具体规定。

隋文帝建立的"三省六部"制机构，是一个庞大的、权力比较集中的组织机构。在这个机构中，缺少汉代官僚制度中一个最高级的关键位置——丞相。而实际上，隋文帝本人就担任着这个角色。

对刚刚建立的隋王朝来说，真正的问题在于吸收新的精英，吸收充实各级官署、分担隋王朝面临的重大任务和与隋共命运的人。在吸收官员的过程中，新的政体必须考虑到各种各样性质不同的因素。地方利益和地区对立在长期的分裂和战乱之后非常牢固。有牢固地位的豪门大族往往代表他们自己的和本地区的根本利益。因此在文官政府和长期占支配地位的军人两者之间必须找到某种平衡，汉族和鲜卑之间的裂痕在其他一切有冲突的利益集团之间普遍存在——他们之间的矛盾由于长期通婚和制度汉化而逐渐缓和，但仍存在潜伏的紧张状态，随时都能暴发成对抗战争。最后，隋文帝还考虑到，在有政治经验的人中还存在忠诚的问题。有的人在北周胜利前曾在北齐任职，因此，被任用者对隋的忠诚程度如何？所有这些都常常困扰着隋文帝。

因此，隋文帝决定不设丞相这个职位，他宁愿亲自与三省的高级官员讨论政务。

帮助隋文帝夺权或在很早就拥护他的核心集团成员不但参与隋王朝政策和制度的制定，而且是广大行政精英的代表。这个集团以高颎、杨素、苏威和李德林等为核心成员。所有的成员都是三省的高级官员，都有资格参加廷议和商讨重大国事的会议。这一核心集团主要由有才能的将领和经验丰富的行政长官组合而成。他们中大多数人的儒家学识是粗浅的，其中只有一个人——李德林是完全够格的文人，他来自东部平原，受过扎实的汉文化和历史的教育。

对于中央政府中的其他官员，隋文帝从执政起，就决心实行集权，这一政策毫无保留地表现在他设立的权力机构中。对五品以上官员的任命，由朝臣先选出候选人向隋文帝推荐，如果得到隋文帝的批准，就下诏书任命。以这种方式选用的官员在整个王朝的上层——三省、六部、御史台和九寺等机构任职，各部属员则由吏部选定。当时，吏部为任命六品以下一般官员的主要机构，因而吏部的尚书和侍郎是王朝中很有权势的人。

"三省六部"制的实行，使三省之间相互牵制，一方面体现了决策程序的合理性，另一方面也有利于皇帝控制操纵，便于皇权的加强。同时，"三省六部"制的实行，对隋以后所有封建王朝的官僚政治制度起到了开先河的作用。

整顿吏治

隋文帝即位后的整顿吏治，是从整顿和精简国家行政机构入手的。关于中央官制的改革，已如上述，而北朝的州、郡、县三级地方行政机构，问题亦相当严重，其主要表现为机构冗赘。

开皇三年（公元583年），由度支尚书出任河南道行台兵部尚书的杨尚希，目睹"天下州郡过多"，弊端百出，因而上表朝廷：自秦并天下，罢侯置守，汉、魏及晋，邦邑屡改。窃见当今郡县，倍多于古，或地无百里，数县并置。或户不满千，二郡分领。且僚以众，资费日多，吏卒人倍，租调岁减。清干良才，百分无一，动须数万，如何可觅？所谓民少官多，十羊九牧。琴有更张之义，瑟无胶柱之理。今存要去闲，并小为大，国家则不亏粟帛，选举则易得贤才，敢陈管见，伏听裁处。

杨尚希的上表，对于地方行政机构冗赘弊端的抨击，可谓击中要害。隋文帝读过杨尚希的上表后，大为称赞，当即"罢天下诸郡"。在地方行政机构中，废除郡一级的建制，同时又省并了一些州县，只保留州、县两级地方政权。这就裁减了一大批冗官，不仅节省了国家的财政开支，又提高了地方行政机构的办事效率，有利于加强中央对地方的控制，为整顿吏治开创了十分有利的局面。

隋文帝的整顿吏治，主要表现在对官吏的选任、考核、升降和赏罚方面：关于官吏的选拔，由于曹魏以来的九品中正制度已走向反面，被隋

文帝正式废除，命令每州"岁贡三人"。开皇十八年（公元589年），命"京官五品以上、总管、刺史，以志行修谨和清平干济二科举人"，把州郡僚佐的选授权由地方收归吏部，即所谓"当时之制。尚书举其大者，侍郎铨其小者，则六品以下官吏，咸吏部所掌自是，海内一命以上之官，州郡无复辟署矣"。选拔官员时，把"志行修谨"和"清平干济"作为考核和选拔官吏的标准，把德行和才干放在首位，而不是看出身门第，这无疑有利于选拔贤才到各级政府机关部门任职。

隋朝白瓷双腹龙柄传瓶

隋文帝曾多次下诏表扬良吏。例如：开皇元年（公元581年），下诏表扬岐州刺史梁彦光，不久又表扬相州刺史樊叔略、新丰县令房恭懿。开皇十一年（公元591年），临颍县县令刘旷因考绩名列天下第一，被晋升为莒州刺史。五年后，汴州刺史令狐熙于吏部考绩第一，赐帛三百匹。布告天下，予以褒扬。开皇二十年（公元600年）齐州行参军王伽，本是个微不足道的小官，州府令他押送李参等七名判处流刑的囚犯至京师。途中，王伽见流囚戴枷锁行路辛苦，便将犯人们的枷锁去掉，于约定日期到达京师，并说如有逃脱，"吾当为汝受死"，然后令他们自行前往。流囚感激王伽，全部按期到京城报到，"一无叛离"。隋文帝闻知此事后，大为惊异，立即召见王伽，称赞良久。隋文帝令这七名流囚，携带妻子儿女入京，赐宴于殿庭，将七人一律赦免，并为此诏书天下：凡在有生，含灵禀性，咸识好恶，并识是非。

若临以至诚，明加劝导，则俗必从化，人皆迁善。往以海内乱离，德教废绝，官人无慈爱之心，兆庶坏奸诈之意，所以狱讼不息，浇薄难治。朕受命于天，安养万姓，恩遵圣法，以德化人，朝夕孜孜，意在于此。而伽深识朕意，诚心宣导。参等感悟，自赴宪司。明是率土之人非为难教，良是官人不加晓示，致令陷罪，无由自新。若使官尽王伽之俦，人皆李参之辈，刑厝不用，其何远哉（《隋书·循吏·王伽使》）

于是，提拔王伽为雍令，王伽在雍令任上以政绩突出而闻名。

隋文帝在奖励良吏的同时，还依法严惩贪官污吏。他经常派人侦查朝廷内外的官员，一旦发现有违法行为便严惩不贷，甚至连他的儿子也不能例外。隋文帝的第三子杨俊，开皇二年（公元582年）时拜上柱国、河南道行台尚书令（正二品），洛州刺史，加右武卫大将军，领关东兵，时年仅十二岁。据《隋书·文四子传》记载，"俊仁恕慈爱，崇敬佛道，请为沙门，上不许。"开皇六年（公元584年），杨俊十六岁，任山南道行台尚书令，以山南道行军元帅，督三十总管，水陆十余万，屯汉口，为上流节度。在伐陈中，杨俊因军功而使"高祖闻而大悦，下书奖励焉"。然而，后来杨俊"渐奢侈，违犯制度，出钱求息，民吏苦之"。隋文帝派使臣察问此事，与此案"相连坐者百余人"。但是，杨俊非但毫无改悔，反而变本加厉，"于是盛治宫室，穷极侈丽"，被隋文帝召回京师，因其奢侈而免官。左武卫将刘升劝谏说："秦王非有他过，但费民物营廨舍而已，臣谓可容。"

"法律不可违犯。"隋文帝回答。

刘升还是劝谏，隋文帝愤怒变色，刘升才不敢再谏。后来，上柱国、御史大夫杨素又进谏说："秦王的过错，不应受此处罚，愿陛下详察。"

"我是五个儿子的父亲，何不别制天子儿律？以周公之为人，尚诛管、蔡，我诚不及周远矣，安能亏法乎？"

隋文帝没有答应杨素的请求，到最后也没有更改对儿子的处罚决定。

又如大司徒王谊，本是隋文帝的同学，旧交颇深，又是佐命功臣，其子娶隋文帝第五女。后因犯法，"公卿奏谊大逆不道，罪当死"。隋文帝见王谊，怆然说道："朕与公旧为同学，甚相怜悯，将奈国法何？"（《隋书·王谊传》）隋文帝为此下诏说："谊，有魏之世，早豫人伦，朕共游庠序，遂相亲好。然性怀险薄，巫觋盈门，鬼言怪语，称神道圣……此而赦之，将或为乱，禁暴除恶，宜伏国刑。"于是赐死于家。

由于隋文帝对犯法官员的严加惩治，隋初官员贪污犯法的事情，相对来说是比较少的。

通过御史台这一监察机构来纠察官吏的失职违法行为，是隋文帝整顿吏治的又一内容。例如，李孝贞隋初任蒙州刺史，"吏民安之"。后来不安心于政事，"每暇日，辄引宾客弦歌对酒，终日为欢"（《隋书·李孝贞传》）。不久，被任命内史侍郎，与内史李德林参典文翰。由于不称职，隋文帝发怒而谴责他，并敕令御史弹劾他的过失，将他调任金州刺史。

隋文帝还经常派御史持节巡察州县。据《隋书·柳彧传》记载，柳彧为官清正廉直，不畏权贵，令商贩叹服，杨素怀恨；又曾多次上书言事，被隋文帝所采纳。隋文帝令柳彧持节巡察河北五十二州，柳彧"奏免长吏赃污不称职者二百余人，州县肃然，莫不震惧"。文帝嘉奖柳彧，"赐绢布二百匹，毡三十领，拜仪同三司"。一年多过后，加员外散骑常侍。隋文帝仁寿初年，柳彧又持节巡察太原十九州，回到京师后文帝又赏赐给他绢布五十匹。

隋文帝为整顿吏治在精简地方行政机构、表彰与赏赐良吏、严惩贪官污吏、加强御史弹劾并派御史巡察州县等方面所做出的一些努力，确实收到了实效，使隋初的官场风气和吏治较为清明，连同对中央官制的改革以

及对官吏选用、考核和奖惩方面所实行的一系列政策，这就为隋文帝所实行的其他改革、恢复和发展经济、统一南方和兴盛隋王朝，从组织路线上准备了必要的有利条件。

选举制度

自曹魏时陈群创九品官人之法，士族通过它把持了仕途。这种九品官人之法，是由大大小小的门阀士族任中央的大中正和各地的州中正，负担人才的选拔。他们按照士族的要求，将人才分为九等（九品），入仕做官者，均为门阀士族。九品中正制度，就是维护士族政治特权、垄断仕途的制度。这种制度下选官用人"唯能知其阀阅，非复辨其贤愚"。九品中正制的这种弊病，到南北朝后期，已经十分明显地暴露出来，被许多稍有眼光的政治家所抨击，也遭到庶族的激烈反对。九品中正制走到了历史的尽头。

在九品中正制实行的三百余年中，庶族地主在士族门阀的排挤、压制的夹缝之中，依然艰难地发展着，他们的经济实力在不断增强，逐渐形成为一股不可忽视的强大社会势力。庶族在自身的发展过程中，强烈要求在政治上获得相应的地位。皇帝和中央政府面对这股日益壮大的社会势力，也不得不考虑在政治上给以出路。同时，皇权和士族在政治、经济上的矛盾和冲突也在发展。皇帝对于士族把持政权，垄断仕途并不甘心，而且强烈不满。不仅如此，在分配剥削农民劳动果实上，皇帝与士族也存在着严重的经济冲突。削弱士族势力，成为皇帝与庶族的共同要求。在共同利益或者说反对共同敌人的推动下，王权与庶族联合，共同反对士族门阀就有了可能。于是皇帝便可以从改革选举制度着手，来给庶族打开入仕的大门，同时，又可以剥夺士族的特权，这样不仅打击了士族门阀，有利于加强王权，而且可以缓和庶族与中央、王权的矛盾，使他们拥戴王权。改革选举制度，到南北朝后期便提到了政治议事的日程上，隋文帝以政治家的敏感及时而正确地处理了这一政治课题。

早在两魏、北周时期，选用官吏已不大注意门资，九品中正制已经动摇。隋文帝即位之后，趁势正式废除了九品中正制度，他规定：每州每年贡士三人。这样，三百余年来士族门阀的政治特权，他们把持垄断仕途的制度被取消了。隋文帝的这一改革，从政治上大大打击了士族门阀。开皇十八年（公元598年）隋文帝下诏："京官五品以上，总管、刺史，以志行修谨、清平干济二科举人。"这是要求五品以上京官与地方长官，向中央推荐德才兼备的士人，然后由中央进行考核，安排做官。这进一步改革了选拔官员的制度，要求也更为明确了。向中央推举人才的已不是那些担任"中正"的士族门阀，而是隋王朝的官员，也就是五品以上的京官和各地方的长官。他们摆脱了士族的偏见，以王朝的需要来考虑推举的人士。对于被推举人的标准，也不再是士族门阀把持仕途时，只注重出身门第，而是隋文帝要求的德与才，亦即"二科"：志行修谨，清平干济。这样，入选的人，就不再由门阀士族所包揽了。庶族地主阶级知识分子，只要符合"二科"的要求，便有入选的可能。庶族地主入仕的大门终于打开了。他们以欣喜的心情支持给予他们入仕机会的隋文帝，并拥护隋王朝。

到隋炀帝时"建进士科"，正式建立了通过考试选用官吏的制度，可以说，这是隋文帝以二科举人的发展，成为最早的科举取仕。此后，经过唐代的发展、完善，形成了科目齐备、制度健全的科举制度。隋代开创的

这个制度，整整影响了中国封建社会后期的一千三百年。对于科举制度的产生，隋文帝功不可没。

隋文帝从废九品中正、以二科举人开始隋代选举制度的改革，其意义十分重大。

首先，它沉重地打击了士族门阀，剥夺了他们垄断仕途、把持政权的政治特权，为进一步打击士族，使这一最腐败、最反动的阶层迅速从历史舞台上消失创造了条件。这是非同寻常的、具有进步意义的政治举措。

其次，从选举制度本身看，它是一个新的创造，是选举制度的伟大变革。在隋文帝改革的基础上出现了科举制度的雏型。这种制度，相对于九品中正制来说，要公平一些，通过考试来衡量人才，选拔人才。从此，科举制度成为中国封建社会各项政治制度中极为重要的一环，是对中国封建社会各方面产生影响深远的重大制度。

再次，这一制度的出现，改变了封建社会各阶层的政治前途。最为得益的自然是庶族地主阶级知识分子，他们依仗自己的学识才能，通过考试，在相对公平的条件下，择优录用，步入仕途，参加政权，过问政事。他们政治上的欲望得到了满足，由此，他们更加忠于隋王朝，也就扩大了隋王朝的统治基础。至于一些平民百姓，尤其是农民子弟，力求糊口度日尚且难以应付，怎能有时间去攻读儒家经典，以求入仕呢？当然，也不排除少数例外。士族门阀失去了垄断仕途的特权，他们的子弟，只有同庶族地主等一起在新的选举制度下竞争。比起在九品中正制度下，不费吹灰之力就可入仕，自然要艰难多了。庶族地主有了入仕的机会，同中央王权的矛盾缓和了，他们与王权结合对付士族，进一步削弱和打击了士族势力，加速了士族的消亡。

最后，新的选举制度，可以更广泛地在地主阶级各阶层以至平民中选拔精干有用之才，相对于九品中正制来说，更多一些"任人唯贤"的味道，这有利于隋王朝乃至后来的唐王朝，通过新的选举制度拔用人才，大大改善了官员的构成，有利于吏治的澄清。隋文帝对选举制度的改革，虽然还不完备，但其创始之功，是应予以肯定的。

《开皇律》

北周刑政苛酷，尤其是周宣帝之时，荒淫无度，又恶闻其过，对进谏者，采取诛杀之法。他增加周武帝所制《刑书要制》的条文，使刑法更为峻苛。其法规定："逃亡者皆死，而家口藉没""鞭杖皆百二十为度，名曰天杖。其后又加至二百四十""又作僻碾车，以威妇人"。弄得"上下愁怨""内外离心"。杨坚辅政为相，便"行宽大之典，删略旧律，作《刑书要制》"。称帝建立隋朝的当年，隋文帝便命左仆射高颎，上柱国郑译，杨素，大理前少卿常明，刑部侍郎韩溶，礼部侍郎李谔，兼考功侍郎柳雄亮等更定新律。这年十月刑律制成，由隋文帝下令颁行。由于律令初行，百姓并不知犯禁，所以犯法者甚多，加上官员在北周苛政之后，仍把致人以罪为能。所以，隋文帝便"诏申勅四方，敦理辞讼"。到开皇三年（公元583年），隋文帝览阅刑部奏状，见断狱之数，一年达万条之多，认为律文还是太苛刻严密，便令苏威、牛弘等人"更定新律"，也就是对元年所修的隋律再行修订。这次修订，削除死罪八十一条，流罪一百五十四条，徒、杖等千余条。整个新律只有五百条，分十二卷。即：名例、卫禁、职制、户婚、厩库、擅兴、贼盗、斗讼、诈伪、杂

律、捕亡、断狱。唐人认为这部刑律"刑纲简要，疏而不失"。隋文帝开皇年间所订的隋代刑律，史称《开皇律》。参加修律的还有通熟律法的裴政、李德林、赵芬等人。尤其是裴政，于修订隋律贡献最大，宽简刑律的许多条文，都出自裴政之手。

隋文帝颁律时指出："帝王作法，沿革不同，取适于时，故有损益"。可见，《开皇律》是适合当时的刑律，对以往旧律有所革除。它是一部具有改革精神、富创造性和进步意义的刑律。

首先，革除酷刑。《开皇律》之刑名有五，即：死刑二，为绞、斩；流刑三，为一千里、一千五百里、二千里；徒刑五，为一年、一年半、二年、二年半、三年；杖刑五，从六十至一百；笞刑五，从十至五十。隋代死刑，是绞与斩。而北周死刑有五：磬、绞、斩、枭、裂。北齐死刑为四：裂、枭、斩、绞。绞是勒死；斩是以刀砍杀；枭是处死后悬头示众；裂是用车分裂人体的严酷死刑。枭、裂都是比较严酷的死刑。隋文帝认为"绞以致毙，斩则殊刑，除恶之体，于斯已极。枭首轘身，无所取"。所以，革除了这二种酷刑。北齐、北周均有鞭刑，多者鞭百，隋文帝认为"鞭之为用，残剥肤体，彻骨侵肌，酷均脔切"。所以，对此等酷刑也予以削除。

其次，刑律简明。汉代刑律，在刘邦入关之初曾约法三章，"杀人者死，伤人及盗抵罪"，废除了"繁于秋荼"的秦法。但是，曾几何时，汉律条目就无限膨胀起来，以至于"律令凡三百五十九章，大辟四百九条，千八百八十二事，死罪决事比万三千四百七十二事，文书盈于几阁，典者不能遍睹"。晋律进行简化，改订成二十篇，六百二十条。至北齐又增至九百四十九条，北周更增至一千五百三十七条。隋文帝命大臣所修《开皇律》仅五百条，为十二卷，"自是刑纲简要，疏而不失"。这部简明的《开皇律》也就成为唐代修刑律的范本，其影响及于明清。

　　再次，刑罚较轻。刑罚轻，充分体现了《开皇律》的进步性。前面已讲到，死刑定为绞、斩二种，革除了前代的酷刑。在连坐族刑方面，也较前代法律规定的夷三族或夷五族，甚至夷九族，有较大减轻。在《开皇律》中规定"唯大逆、谋反叛者，父子兄弟皆斩，家口没官"。这就是说，最严重的罪也只是诛灭二族，而且只限于"大逆""谋反逆"。又如流刑，北齐的流刑没有规定道路远近。北周则从两千五百里至四千五百里不等，均加鞭笞。《开皇律》大大减轻了，只有一千里至两千里。再如徒刑，历代有种种名称，像刑作、耐刑、年刑、居作、输将、鬼薪、城旦春、白粲、司寇作、完刑等，北齐时称刑罪或耐罪，《开皇律》采取北周的徒刑之名，而将北齐、北周徒刑刑期一～五年，改为一～三年，而且不再附加鞭、杖、笞。此外，《开皇律》还规定，拷讯囚犯时，禁止使用大棒、束杖、车辐、鞾底、压踝、杖桃，常刑讯囚、拷杖不得超过二百杖，杖之大小也有定式，行杖时不得易人、囚犯杻枷的式样、重量，《开皇律》也有统一规定，地方不得随意加大加重。这些都反映出《开皇律》的刑罚比前代减轻了，这是刑律进步的表现，这一切，对唐代以后的刑律影响极大。

　　《开皇律》自然是维护隋朝统治的法律，对于不利于封建秩序、不利隋朝廷的"十恶"，即谋反、谋大逆、谋叛、恶逆、不臣、大不敬、不孝、不睦、不义、内乱，触犯者一律从严惩治，不予赦免。对官员、皇亲国戚与贵族，又有减免刑罚的具体规定，如为官者犯法，可以据情以官抵罪，而亲、贵、贤、故、能、功、勤、宾等八种人，犯罪要经特别审议并享受减免刑罚的特权，称之为"八议"。

　　总之，《开皇律》相对于前代的刑律，是一个历史的进步，应当加以重视，它不仅可以减轻人民的痛苦，而且还使定刑治罪有一个统一的标准，有利于吏治的改善。《开皇律》对唐律的影响十分巨大，唐代修订刑

律，基本参照了《开皇律》，也是分十二卷，五百条，而刑律名也完全一样。《开皇律》虽已佚失，但是隋代订律，在中国古代历史上的重要地位是应予以肯定的，而具有改革创新思想、指导修订《开皇律》的隋文帝，其功亦不可没。

应当看到的是，在人治社会的封建时代，法律更多地受到统治者个人道德、品质、性格、修养、学识等方面的影响。隋文帝尽管有革新刑律的思想，有减轻刑罚的规定，并修入律中。在其前期也还算较为守持刑律，但是，到后期，隋文帝往往违法行事。定法者本人不按法行事，法律的威严，也就动摇了。如隋文帝常在朝堂上杖杀官员，盗一钱以上、三人同窃一瓜，也被处死。他慎刑、轻刑诏书的墨迹未干，而擅自破坏。写在纸上的刑法，与统治者的执法存在着巨大的差别，这是值得我们警惕的。

府兵制度

隋文帝在灭陈统一全国之后，于开皇十年（公元590年）对军事制度也进行了改革。之所以在这时候改革军事制度，隋文帝是有周到考虑的。因为在此之前要全力准备、加强军事力量，完成统一全国的大业，不便匆忙改革军制，影响统一活动的顺利进行。国家统一后，隋文帝一则要销兵重农，安定天下，另外，也确实有必要对西魏以来的府兵制作一切合乎实际的变革。

府兵制度起于西魏，在此之前，府兵泛指军府之兵。北魏在六镇起义

之后不久，分为东西两部分，为与东魏抗衡，西魏权臣宇文泰在大统八年（公元542年）将流入关中地区的六镇军人和原在关中的鲜卑诸部之人，编为六军。大统九年（公元543年），西魏与东魏在邙山大战，西魏战败，损失巨大。为补充和扩大军队，宇文泰就不断收编关陇豪右、乡兵、部曲，由当州的豪望为乡帅，进行带领。大统十六年（公元550年），宇文泰建立起八柱国、十二大将军、二十四开府（即军）的府兵组织系统。府兵最高领导是八柱国，它是模仿鲜卑拓拔八部而设。八柱国中，宇文泰为全军统帅，宗室元欣仅挂虚名，另外六个柱国分统府兵，与周官六军之制相符。至西魏恭帝元年（公元554年），又按北魏早期所属大小部落姓氏，赐姓诸将，所统兵士，改从主将之姓。可见府兵制在这时有着浓厚的鲜卑部落兵制的色彩。

北周武帝在建德二年（公元573年）、三年（公元574年）时，为加强对府兵的控制，改府兵军士为"侍官"。这就是说，全国的府兵，都是皇帝的侍卫，成为皇帝的亲军，而不再隶属于柱国。同时，又广泛招募汉人入军，免其课役。一人充当府兵，全家都入军籍，不隶州县。在城的军人，置军坊，在乡者为乡团，由所置之坊主、团主进行统领。

从西魏、北周府兵的情况可知，这两个时期，府兵带有鲜卑部落兵制的色彩，虽已开始吸收汉人入军籍，而未改变其鲜卑之姓，其鲜卑部落兵制的色彩依然很浓，还多少带有一些私人武装的性质；另外是军民分籍，兵农各不相关。从发展趋势上看，随着中央集权的加强，皇帝对府兵的控制逐渐强化。

杨坚在辅政之初，便力图抹去府兵的鲜卑部落兵制的色彩，他在大定元年（公元581年）二月，取代北周前夕，便"令日已前赐姓，皆复其旧"。这样，不仅淡化了鲜卑部落兵制的色彩，而且也使府兵的私家军事组织的性质更进一步削弱了。它有力地制止了整个鲜卑族在汉化方面的倒

退。开皇十年（公元590年），全国统一已经实现并得到巩固，于是，隋文帝下诏对府兵制度进行了大幅度的改革，其诏曰："魏末丧乱，宇县瓜分，役车岁动，未遑休息。兵士军人，权置坊府，南征北伐，居处无定。家无完堵，地罕包桑，恒为流寓之人，竟无乡里之号。朕甚愍之。凡是军人，可悉属州县，垦田籍帐，一与民同。军府统领，宜依旧式。罢山东、河南及北方缘边之地新置军府。"隋文帝这道诏书，是府兵制度改革的重要里程碑。

首先，诏书指明改革府兵的时机成熟了。魏末以来，国家处于分裂状态，军事活动频繁。西魏、北周设立府兵之制，兵士没有固定居处。军士与百姓是分离的，士兵的生活很苦，其家庭也遭受众多苦难，常常流离，没有固定的乡里。现在，不仅北方早已结束了分裂状况，而且南北合一，可说是天下太平，四海一家，已到了改变这种状况的时候了。

其次，兵农合一。隋文帝对府兵制度的改革，最关键的是：军人悉属州县，恳田籍账，一与民同。军籍与民籍统一，军人的户籍、计账，与民户一样，隶属于州县，不再实行军民分籍的办法，士兵可同百姓一样，在均田制度之下，获得份额土地，进行农业生产。这样，不仅军民在隶属州县上没有区别了，而且兵农结合起来了，士兵也要从事农业生产，大大改变了原来鲜卑部落兵制的性质。原来由鲜卑人当兵作战，汉人从事农业生产，自然使民族隔阂加深。现在解决了这个问题。这是统一国家所要求的。在一个帝国之内，民族之间依然严重对立，是不能允许的，因为这会大大削弱帝国力量和破坏国家的统一。经过改革，府兵制度下的士兵，有田地、有户籍，生活有了保障，他们定居了下来，这对于社会的安定、国家的统一，都是大有好处的。

再次，一个国家不能没有军队，统一国家需要强有力的军队抵御外来侵犯，防范内部的反抗，以维护国家的统一和巩固统治。所以，隋文帝改革府兵制度的时候，十分注意不削弱府兵的力量。军府统领，宜依旧式，就是不改变统领府兵的方式。隋朝政府在中央设置了十二卫，它们是：左右翊卫、左右骁骑卫、左右武卫、左右屯卫、左右禦卫、左右候卫，由各卫的大将军统领。地方上有鹰扬府，分属十二卫。这样也就将府兵的统率权进一步集中到中央，大将军向皇帝负责，兵权也就集中到了皇帝手中。这样的改革无疑是加强了隋朝中央对武装力量的控制。由此可见，隋文帝对府兵制度的改革，其基本立足点是加强而不是削弱国家的军事力量。

又次，罢去山东、河南以及北方边缘地区新设置的军府。国家统一之后，隋文帝要消除混乱的局面。山东、河南及北方，在长期的变动混乱之中形成的军事机构，往往为反叛中央的势力所利用，隋文帝亲身体验过这种反叛。他刚当丞相辅政之时，山东就暴发过尉迟迥的反抗。现在罢去山东、河南及北边新置军府，从而使军事力量对比的天平更加倾向于中央所在的关中地区，这是统一国家在军事上的需要，亦即造成内重外轻的局面。这样做，有利于消除以往北方混乱的军事形势所造成的动荡局面，有利于社会的安定。内重外轻局面的形成，中央实力的增强，又有益于巩固统一，防止出现分裂割据局面。

隋文帝有着消除混乱、防止发生军事冲突的强烈愿望，同时也从防止百姓的"犯上作乱"出发，便于开皇十五年（595年）又颁布诏令："收天下兵器，敢私造者坐之；关中、缘边不在其例。"这是府兵制度改革后，稳定局势，防止混乱，防范百姓的一个重要补充措施。

最后，府兵制度的改革，有消除军人，特别是军将世袭特权的作用。北周武帝以来，最高统治者就不断进行改革，来冲淡和消除存在于府兵制度中私家武装的性质。隋文帝的改革，既吸取了前朝的成果，又更进了一步。他以十二卫统领鹰扬府，将大权收归中央。士兵有了土地且又户籍隶属州县，中央对地方的控制，由于政治改革而大大加强，这样，府兵也就

被中央牢牢控制了。军府将领由皇帝通过兵部选任，不再由一家一姓所世袭，加之从地方鹰扬府挑选、训练、管辖的人中征集士兵，使私家武装的性质彻底消失了。

隋文帝对府兵制度的改革，起到了加强中央集权、维护国家统一的巨大作用，其意义远远超出了军事本身。

营造新都

隋文帝代周称帝，建立隋朝之后，依然定都于长安。长安自西汉以来，就是国家的政治、经济、文化、中外交往的中心，已有八百年的历史。魏晋以后，长安频遭战乱的毁坏，受到无数次的洗劫，虽几经修复和重建，但其残旧和破损仍清晰可见。隋代之前，建都于此的西魏和北周，都是短命王朝，西魏仅二十一年，北周也只有二十六年。雄才大略的隋文帝所要建立和统治的是以汉族为主的统一强大的封建王朝，不甘心再在短命鲜卑王朝的都城中继续自己的政治活动，他在考虑建造一座新的帝国都城。

都城的规制和气度体现了王朝的形象，它应当是皇帝依照上天之命统治天下的中心，所以，都城的选择和设计，必须符合中国的历史传统和上天的意志。八百年前所建造的长安城，不仅在建筑上对称欠缺，而且气势也不够宏伟，规模狭小，已无法适应新王朝的需要了。隋文帝认为，长安城已"不足建皇王之邑，合大众所聚"。一向认为"无革命而不徙都城"

的隋文帝，在建立新王朝不久，便将迁都提到了自己的议事日程上来了。

开皇二年（公元582年）六月十三日，隋文帝同宰相、纳言苏威谈起了都城问题。善于领会人主意图的苏威，很快明白了隋文帝的心思，当即提出了迁都的建议。这很合隋文帝的心意，因为性格多疑和深受佛教思想影响的隋文帝，夺取政权后不久，便处死了宇文氏诸王，内心有一种对死者幽灵的负疚感和恐惧心理，住原来的宫中总觉不安稳，而时时出现妖异的幻觉，他已不愿再在长安宫中居住。同时，他也认为长安城规制狭小。他本来是可以立即接受苏威迁都建议的，但是，隋文帝又感到刚刚从宇文氏手中夺得天下，就进行迁都这样大的举动，怕有些不太合适，产生了决策上的为难。于是在这天晚上，隋文帝又将苏威和位居宰相之首的左仆射高颎找来，再议迁都之事。十四日早上，通晓天文的大臣庾季才奏言，说自己仰观天象，俯察图记，感觉到要发生迁都这样的大事。庾季才对隋文帝说，长安自汉代营造并建都，至今已有八百年了。这里的水质也发生了变化，碱卤增多，已不适合人们饮用。他建议隋文帝上应天命，下合人心，考虑迁都。这天，德高望重的太师李穆也上表请迁都。这样，隋文帝认为，既然迁都是上天垂意，人心所向，自己是不便上违天意，下违民意的，便决定迁都。

这年六月二十四日，隋文帝下诏，命左仆射高颎担任营建新都大监，为兴建新都的总负责人。以将作大匠刘龙、钜鹿郡公贺娄子干、太府少卿高龙叉等为副监，协助高颎负责在长安东南的龙首山营造新都事宜。接着，隋文帝又命以巧思著名于世的当时第一流建筑工程专家宇文恺为副监。

宇文恺是北周功臣之后，其父宇文贵为北周大司马，其兄宇文忻是周、隋之际的名将。宇文恺少有器局，在世为武将的家庭中，他"独好学，博览书记，解属文，多伎艺，号为名父公子"。隋文帝建国之初，宇

文恺受命营建宗庙，庙成封县公。"上（隋文帝）以恺有巧思，诏领营新
都副监。"而营建新都"高颎虽总大纲，凡所规画，皆出于恺"。可以
说，新都的总设计师是宇文恺。

　　建造新都城，并非易事。不仅在建筑上要有所创造、有所突破，而
且要求建造者能通晓儒学，并将儒学的理论融于新都的建造之中，使之既
能符合孔学思想，又能表现出东方文化的特性。所以，宇文恺在设计新
都时，竭尽心智，他既顾及了隋文帝建造大帝国首都恢宏壮丽的要求，
又表现出中国东方文化传统的特点，还使新都的总体设计同儒家学说合
拍。经过九个月的营建，开皇三年（公元583年）三月，新都竣工，被隋
文帝命名为大兴城，这大约是因为隋文帝在北周明帝时被封为"大兴郡
公"而取大兴之名。这"大兴"两字，也包含着隋文帝的深切愿望，有
着要大大兴盛隋朝的意思。

　　大兴城面积约七十平方千米。宫城居于最北，这符合儒家南面而治
和众星拱辰的思想。皇城在宫城之南，其东西向长2.5千米，南北向长1.5
千米。皇城内南北有七街，东西有五街，南面有三门，东西各二门。从西
汉以来，宫阙之间有居民，隋文帝认为，这于民不便。所以，大兴城的
皇城之内，不让杂人居住，而尽列衙署。这不仅有利于隋王朝在京城的
统治，有利于官府的活动，同样，也更利于百姓的生活。衙署集中的思想
和做法，自此垂法后世。宫城南门外，东西大街广三百步（六尺为步），
宫城外之南北大街，即承天门大街，广百步。大兴城的外郭城，东西9千
米，南北7.5千米，周长33.5千米，城高一丈八尺，皇城正南的朱雀门，其
南北的大街为朱雀大街，广百步。皇城分为三纵列，东西的二纵列，每列
南北均十三坊，象征一年有闰。共有坊七十四，另有两市。每坊在东、
南、西、北四方各开一门。皇城南，东西分四纵列，象征四时。南北均九
坊，共三十六坊，而法《周礼》王城九逵之制。这三十六坊，坊只开东西

二门，中有横街。所以不开南北之街，是因为直冲城阙。坊在皇城南的大小是纵三百五十步，广三百五十步至四百五十步；在皇城左右的大小是广六百五十步，纵四百至五百五十步。外郭城内有东西两市，每市占二坊之地，每面各开二门，四面都为市易之地。整个城坊、市可以说是星罗棋布，街衢宽直，气度宏伟，是前代帝王京城所无法比拟的。大兴城的饮水之源有三渠，一是龙首渠，它引自浐水；二是永安渠，引自交水；三是清明渠，引自潏水。

旧都城的各种问题，大兴城都予以圆满解决，一座符合隋文帝一统寰宇、宏大帝国的京城，就这样矗立在东亚大陆之上，这是京城改革创造的杰作。此后，隋炀帝又加高了城墙，到唐代进一步完善了城市建筑。这就是大兴城，也就是著名的隋唐长安。它不仅雄伟壮丽，整齐划一，而且声势宏大，反映了蒸蒸向上的隋唐帝国前无古人的巨大胸怀和气魄。对于隋唐长安特别是隋文帝建造大兴城，后人都予以充分肯定。他们赞美大兴城的设计和宏大气魄。宋人吕大防在《长安志图》中说到大兴城"畦分棋布，闾巷皆中绳墨，坊有墉，墉有门，逋亡奸伪，无所容足。而朝廷、宫寺、门居、市区，不复相参，亦一代之精制也"。他的评论十分中肯。大兴城的规制，不仅为唐代所继承，而且影响到周边邻国，日本的平城京都便是仿大兴城建造起来的。

通过这一系列的政治改革，隋文帝将新建立的大隋帝国迅速推向富强，为统一全国打下了良好的基础，而统一实现之后，这些政治改革又成为巩固和发展统一事业的重要举措。

统一中国

第四章

万事俱备

北周武帝灭北齐，重新统一北方，是北周汉化政策的胜利，它表明北方的民族融合已经完全成熟。同时，由于北方的重新统一，也使北周的国力大大加强。由北方来统一南北的条件已经初步具备。

北周武帝确有统一南北的壮志，他在统一北方后，积极修练武备，准备用一两年时间灭掉南陈，统一天下。但不幸的是，周武帝英年早逝，其后继者又昏庸不堪，使得南北一统的进程又向后推移。

但这些历史的偶然事件并没有改变最终由北方完成统一的条件和趋势。就在北周宣帝在位时，南朝陈使者韦鼎前来北周，他在返回南方前夕，对杨坚说："观公容貌，故非常人，而神监深远，亦非群贤所逮也。不久必大贵，贵则天下一家。岁一周天，老夫当委质。公相不可言，愿深自爱。"

韦鼎这番话，虽然有不少迷信色彩，但剔除其迷信成分，这番话反映出两个重要事实：第一，韦鼎是南方人，他通过观察对比，看出了北强南弱的事实，从而得出了"天下一家"的任务要由北方来实现的结论。第二，韦鼎是南陈人，他对北方实现统一并不反感，这种心态与以前南方人视北方为虏大不相同。这说明北周的民族融合已完全成熟，南北方民族界线已经消失，南方政权已经不可能再用民族斗争的武器来抗御北方了。

北方统一南方的条件已经具备，历史把这些条件留给了杨坚。

在南朝历代政权中，陈王朝是国土面积最小、国力最弱的一个。

公元582年，陈宣帝病死，按照封建继承制，皇太子陈叔宝应即位。不料陈叔宝的太子地位使他差一点死在弟弟陈叔陵手中。陈宣帝有四十二个儿子，陈叔宝是老大，陈叔陵行二。陈叔陵对其兄为皇太子一直怀嫉妒之心。在陈宣帝临死之前，他就让人把一把切药的刀子磨得非常锋利。宣帝死，进行小敛，诸子均前来哭奠。陈叔陵将药刀藏在怀里，神色异常地出现在诸皇子中间。他虽然也哭号，但眼光里流露出来的不是悲哀，而是杀机。这一切被细心的四弟陈叔坚发觉，他不动声色地站在陈叔陵身边，看看他究竟想干什么。就在陈叔宝跪在地上哀哭时，陈叔陵突然从怀中拿出药刀，照着陈叔宝的头狠狠砍了一下。可能是心慌的缘故，这一刀没砍中头，而是砍在后脖上。就在陈叔陵接着砍第二下、第三下时，陈叔宝的母亲柳太后用身子将儿子护住，结果挨了几下。这时，陈叔宝的奶妈吴氏从后面拽住陈叔陵的胳膊，陈叔坚紧紧抓住他的手腕，将刀夺下，又将他拖到柱子边上，用他的宽袖为绳，将他捆在柱子上。众人纷纷扶起皇太

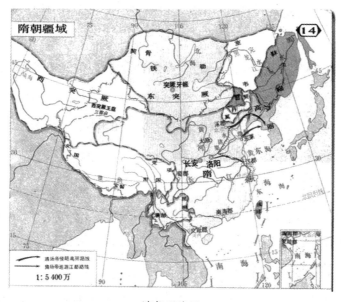

隋朝疆域图

子，护送他离开险境。

陈后主后脖子挨了一刀，虽未丧命，但也伤得不轻。他即位后根本不能料理朝政，只能躺在后宫床上养伤，一切朝政均由他的母亲柳太后来料理。柳太后虽然也挨了几下，但砍的都不是要害之处，所以受伤较轻，可以支撑着理政。柳太后是河东大族柳偃的女儿，是个很有才干的女人。前述那些诏书，全是她以陈后主的名义发出的。史书上说："当是之时，新失淮南之地，隋师临江，又国遭大丧，后主病疮不能听政。其诛叔陵、供大行丧事、边境防守及百司众务，虽假以后主之命，实皆决之于后。"可见陈后主初期的开明之举，实际上与陈后主并无关系。后来，陈后主的伤养好了，柳太后又把权力交还给他。

陈后主创伤痊愈，这对他来说当然是一件好事，因为他可以行使皇帝的权力。然而对陈朝来说却是一件坏事，因为他加速了陈朝的灭亡。

陈后主从开始就是一个昏庸的皇帝。

陈后主于公元582年即皇帝位，此时杨坚已经代周建隋，采用种种措施富国强兵。南朝进入了是存还是亡的关键时期。面对两种选择，陈后主是怎样选择的呢？

陈后主亲政后，所任用的全是奸佞小人，他们的所作所为，都"自取身荣，不存国计"，国家的安危存亡在他们的眼里是不屑一顾的。

河内温人司马申，在陈宣帝时任东宫通事舍人。这个官职，是负责掌管发布皇太子命令的。陈叔陵砍伤皇太子后，被陈叔坚绑在柱子上，他乘陈叔坚请示如何处理之机，挣脱逃跑。司马申急驰召右卫将军萧摩诃率兵将陈叔陵追杀，因此，司马申深得陈后主赏识，被提升为右卫将军兼中书通事舍人。司马申的人品很差。他所任之职，掌管着朝廷的机密，但他常常将这些机密泄露出去，以此向人们证明他地位的重要，树立他的威信。他谄上欺下：对上善应对，能看陈后主脸色行事；对下昧着良心陷

害好人，常用匿名信的方式谮毁朝臣，朝中品格端正之人遍受其害。史书上说他"有忤己者，必以微言谮之；附己者，因机进之。是以朝廷内外，皆从风靡"。有一次，陈后主想任用吏部尚书毛喜为尚书仆射，司马申不愿意毛喜被重用，因为他既有才又敢于直言。司马申便对陈后主说："毛喜是臣的妻兄，我不应该说他坏话，但我不得不为陛下考虑。想当初先帝在世时，他向先帝进言，说陛下沉湎于酒色，请求驱逐陛下的宫臣，难道陛下忘了吗？"经他这么一说，陈后主便打消了重用毛喜的念头。陈后主的刀伤完全痊愈后，曾在后殿大摆酒宴以示庆贺，并让群臣奏乐赋诗。在宴会上，陈后主喝得酩酊大醉，他喷着满嘴酒气，命令毛喜上殿作诗。毛喜对陈后主酗酒早有劝谏，又见他在陈宣帝新死、万机待理之时不以国事为重，反而饮酒作乐，心中十分不快。他想进行劝谏，又见陈后主已醉成这样，根本不可能听得进去。他又不愿违心附和，便想出一个两全之策。只见他缓缓走上殿阶，装出准备赋诗的样子。突然，他捂住胸口，大喊心痛，便向前一栽，昏死过去。众人慌了，赶紧把他抬出就医，一场欢宴被搅得败兴而散。其实，毛喜的病是假装的。事后，陈后主也知道了事情的真相，便对别人说："那次宴会，我真后悔将毛喜叫来。他当时其实没有病，只不过认为我宴饮不对，想阻止我罢了。"因此，更对毛喜怀恨在心。他把司马申找来，与他商议道："毛喜这个人盛气凌人，我想让鄱阳王兄弟把他杀了，满足他们报仇的欲望，怎么样？"司马申一听，立刻想起一段往事：那是陈宣帝废掉他的侄子陈伯宗的帝位后，伯宗之弟伯茂对陈宣帝怀有怨恨之心，参与了反对陈宣帝的叛乱。毛喜当时是陈宣帝的谋臣，他给陈宣帝出了个主意，将陈伯茂贬居在城外别馆中，然后派人装成强盗将其杀死。陈伯宗的三弟就是鄱阳王陈伯山，他见毛喜协助陈宣帝杀死二哥，废掉大哥，对毛喜简直恨入骨髓。司马申意识到，陈后主想借鄱阳王陈伯山的手除掉毛喜。他马上附和说："毛喜始终不与陛下一条心，

陛下这样做很对。"只不过由于中书通事舍人傅縡的反对，陈后主才没有这样做。

会稽山阴人孔范也是陈后主的宠臣，担任都官尚书。他能诗善文，因此更受陈后主的宠爱。孔范也是一个专会迎合奉承的人，史称：后主"每有恶事，范必曲为文饰，称扬赞美"。陈后主特别宠爱妃子孔贵人，孔范就与孔贵人结为兄妹，借以进一步讨好后主，使后主对他言听计从。从此，孔范更加骄横，朝廷公卿都惧他三分。孔范自以为文武才能，无人可比，他曾对陈后主说："外间诸将，是行伍出身，都不过是一介匹夫。他们怎能有深谋远虑呢？"陈后主听信了他这番话，从此军中将帅只要有一点小过失，后主即夺其兵权，用文吏代之。

陈后主所宠信的人，还有散骑常侍王瑳、王仪及御史中丞沈瓘，三人也都是奸佞之徒。

宠信奸佞必然排斥忠正之臣。毛喜、傅縡、章华等人的遭遇便是典型的例子。

陈后主借鄱阳王陈伯山之手杀毛喜的事虽然经傅縡反对而作罢，但最后陈后主还是将毛喜贬至永嘉郡做内史。

陈后主本人的生活也十分荒糜。他嗜酒好色，其嗜酒前已叙述，其好色在历史上尤其出名。他的皇后沈婺华，不好打扮，衣服无锦绣之饰，因此不得陈后主的宠幸。陈后主特别喜欢的是张贵妃等其他美人。

张贵妃名叫张丽华，虽非名门出身，但天生丽质，陈后主为太子时就很喜欢她，登帝位后，又封她为贵妃。再加上她才辩强记，善于察颜观色，投陈后主所好，自然成为第一宠幸。除张贵妃外，陈后主所宠爱的还有龚贵嫔、孔贵嫔、王美人、李美人、张淑媛、薛淑媛、袁昭仪、何婕妤、江修容等人。为了安置这些美人，陈后主于至德二年（公元584年）大兴土木，在光昭殿前盖起三个楼阁，分别取名为临春阁、结绮阁、望仙

阁。每个楼阁都有几十丈高，阁中窗户、栋梁、门楣、栏槛等所有用木的地方，都用檀香木，又用金玉装饰，珠翠相间，珠帘相隔。阁内设有宝床宝帐。每当微风一吹，香飘数里，朝日初照，光映后庭。楼阁下面有奇石堆成的假山，积水形成的清池，并栽种了许多奇株异树，名花贵草。

自从三个楼阁建好以后，陈后主便住进了临春阁，让张贵妃住进结绮阁，龚贵嫔、孔贵嫔住进了望仙阁。陈后主通过三个楼阁间的复道，经常往来于张、龚、孔三贵嫔之间，并常常把王、李、张、薛、袁、何、江等美人召至阁上寻欢作乐。陈后主又封宫人袁大舍等懂文学的人为女学士，又以江总、孔范、王瑳等文士十多人为"狎客"，常常把他们召集在一起，男女混杂，饮酒狂欢，赋诗赠答。所写之诗，有一些还被谱成曲，让宫人演唱。这些曲有《玉树后庭花》《临春乐》等。让我们通过《玉树后庭花》所写内容，看看陈后主所感兴趣的是什么：

> 丽宇芳林对高阁，新妆艳质本倾城。
> 映户凝娇乍不进，出帷含态笑相迎。
> 妖姬脸似花含露，玉树流光照后庭。

这就是被陈后主一直唱到亡国的《玉树后庭花》，其歌词内容，不外是描写美人的容貌体态。北方隋朝虎视眈眈、大兵压境，陈后主却把全部心思放在美女身上！

沉湎酒色必荒于政事。陈后主处理朝政自有他的一套办法。他从来不见百官，臣下的启奏，全都由宦官蔡临儿、李善度二人转奏。然后陈后主靠在软囊上，将张贵妃搂在膝上，共同裁决。发到外面的政令，有时李善度、蔡临儿也记不全，张贵妃就一一为他们书写清楚，无所遗露。张贵妃又派出耳目察访宫外之事，所以外面发生的任何事情，总是张贵妃首先知道，然后报告给陈后主，因此，更加博得陈后主的宠爱。史载："于是张、孔（指张贵妃、孔贵嫔）之权，熏灼四方，内外宗族，多被引用，大臣执政，亦从风而靡。阉宦便佞之徒，内外交结，转相引进。贿赂公行，赏罚无常，纲纪瞀乱矣。"

陈后主统治下的陈朝，官吏们有的曲言诐佞、蔽人耳目，有的重赋厚敛、取悦后主，总之营求的都是个人私利。此时陈朝的吏治腐败到了极点，国力虚弱，官吏腐败，人民负担沉重，百姓怨声载道。

灭陈时机已经成熟，隋朝许多有识之士已经看出了这点。公元589年，隋朝大军临江即将灭陈，薛道衡列举了隋必灭陈的四点理由。

第一，汉末以来，群雄竞起，战争不息。但乱到极点，就预示着统一的到来，这是天道运动的永恒规律。况且南朝气数已尽，以此而言，灭陈必矣。

第二，有德者昌，无德者亡，自古以来国家的兴盛灭亡，全都遵循这个规律。如今主上（指杨坚）躬履恭俭，忧劳庶政，可谓有德之君。叔宝（指陈后主）峻宇雕墙，酣酒荒色。弄得国内上下离心，人神同愤，实属无德之主。

第三，叔宝拔小人委以政事，陈朝的公卿大臣，只是虚列其位。为国之体，在于任寄，用人不当，国体解矣。

第四，隋有道而大，陈无德而小。总计陈朝的兵士，不过十万，而这么少的兵力，要想守住西自巫峡、东至沧海的防线是相当困难的。如果他分兵把守，必然势分力弱；如果集中兵力，又会顾此失彼。

薛道衡讲的四点理由，除了天道、运数等一些迷信色彩外，从历史规律、政治对比、军事对比等方面概括了隋灭陈的必然性。应当说，薛道衡概括得是比较准确的。

许多事实表明：陈朝是一株已经从根上坏死腐烂的朽木，只等着北方

统一的劲风过江，摧枯拉朽。

此时，陈朝也腐朽虚弱得摇摇欲坠，它为杨坚一统天下创造了绝好的时机。杨坚年轻时幸运地避过了政治灾难，这一次又幸运地获得了灭陈而统一天下的机会。是历史将这个重任赋予了他。然而，陈朝的腐朽并不是灭亡，杨坚的幸运并不是成功。只有杨坚利用自己的幸运消灭陈朝，才是杨坚的成功。

杨坚是一位很早就有远大抱负的皇帝，他在建隋初就有统一南北的愿望。陈太建十四年，即隋开皇二年（公元582年），陈宣帝死。杨坚派使臣去南陈吊唁，并给陈朝带去一封信。信的末尾署名是"大隋皇帝杨坚顿首"，这是敌国之间通信的礼仪。这说明杨坚把陈朝视为敌国，并决心将其灭掉。他还曾经对尚书仆射高颎说："我为百姓父母，岂可限一衣带水不拯之乎？"更加表明他统一天下的决心。

杨坚不但如是说，而且如是做。他建隋后，一方面积极采取措施巩固开皇基业，一方面积极为灭陈做着各种准备工作。

杨坚和他的臣僚们做到了有备而战。除了抓紧准备大规模灭陈所需的军粮以外，杨坚很早就做了军事准备。

为了灭陈，杨坚命人大造战船。木屑、油漆等造船原料常常漂到长江对岸。曾有人劝杨坚，造船工作应该秘密进行，不能让陈朝察觉到我方的意图。杨坚却微微一笑，不以为然地说："我将要公开地代天伐逆，为什么要秘密进行呢？如果陈叔宝因为知道我们造战船而改弦更张，我还讨伐他干什么？"可见，杨坚已经把陈后主看透了：他已经腐朽到了极点，根本不会在治国方面有所作为。而且，杨坚要以此表明，他发动灭陈的战争是正义的，是替天行道的。

在受禅即位初期，杨坚对陈朝十分友好，每次抓获陈朝的间谍，他都派人赠送衣服、马匹，客气地予以遣返。然而陈宣帝还是不断地让军队侵扰隋朝边境。所以在陈太建末年，隋朝军队对南陈发动了一次进攻。适逢陈宣帝去世，隋文帝即下令班师退军，又派遣使者前去吊唁。然而，陈后主的回信却越发狂妄自大，信末说："想你统治的区域内安好，这里是天下清平。"杨坚看了回信后很不高兴，他气愤地把它展示给朝臣。

接着，杨坚和高颎商讨平定陈朝的策略。高颎说："长江以北地区天气寒冷，田里庄稼的收获要晚一些；而江南地区水田里庄稼要相对成熟得早一些。估计在对方收获的季节，我们征集少量军队，声言要袭击江南，他们必定屯兵守御。这样足以使他们耽误农时。等到对方聚集了军队，我们却解甲散兵。如此反复加以骚扰，他们就会习以为常，然后我们再调集大军准备进攻。这时候他们又必然不会相信。这样，在他们还在犹豫的时候，我们的大军已经渡过了长江。我军渡江与敌军作战，士气就会大增。再说江南水浅土薄，房舍多用茅竹搭成，所有的储积都不是藏在地窖里。如果我们暗中派人因风纵火，焚其储积，等他们重修后，再去焚烧。这样不出数年，对方必定力竭财尽。"

于是，杨坚一面命令军队大造战船，一面对陈朝进行连续不断的骚扰。

陈祯明元年，即隋开皇七年（公元587年），杨素率军在永安建造大船，船名叫"五牙"。船上建有五层楼，高一百余尺。船的前后左右设置了六根拍竿，都高五十尺，可乘载战士八百人。二号船名叫"黄龙"，船上可乘载战士一百人。其余还有称做"平乘""舴艋"的许多大小不一的舰船。

然而，杨坚不兴无义之师，不举无名之师。早在战前准备基本结束前，杨坚就在为自己寻找大规模进攻的借口。

陈太建十年，即北周宣政元年（公元578年），陈将吴明彻北征彭城失利，给北周大规模南征提供了一个绝好的机会和借口。北周军于是乘胜大举反攻，几年之内便占领了淮南之地。陈太建十四年，即隋开皇二年（公元582年），正当隋军准备大举过江时，陈宣帝病死，杨坚遵循"不

伐有丧事的敌国"的古训，暂时停止了对陈朝的军事进攻。这一次，杨坚也必须寻找一个适当的借口，以表明自己不举无名之师。

对于一个在政治、经济、军事上都占有绝对优势的政权来说，寻找一个名义出兵攻打一个比自己弱小的政权，就好像"君要臣死""欲加之罪"一样比比皆是。

恰在杨坚再一次决定南伐时，夹在南朝与北朝之间的后梁政权不情愿地成为他制造口实的绝好借口。

那么，杨坚究竟是如何利用后梁制造南伐借口的呢？这还得从头说起。

前面提到过，南朝梁武帝末年，国内发生了"侯景之乱"。"侯景之乱"残酷地破坏了整个地区，京师建康遭受了空前绝后的洗劫，最后陈霸先乘机称帝。梁太清二年（公元548年）十月二十四日，侯景打到首都建康城下。京城被攻破后，梁武帝的第七子湘东王萧绎就趁机开始与众兄弟子侄展开了争夺皇位的倾轧。他先勾结西魏，将六哥萧纶杀死；然后又派兵将，在巫峡口杀死称帝的弟弟萧纪。

梁承圣元年（公元552年），萧绎在平定"侯景之乱"后在江陵（今湖北江陵）即帝位，这就是梁元帝。之后，萧绎开始了与两个侄子萧誉、萧察兄弟的争夺。萧察走投无路，投靠了西魏。因为萧察所在的襄阳在江陵北四百里，是江陵北面的门户。襄阳一失，萧绎所在的江陵就失去了北面的屏障，直接暴露在西魏的军事威胁之下。

梁太清三年（公元549年），萧绎派柳仲礼率军进攻襄阳。萧察急忙向西魏求援。西魏派了杨坚的父亲杨忠率兵援救。第二年，杨忠生擒柳仲礼，平定了汉东，终于使萧察转危为安。当时，西魏准备拥立萧察继萧梁帝位，萧察却推辞说没有玺命，于是西魏只得册命萧察为梁王。

梁承圣三年（公元554年）九月，宇文泰令柱国大将军于谨率军讨伐江陵，命萧察率兵配合。当年十月，西魏大军进至江陵。于谨先派精骑占据江津，堵住了江南援军的必由之路，然后集中兵力攻城。十几天后，江陵城被攻破，萧绎在激战中被杀，几十万江陵人全部被掠入关中。宇文泰此时下令将以襄阳为中心的雍州从萧察手中收回，将他迁至江陵东城，只给了他江陵一州之地，立其为梁主，年号为大定。这就是后梁。

可见，后梁从诞生这一天开始就是西魏的附庸，它是一个地地道道的傀儡政权，而后梁皇帝从一开始就是西魏手中的傀儡。萧察虽有皇帝名号，但给西魏上书时却必须称臣，并奉西魏朝廷正朔。萧察对下面的封爵任命，虽然可以依梁朝的旧制，但他的戎章勋级，又兼用柱国等官。不但如此，宇文泰还专门设置了江陵防主，统兵把守在西城，称作助防。表面上是帮助萧察防御，实际上是防备萧察的。

当傀儡皇帝的滋味并不好受，萧察更是如此。当江陵初平时，萧察的大将尹德毅对他说："如今西魏人贪婪凶狠，他们平定萧绎并不是出于吊民伐罪，所以必定要肆其残忍之情，杀戮诛夷，俘囚士庶，以此为军功。这些被杀被俘之人的亲戚家属，全在江东，对自己被掠至异地必然痛心疾首，刻骨铭心。殿下本心是要扫清宇宙，延续萧梁，然而面对悠悠众人，不可能挨家挨户去解释。而这些人遭受涂炭，都一定会说是由殿下造成的。殿下既杀人父兄、孤人子弟，人尽极仇，谁与您为国呢！"尹德毅说得实实在在，在江陵人民眼中，萧察是给他们带来巨大灾难的罪魁祸首。而萧察当了后梁皇帝后，见襄阳已失，疆土狭小，也是垂头丧气，常常怏怏不乐。北周保定二年（公元562年），当了八年傀儡皇帝的萧察在忧愤中死去。当时，周武帝在位，他又命萧察的太子萧岿嗣位，第二年改元天保。

萧岿是萧察的第三子，他机变有文采，善于抚御，能得到手下的拥护。尽管如此，他还是摆脱不了傀儡的命运，后梁仍然是北周手中的一颗棋子。

　　陈天康元年（公元566年），南朝陈文帝死，南朝政局发生了一次动荡。陈文帝临死时留下遗诏，让刘师知、到仲举、陈顼三人辅政。这个陈顼是陈文帝的弟弟，即后来的陈宣帝。他在辅政时权势已为朝野所属。刘师知见此，心中十分不安，谋算着把陈顼排挤出朝。

　　然而，刘师知的阴谋很快被陈顼知道。在毛喜的帮助下，陈顼处死了刘师知、诛杀了韩子高。当时的湘州刺史华皎与刘、韩二人关系十分密切，又同为陈文帝所亲任。听到刘、韩二人的死讯后，他坐立不安。经过考虑之后，他一面缮甲聚兵，抚慰所部，一面向朝廷请求改任广州刺史，以试探朝廷对自己的态度。陈顼表面虽然答应，但迟迟不发任命诏书。这时，心神不安的华皎意识到事情不妙，便以其子华玄响为人质，带兵投奔后梁；同时，又派出使者前往长安，请求北周出兵援助。

　　后梁接纳了华皎以后，也请求北周出兵，因为后梁知道仅凭自己的力量根本不能庇护华皎而和南朝抗衡。与此同时，后梁以华皎为司空，并派遣柱国王操领兵二万配合周军。北周军宇文直屯军鲁山，派元定率步骑数千围攻郢州（今湖北武昌）。当时，陈朝立即派吴明彻率水军与华皎水军相持，同时派徐度、杨文通率军出山路袭击湘州（今湖南长沙）。当徐、杨二人得手后，吴明彻水军又在沌口大败北周、后梁水军。宇文直军败后，径自逃回江陵，使元定所率步骑成为孤军。这支孤军进退失据，只得砍竹伐木，沿山开路，且战且退，逐渐向巴陵地区进发。而此时，南朝将徐度已经占据了巴陵（今湖南岳阳）。他向元定许诺，只要放下武器，就放他回国。走投无路的元定竟信以为真。不料想，当他放下武器来到徐度营中时，被徐度立即逮捕。

　　这次南征，北周军损失惨重。宇文直逃回长安后，将失败的责任全部推到后梁柱国殷亮身上。尽管后梁主萧岿明知殷亮无罪，但还是不敢违抗北周，违心地将殷亮处死。

在这里，后梁似乎充当了北周替罪羊的角色。事实上，在必要时充当北周的替罪羊，为之违心地承担过失，是后梁与北周微妙关系中后梁的一种作用。

而北周选用后梁充当替罪羊的角色，从当时后梁所处的地理位置来看，是再恰当不过的。难怪当初宇文泰为后梁选中了这个恰当的位置——江陵地区。这个地区处于从宜昌到岳阳的长江北岸，南边就是陈朝，只要陈朝对北周一有什么军事行动，后梁总是首当其冲。

陈太建二年，即北周天和五年（公元570年），陈朝派大将章昭达率军逼近江陵。后梁主萧岿向襄阳告急，北周派大将李迁哲率兵救援。李迁哲率其所部与江陵总管陆腾一起将陈军打退。接着，陈军又借江水泛长之时，毁龙川大堤，引水灌城。李迁哲赶紧一面堵塞北堤以止水，一面招募骁勇出击陈军。后来，陈军多次采取偷袭、夜袭的方法，虽然都被击退，但也给江陵地区造成了极大的破坏。后梁的司空华皎到北周朝拜时，在襄阳对宇文直不无乞求地说："后梁主已经失掉了江南诸郡，民少国贫。大周朝以兴亡断绝为己任，理应对后梁有所资赡。希望能借给他几个州，来帮助它。"事实上，从后梁建立那天起，江陵就已经成了北周抵御南朝的前沿阵地。接连不断的战争已经严重地破坏了江陵地区，给那里的人民带来了深重的灾难。

然而，北周政权并不关心这个，他们似乎认为抵御南方的进攻是后梁为自己效劳的不可推卸的责任。可见，让后梁为北周抵御南方的进攻，是北周扶植后梁的真正目的。

杨坚辅政以后，后梁与北周的附属关系仍在继续。但从此以后，两个政权之间的关系逐渐有了变化。

在杨坚辅政后不久，尉迟迥、王谦、司马消难各自起兵反对杨坚。这时，后梁孝明帝萧岿派遣中书舍人柳庄带着他的书信入北周朝贡。当时

杨坚为北周丞相，他握着柳庄的手说："我以前加开府时，曾经随军到过江陵，受到梁国君主的热情款待。眼下我们正处在天子年幼、时事艰难的时期，我虽然不才，但受命辅佐朝政。梁国君主几代都忠于朝廷，我们应当共同努力使这种融洽关系永远保持下去。"当时，后梁众将帅正竞相劝说萧岿起兵，与尉迟迥联合，认为这样做进可以对北周帝室效忠尽节，退可以席卷汉、沔地区。萧岿因此而正在犹豫不决。适逢柳庄回来，萧岿赶紧询问情况。柳庄将杨坚的话原原本本地转告了萧岿，并且说："以前袁绍、刘表、王凌、诸葛诞等人都是汉、魏时期拥有雄才大略的人，他们占据着战略要地，拥有强大的军队，但是都没有建立功业，祸难反而紧随而至。其根本原因正是由于魏、晋挟天子以令诸侯，占据着京师，名正言顺地讨伐叛逆。如今尉迟迥虽然是一员老将，但是他年老昏庸。而司马消难、王谦又是极普通的人，都没有匡时济世的才干。北周朝的将帅大臣，大多数只为自己打算，竞相效忠于杨坚。以我看来，尉迟迥等人终会被消灭，隋公杨坚必定会夺取北周政权。这种形势下，我们不如保境安民，静观事态的发展变化。"萧岿听得心服口服，于是众人也不再争论出兵之事了。

当后来听到尉迟迥起兵失败的消息时，萧岿握着柳庄的手，庆幸地说："当初如果听从了众将领的话，恐怕国家就不能保全了。"

杨坚建立隋朝后，后梁的地位似乎比以前有所提高，这表现在杨坚给予后梁孝明帝萧岿的恩泽更加厚重。萧岿入隋拜贺杨坚登基时，杨坚赐给他金五百两，银千两，布帛万匹，马五百匹，并下诏许萧岿位在王公之上。而且，杨坚还挽留萧岿在隋待了一个多月，这期间，萧岿得到杨坚丰厚的礼遇，众僚属都羡慕不已。萧岿回江陵时，杨坚还亲自为他设宴饯行。开皇二年（公元582年），杨坚下诏礼聘萧岿的女儿为晋王杨广的妃子，还打算让皇子杨场娶后梁兰陵公主为妻。自此废掉监护后梁的江陵总管，取消了对后梁的监管，这样，萧岿得以全权统治后梁。

开皇四年（公元584年），萧岿再次亲自到长安朝见隋天子杨坚。当时，萧岿头戴通天冠，身穿深红色的纱袍，在郊外受到迎接时面北而立。等到进入新都，在大兴殿朝见杨坚时，萧岿赶紧主动改戴远游冠，身穿朝服。杨坚与他以君臣之礼互拜。这一次，杨坚又赏赐给萧岿缣万匹和价值相当于万匹缣的大量珍宝。在他回去时，杨坚还亲切地拉着他的手说："梁主长久滞留在荆楚地区，未复旧都建康，肯定思念故乡。朕当振旅长江，灭掉陈朝，送你返回故乡。"萧岿对杨坚的厚待感激不尽。

然而，萧岿死后，后梁的地位又发生了新的变化。萧岿死后，杨坚命他的儿子萧琮继位，年号广运。在萧琮即位之初，杨坚赐给他玺书说："负荷堂构，其事甚重，虽穷忧劳，常须自立。辑谐内外，亲任才良，聿遵世业，是所望也。彼之疆守，咫尺陈人，水潦之时，特宜警备。陈氏比日虽复朝聘相寻，疆场之间犹未清肃，惟当恃我必不可干，勿得轻人而不设备。朕与梁国积世相知，重以亲姻，情义弥厚。江陵之地，朝寄非轻，为国为民，深宜抑割，恒加饘粥，以礼自存。"

在这封玺书里，杨坚讲了两个意思：一个是治理梁国是件重要的事情，要有"辑谐内外，亲任才良"之人。另一个是江陵靠近陈朝，地位尤其重要。这两个意思，是杨坚以前从没有特别强调过的，那么，他如此提出来究竟是为什么呢？

应该说，杨坚玺书中的这两个意思预示着隋朝对后梁的政策将要有所变化。在此，杨坚虽然没有明了地指出将要对后梁如何如何，但他却通过论述后梁的重要性发出了将要对后梁采取行动的警告，给后梁朝廷敲响了警钟。

当然，杨坚并不是因为后梁国主萧岿去世才开始改变对后梁的政策，而是因为当时的隋朝已经稳定和巩固了，它在巩固政权的同时，开始加紧

了灭陈的准备工作。这时，杨坚认为已经不再需要后梁这个傀儡了。他不但要灭陈，统一南北，而且要统一天下。于是，他开始一步步实施自己的计划，决定在灭陈之前先灭后梁。

开皇五年（公元585年），杨坚诏令征召后梁国主的叔父太尉吴王萧岑入朝。萧岑是萧察的第八子，他性简贵，御下严整。萧琮即位后，萧岑便成了后梁元老，他自认望重属尊，常常目无法纪。杨坚任命他为大将军，封怀义公，趁机将他留在长安，不让他回国；并且又重新设置江陵总管监视后梁国。

开皇七年（公元587年）八月，杨坚又征召后梁国主萧琮入朝。萧琮率领群臣百官二百余人由江陵出发到达长安。

这时，杨坚借口后梁国主离开了国家，派遣武乡公崔弘度率军戍守江陵。崔弘度军至都州时，后梁国主的叔父太傅安平王萧岩、弟弟荆州刺史义兴王萧瓛等人害怕崔弘度趁机袭取江陵，就派遣都官尚书沈君公向陈朝荆州刺史宜黄侯陈慧纪请求降附。不久，陈朝派遣陈慧纪率军抵达江陵城下。萧岩、萧瓛等人带领后梁国文武官吏、平民百姓共十万人投奔陈朝。

杨坚很快得到这个消息，立即下令废掉后梁，并派遣尚书左仆射高颎前去聚集安置没有降附陈朝的平民百姓。同时还下令给后梁宣帝、后梁孝明帝各十户人家守护陵墓；任命后梁国主萧琮为上柱国，封爵莒公。

至此，存在了三十三年的后梁傀儡政

隋朝开皇五年菩萨像

权终于走完了它的历程，淹没在尘烟滚滚的历史中。

开皇八年，即陈祯明二年（公元588年）三月，杨坚又发出了讨陈诏书。

杨坚废后梁后，将要赴任的晋州刺史皇甫绩在向杨坚辞行时，上言平定陈朝有三条理由，"第一是以大国吞并小国，第二是以有道讨伐无道；第三是陈朝拉纳叛臣萧岩等人，我们师出有名。"这三条理由恰恰揭示了废后梁与灭陈之间的联系。皇甫绩的分析得到了杨坚的赞赏，特别是"师出有名"更合杨坚所想，他正是要得到这个理由来正式向陈朝宣战。至此，杨坚终于得到了隋朝出兵讨伐陈朝的口实。

早在刚刚登上帝位后，杨坚就开始着手灭陈的各项准备工作。为了做到有备而战，杨坚首先广求军事贤能。

在即位刚刚1个月时，杨坚就任命了两名最有成就和令人生畏的将领总管，让他们在与南陈接壤的长江下游边境准备以后的大规模进攻。具体情况是这样的：开皇元年（公元581年），杨坚向高颎请求准备吞并江南的将帅，高颎当即向他推荐了贺若弼和韩擒虎。于是，杨坚任命上开府仪同三司贺若弼为吴州总管，镇守广陵；任命和州刺史韩擒虎为庐州总管，镇守庐江。

选求贤才，杨坚当然有他严格的标准和要求。他之所以选用高颎推荐的这两个人，首先是他对高颎十分信任，其次便是他们符合自己要求的条件。

贺若弼字辅伯，河南洛阳人。他少年时便心怀大志，勇敢善战，又博览史书，在当时享有盛名。对贺若弼，杨坚开始并不十分信任。早在尉迟迥在邺城起兵时，杨坚就对贺若弼很不放心。当时，贺若弼任寿州（治所在今安徽寿县）刺史。杨坚怕贺若弼响应尉迟迥，便派心腹长孙平前去代他镇守寿州。贺若弼当然不乐意被人取代，长孙平便令壮士将其逮捕，送回了京师。但在高颎的力荐下，杨坚转变了先前的看法，反而认为贺若弼

当初只是不愿放弃寿州刺史一职，并未与尉迟迥合谋；而且认为，他之所以不愿被替代，是因为他要在此为朝廷效力。同时，贺若弼也确有灭陈的志向和军事才能。早在北周末期，他就和韦孝宽一起伐陈，攻破了陈朝数十城，其中很多胜利都归功于贺若弼的奇计。贺若弼的父亲贺若敦曾在北周时任金州总管，他临死时把贺若弼叫到身边，对他说："我本来打算一定要平定江南，然而我的愿望未能实现，你应该继承我的事业，完成我的志向。"从此贺若弼把父亲的话铭刻在心，以完成父亲的遗愿为己任。当杨坚任贺若弼为吴州（治所在今江苏扬州）总管，委之以平陈大任时，贺若弼果然异常兴奋。他在送给寿州总管源雄的诗中写道：

交河骠骑幕，合浦伏波营，
勿使却洛上，无我二人名。

诗中所说的"骠骑"，指西汉骠骑将军霍去病；"伏波"，指东汉伏波将军马援。在这首诗中，贺若弼踌躇满志地表达了要像霍去病、马援那样为朝廷建功立业的志向。

韩擒虎字子通，河南长垣人。他少年时慷慨有志向，以胆略出名，身材魁梧，有非凡的英雄相貌。自幼好读书，且略知经史。早在北周时，韩擒虎就因屡立军功而被拜为都督、新安太守，以后又迁为仪同三司，袭爵新义郡公。陈朝攻打光州时，韩擒虎任行军总管，大破陈军。杨坚辅政时，韩擒虎又任和州（治所在今安徽和县）刺史，多次打败陈军。因韩擒虎有文武双才，在当时，江南人一听说韩擒虎便闻风丧胆。杨坚代周建隋后，便在高颍力荐下拜他为庐州刺史。

除他二人之外，杨坚还选用了文武兼备的将才杨素，以及骁勇善战的王世积。

　　为了实现灭陈计划，杨坚不仅广求军事贤能，还广泛征求灭陈的策略。开皇七年（公元587年），正在杨坚为灭陈策略苦思冥想时，上柱国杨素、吴州总管贺若弼以及光州刺史高勖、虢镇刺史崔仲方等人纷纷争献平陈策略。当时，崔仲方的平陈奏书尤其引起杨坚的极大兴趣。崔仲方上书说："如今必须自武昌以下，在蕲、和、滁、方、吴、海等州增加精兵，秘密进行部署、筹划；在益、信、襄、荆、基、郢等州立刻建造州船，同时尽量壮大声势，做好水战的准备。蜀、汉二江在长江的上游，是水陆要地，势所必争。陈朝虽然在流头、荆门、延州、公安、巴陵、隐矶、夏口、蕲口、溢城等地置备了船只，但最终还是要聚集大军于汉口、峡口，通过水战来与我们决战。如果陈朝断定我们只在上游布置有重兵，因而命令精锐部队赶赴上游增援，我们在下游的将帅即可乘机率军横渡长江。如果陈朝把精锐部队都部署在下游守卫，我们的上游诸军即可顺流而下，鼓行向前。陈朝虽然有九江、五湖之险可资凭恃，但失德则难以固守；徒有精锐骁勇的三吴、百越之兵，因无恩则不能自立。"

　　看完崔仲方这本奏书，杨坚不禁拍案叫绝。于是，一个比较完整成熟的渡江灭陈方案在杨坚脑中迅速形成。

南北归一

　　这是一场在中国历史上阵势强大、惊心动魄的战争，这场由杨坚发动的消灭南陈、一统天下的征战，在当时的军事条件下，以它周密的计划、

安排、筹措和部署，为世人所惊叹。一场由杨坚发动的统一天下的战争终于爆发了。

开皇九年（公元589年）元旦，远征正式开始。一切都按照精心制订的计划进行着。由于发动者是有备而战，因而战争的主动权始终掌握在其手中。长江上游、中游、下游三个地区的战争几乎同时发起。

上游的行军元帅是杨素。弘农华阴人杨素，也是个文武兼备的将才。北周武帝平齐时，杨素充当先驱，与宇文宪攻破北齐晋州。齐后主率大军反攻，杨素与骁将十余人与齐军大战于鸡栖原。灭北齐后，杨素又随王轨大破陈将吴明彻，后又随韦孝宽攻取陈朝淮南之地。杨坚建隋后，杨素多次进取陈之计。杨坚便拜他为信州（治所在今四川奉节）总管。

开皇八年（公元588年）10月，隋朝首都长安的太庙中举行了隆重的出征大礼，大礼过后，隋朝的八路大军从长江的上游、中游、下游三个地方同时向南朝发动攻击。

杨素的任务是率水军自奉节沿长江而下，出三峡与出兵江陵的刘仁恩大军会合。

长江中游也有两路大军，行军元帅是杨坚的第三子秦王杨俊。他的任务是从襄阳（今湖北襄樊）出发，沿沔水从武汉进入长江，然后继续东下，与出兵蕲春的王世积大军会合。

长江下游有三路大军，行军元帅是杨坚的二儿子杨广。他的任务是从六合（今江苏六合）南下，指挥、协调左右两翼共攻陈朝首都建康（今江苏南京）。左翼是贺若弼率领的大军，从广陵（今江苏扬州西北）直攻京口（今江苏镇江）。右翼军由韩擒虎率领，从和州（今安徽和县）直攻姑孰（今安徽当涂）。京口、姑孰两地对建康至为重要，前者被认为是建康的北大门，后者则是建康的西南门户。如果两处被攻破，建康则门户大开，落入隋军的股掌之中。

除上述七路大军外，杨坚还命青州总管燕荣从海路南下，以占领吴郡（今江苏苏州），包抄建康。

杨坚这样部署，与崔仲方的建议有相似之处，显然是吸取了这个建议的许多合理有效的地方。但是将整个军事力量交给三个行军元帅指挥，却是杨坚的独到之处。整个的进攻战线，"东接沧海，西拒巴蜀，旌旗舟楫，横亘数千里"。这样长的战线，由一个中心指挥显然会有失灵、失控的危险。杨坚在长江的上游、中游、下游设置三个行军元帅，形成三个指挥中心。这三个中心，既互相独立又互相配合，从而使整个灭陈战役得到有效的指挥。

在长江上游，杨素率领水军自信州永安出发，浩浩荡荡穿过三峡。陈将戚昕率领水军以百余艘战船守在狼尾滩（在今宜都境内）。狼尾滩地势险要，又有重兵把守，怎样突破陈军的防线？杨素召集众将，对他们说："这是关键一仗，胜负在此一举。如果我们白天进攻，陈军就会看到我们的虚实。况且狼尾滩水流迅急，地势险要，白天进攻于我不利。不如趁夜袭之。"众人都同意夜袭的方案。当天夜里，杨素亲率黄龙战舰，偃旗息鼓，无声无息地顺江而下。同时，派遣开府仪同三司王长袭率步兵从南岸袭击戚昕的别营；又命荆州刺史、大将军刘仁恩率甲骑从北岸会合。天刚刚亮时，三路军突然出现在陈军面前。戚昕来不及组织抵抗，大败而逃，其众多被俘虏。狼尾滩大胜，杨素军与刘仁恩军汇合，又缴获敌人大批战船，使得隋军声势更壮。他们继续沿江东下，舟舻被江，旌甲曜日。杨素坐在大船之上，容貌雄伟，威风凛凛，陈人望见，十分畏惧，都说："这是江神到来了。"

长江中游一路，秦王杨俊率水陆军十余万，自襄阳沿沔水南下，行至汉口，受到陈军的阻挡。陈将周罗睺、荀法尚等人，以劲兵数万屯驻于长江鹦鹉洲（今武汉市西南）。隋将崔弘度请命向陈军进攻，但杨俊害怕造

成伤亡，没有答应，便和陈军相持于汉口。

在长江下游，左、中、右三路大军也向陈朝的首都建康发动了攻击。

灭陈战役还未发动时，吴州总管贺若弼就开始做过江的准备。为了过江顺利，贺若弼采用了麻痹敌军的战术，他叫人将老弱之马卖掉，用钱买了很多船，但把船都藏起来，只在湾内泊放五六十艘破船。陈朝的间谍将这种假象带回去，陈军误以为贺若弼军无船。在军队换防时，贺若弼总是将声势搞得很大，将军队集中在广陵，大张旗鼓，多设营幕。陈军误以为隋军要渡江，急忙发兵防备，当他们剑拔弩张严阵以待时，却发现是隋军换防，虚惊一场。久而久之，陈军对隋军大集人马换防习惯了，也麻痹了。为了进一步麻痹陈军，贺若弼还常让士兵沿江射猎，弄得人喧马叫，陈军对此也渐习以为常，毫无反应。开皇九年（公元589年）正月初一，大江上迷雾四溢，趁着茫茫浓雾，贺若弼发兵渡江。一则有大雾掩护，二则陈军已无警惕之心，所以对于隋军过江，陈军竟未发觉。正月初六日，贺若弼军一举攻下建康北面门户京口，活捉了陈朝南徐州刺史黄恪。贺若弼在发动强大的军事攻势的同时，还发动了强大的宣传攻势。他要求部队纪律严明，秋毫不犯。在攻占京口时，俘虏陈军六千多人，贺若弼发给他们每人一份口粮，并给他们一份宣传材料，然后将他们释放，让他们宣谕各方。贺若弼的这些做法，使隋军在江南地区以仁义之师的面貌出现，收到了很好的效果。

与贺若弼渡江同时，庐州总管韩擒虎也从和州横江浦渡江。对岸守卫采石矶的陈军很快被韩擒虎军打败，采石矶落入隋军之手，与此同时，下游的行军元帅杨广也率大军屯于六合镇的桃叶山。

在隋军未发动全面进攻以前，陈后主君臣还沉浸在自我陶醉中。陈后主对臣下说："我建康都城有霸王之气，以前北齐军三次进攻，北周军两次进攻，都没有成功，隋军能有什么建树！"都官尚书孔范赶紧接着陈后主的话说："长江天堑，自古以来就是隔离南北的界线，他隋军难道还能飞过来不成！那些守边的将领欲邀功请赏，所以把形势说得十分紧急。隋军要真能过江倒好了，我正嫌位卑官低，正好借此机会大败隋军，建立大功，陛下好提拔我做太尉。"一番话说得陈后主脸上喜笑颜开，心里踏踏实实。

正当陈朝君臣自恃"天堑"和"王气"之时，京口的败兵传来了京口陷落的消息，采石矶的守将徐子建也派人告知形势的突变，陈后主慌了，急忙召集大臣公卿商议对策。面对隋军的攻势，陈后主只得任用一些有军事才干的人去抵挡，因为即使他再昏庸，也知道大话不能挡住隋军的战舰和军马。他任命骠骑将军萧摩诃、护军将军樊毅、中领军鲁广达为都督，统兵保卫都城，并把南豫州刺史樊猛从姑孰调回京城，派散骑常侍皋文奏镇守姑孰。陈后主这一招是相当愚蠢的。樊猛是陈朝著名猛将，有谋略，武艺高强，胆气过人。侯景之乱时，樊猛在青溪与侯景军短兵相接，厮杀一天，杀伤侯景军士众多。他所镇守的姑孰，是建康西南的门户，又面临隋名将韩擒虎的威胁，姑孰一失，建康难保。在这种情况下，把樊猛调回，表面上看是加强了都城的力量，实际上是一种缩着头挨打的战略。果然，韩擒虎很快攻下姑孰，樊猛的妻子儿女尽被俘虏，皋文奏大败而归。

隋军攻下京口、姑孰后，贺若弼军从北道，韩擒虎军从南道同时向建康进发。正月初七日，贺若弼军进至建康东北的钟山，韩擒虎军也占据了建康西南二十里的新林。

面对建康城的危急形势，陈朝大将任忠对陈后主说："兵法认为，客以速战为贵，主以持重为贵。如今城内兵众粮足，应该固守，即使隋军兵临城下，也不出去与它交战。同时分兵隔断江路，让敌军彼此不能联络。然后给我精兵一万，战船三百艘，渡江直攻六合。六合的隋军一定以为渡

江的军队已被俘获，自然丧气。淮南的土著居民，都对我非常熟悉，我若到那里，他们必然会响应我。我再扬言直取徐州，断彼归路，隋军自然会撤走。等到春水一下，长江水涨，上游的周罗睺沿江支援，则建康万无一失。"对任忠的计策，陈后主听不进去，他总幻想着一战将隋军击退。任忠苦苦请求不要冒险决战，陈后主不听，便派鲁广达、任忠、樊毅、孔范、萧摩诃等人率军由南至北一字排开，"南北亘二十里，首尾进退不相知"。

贺若弼在山上，远远望见陈军阵势，知道大战在即，便与所率领的七个总管、甲士八千，冲下山去与敌决战。陈军虽倾巢而出，但诸将心思各异。萧摩诃因妻子与陈后主通奸，无心再战；任忠更把贸然决战看作是冒险；孔范只是个会说大话取悦陈后主的小人。只有鲁广达率领士卒与隋军力战，杀退隋军四次进攻，杀死贺若弼手下军士二百多人。但鲁广达的骁勇挽救不了全局的崩溃，在萧摩诃被擒、任忠溃败、孔范逃跑后，鲁广达也独木难支，眼看败局已定，便弃兵解甲，面对宫殿方向拜了两拜，痛哭道："我身不能救国，负罪深且重矣。"这时，隋军冲上来将其擒住。

任忠败回台城，向陈后主报告了决战失败的消息，并对他说："陛下应该休战了，臣已无力再战了。"陈后主拿出两捆金条，让他再招募士兵出战。任忠说："再战无用。现在陛下只有准备舟楫，到上游周罗睺处。如果陛下愿往，臣当以死奉卫。"陈后主大喜，连忙让任忠去准备舟船，又令人将宫中贵重物品收拾好，只等任忠回来。谁知任忠出宫以后，听说韩擒虎已带隋军自新林向建康进发，便带了亲信投降了韩擒虎。任忠领着韩擒虎军沿秦淮河来到朱雀航（即秦淮河上的一座大浮桥，故址在今南京市镇淮桥稍东）。守桥的陈将蔡征听说韩擒虎将至，早已弃众逃跑。隋军跨过朱雀航，直入朱雀门，守城门的陈军欲战，任忠站出来对他们说："我都投降了，你们还打什么！"陈军一哄而散，韩擒虎军首先进入了建康城。

隋军攻入建康城，四处寻不到陈后主，最后在景阳殿庭院内，发现一口枯井里面有悉悉索索之声，似乎有人躲在里面，隋军士兵大喊："井底下的人快出来！"

井下没有任何反应。

"再不出来。就要往下扔石头了！"士兵又喊道。

"不要扔，不要扔，我是陈朝皇帝。"

隋军士兵听说是陈朝皇帝，便用绳子系住一个筐送下去，准备把陈后主拉出来，在拉绳子时，他们发现这个皇帝有超乎常人的重量，好几个人用了十足的力气，才把他拉上来。等到把他拉出井口，大家觉得既好气又好笑。原来拉上来的不是一个人，而是陈后主、张贵妃、孔贵嫔三个人。这个荒淫皇帝，江山都丢了，还没忘掉他的美人。

建康城被攻破，陈后主被俘虏，标志着长江下游的进攻取得了最后胜利，而下游的胜利，又给上游的战斗很大影响。

在长江中游，陈朝荆州刺史陈慧纪见周罗睺与隋秦王杨俊在汉口对峙，便派遣南康内史吕忠肃屯驻岐亭，打算阻止上游杨素率领的隋军东下。吕忠肃在岐亭长江北岸的岩石上钉住几条铁索，横在江上，以阻遏隋军战船。杨素、刘仁恩大军到后，立刻派兵进攻，吕忠肃据险力战，前后四十余战，隋军伤亡惨重。最后，杨素军以沉重的代价将陈军据点攻破，吕忠肃弃栅退守延洲。杨素截断江中的横索，一直进到延洲。在延洲，隋军与陈军展开水战。杨素的战舰，用拍竿将敌船击碎，俘获陈军二千多人，吕忠肃只身逃走。陈荆州刺史听到吕忠肃延洲大败的消息，率将士三万人，楼船千余艘，沿江东下，欲入建康。当他听说隋秦王杨俊正屯兵汉口。又不敢继续东下，陷入进退维谷的境地。正在这时，下游隋军攻克

了建康城，行军元帅杨广命陈后主写信令上游诸将放下武器，又派陈将樊毅将陈后主的信送给周罗睺，派陈慧纪的儿子陈正业送信给陈慧纪。二人见到信后，全都放下武器投降，长江中上游全部平定。杨素率水军下至汉口与杨俊军会合。

在蕲州的王世积，听说陈朝已亡，便将此消息告谕江南诸郡。陈江州司马黄偲听到这个消息后弃城逃跑，许多郡太守都到王世积处请降。

至此，陈朝的长江防线被隋军全部突破，灭陈战役进入消灭陈朝境内残余力量的阶段。

在长江中游，杨素与杨俊合军后，派大将庞晖南征至湘州（今湖南长沙）。州内将士全无斗志，准备投降。陈宣帝的第十六子陈叔慎此时正任湘州刺史，他召集文武，进行最后的宴会。席间，陈叔慎对众人哀叹道："我们的君臣之义，到今天就算完结了吧！"一句话说得在场的人落下泪来。这悲凉的气氛，激怒了一个人，这就是湘州助防陈正理。他站起来，大声说道："俗话说，主辱臣死，你们难道不是陈国的臣子吗？如今天下有难，正是我等效命之秋，纵使不能成功，也应尽臣子之节。今日之机，不可犹豫，有二心者斩！"于是推陈叔慎为主，杀牲设誓，共抗隋军。陈叔慎派人给庞晖送去诈降信，而暗中伏甲兵待之。庞晖信以为真，按约定的日期进城受降，被捉住杀害。陈叔慎以此为号召，数日之中，得五千人。衡阳（治今湖南株洲南）太守樊通、武州（治今湖南常德）刺史邬居业起兵相助。但陈叔慎靠愤激起事，靠诈降取胜，并不说明其强大。不久，隋将薛胄、刘仁恩大兵压境。薛胄大败陈正理，攻破湘州州城，活捉陈叔慎。刘仁恩亦击破邬居业，湘州地区亦平。

隋朝灭陈统一南北后，杨坚所面临的首要问题，是如何处置陈朝的君臣。灭陈以后，陈后主与他的王公百官全部被送往长安。这长长的俘虏队伍，延绵数里。长安城里一下子找不出足够的地方容纳这些人，杨坚命暂时腾出长安士民的私宅以收容之。不久，杨坚举行了隆重的献俘仪式。陈后主及陈朝的王侯将相，手持图籍，由铁骑押送至太庙。杨坚坐在广阳门楼之上，命陈叔宝及太子及诸王二十八人和百官二百多人跪于门下广场上，然后派人宣诏，责备他们君臣不能相辅，以致灭亡。陈后主及群臣皆愧惧伏地，屏息不能对答。

谴责虽然是严厉的，但对他们的处理却是宽容的。

对陈后主，杨坚给其丰厚的赏赐，多次召见他，令其班同三品。每次有陈后主参加的宴会，杨坚怕引起他伤心，特命人勿奏吴地音乐。陈后主在长安，日日饮酒，天天大醉，很少有醒的时候。当杨坚知道陈后主日饮酒一石时，先是大惊，准备对其加以节制，转念一想又说："任他去吧，不让他如此，他怎样度日呢！"陈后主也感受到了杨坚对他的优待，有一次，竟以自己常参加朝廷活动而无秩位为由，向杨坚张口要个官位。

对待陈氏宗族，杨坚虽然对他们不放心，怕他们闹事，但也没把他们杀掉，而是将他们分置在边州，给其田业使他们能够生活，并按季节赐给衣物。

杨坚对待陈氏宗族与对待北周宇文氏宗族是完全不一样的，对前者是给予优待，全其性命；对后者是尽行诛戮，斩草除根。同是灭掉一个政权，为什么会有这么大的区别呢？

首先，杨坚代北周，是时机、偶然事件、权术、个人势力等因素的综合作用。在诸多因素中，时机和偶然事件有很大的时限性，过了一定时期，其作用即消失了。只有政治及军事力量的优势才是克敌制胜的可靠保证。杨坚杀尽宇文氏，是对自己在政治上、军事上彻底制服宇文氏缺乏信心的表现。而杨坚灭陈，是隋朝政治、军事力量压倒陈朝的结果。此时，杨坚对彻底制服陈朝余孽充满信心，不杀陈氏宗族，是这种信心的表现。

　　其次，就杨坚实际感受到的对自己帝位的威胁来说，来自宇文氏方面的要比陈氏大得多。在杨坚辅政时，宇文氏中的一些人就策划着如何把他置于死地。杨坚所得的天下，毕竟曾经是宇文氏的天下，在他所赖以称帝的关中及黄河流域，宇文氏也扎下了较深的根基。杨坚手下的大将王世积，在隋朝建立后就曾对高颎说："吾辈俱周之臣子，社稷沦灭，其若之何？"这说明即使在杨坚集团内，也有人具有自己曾经是周朝臣子的观念。所以杨坚要把宇文氏杀绝，以绝人们对周之望。而陈氏则大不一样。陈朝宗室，多为昏庸之辈。如陈后主之弟陈叔文，在隋军过江时，就到杨俊军中投降。隋朝灭陈之后，杨坚谴责陈朝君臣时，陈叔文在旁有欣然自得之色，仿佛他不是陈朝臣子。后来，他又上书给杨坚说："当初我在巴州（治今湖南岳阳）时，就投降了隋朝，望陛下知我忠诚，不要把我和他们同等对待。"像这样甘心亡国的贵族，又远离其长期生活的江南，真正成了无本之木，无源之水，他们对隋文帝的政权能有什么威胁呢？

　　安置陈朝宗室的同时，杨坚对陈朝的降臣也进行处置。他的基本原则是诛奸任忠，像施文庆、沈客卿、阳慧朗、徐析、暨慧景这类有名的奸佞，早在建康城一攻下就被杨广处死。陈朝降臣到长安后，杨坚又认为孔范奸佞谄惑，王瑳刻薄贪鄙、嫉才害能，王仪候意承颜、倾巧侧媚，沈瓘险惨苛酷、发言邪诡，因此将他们定为四罪人，流放到边远地区。陈朝的文学之士江总被任为上开府仪同三司，姚察被任为秘书丞。武将周罗睺被任为上仪同三司，萧摩诃、任忠皆为开府仪同三司。文臣袁宪因有雅操，被授昌州刺史，袁元友因多次对陈后主直言相谏，被拜为主爵侍郎。后来，杨坚又对臣下说："我真后悔平陈之初没把任忠杀掉。这个人受陈朝荣禄，担当重任，而关键时刻不能以身报国，却说什么无处用力，这与古代忠臣差得甚远！"其实，杨坚说这话的真正用意不是要杀掉任忠，而是要在朝臣之中提倡对君主的忠诚，他是借处置陈朝降臣之题，作提倡忠君

道德的文章。

当杨坚把陈朝君臣全部安置停当以后，便发下一道诏书，开头是这样几句话："往以吴、越之野，群黎涂炭，干戈方用，积习未宁。今率土大同，含生遂性，太平之法，方可流行。凡我臣僚，澡身浴德，开通耳目，宜从兹始。"

杨坚下这个诏书无疑是在向全国宣告：南北统一已经完成，从此以后，要与民更始，在全国行太平之法。

就在杨坚颁发诏书后的第二年，陈朝故境发生了大规模的叛乱。叛乱所及，包括婺州（治今浙江金华）、越州（治今浙江绍兴）、苏州（治今江苏吴县）、蒋山（今江苏南京东北的钟山）、饶州（治今江西波阳）、温州（治今浙江温州）、泉州（治今福建福州）、杭州（治今浙江杭州）、交州（治今广东广州）等地。叛乱的直接起因，一个是苏威作《五教》，让全国人民不论长幼，全都习诵；另一个是江南盛传隋朝要把当地人迁往关中，于是远近惊骇。上述两个原因不过是表面现象，最根本的原因还是杨坚统一后的"太平之法"。前引杨坚诏书，接下来就是这样一段话："丧乱已来，缅将十载，君无君德，臣失臣道，父有不慈，子有不孝，兄弟之情或薄，夫妇之义或违，长幼失序，尊卑错乱。朕为帝王，志存爱养，时有臻道，不敢宁息。内外职位，遐迩黎人，家家自修，人人克念，使不轨不法，荡然俱尽。兵可立威，不可不戢，刑可助化，不可专行。禁卫九重之余，镇守四方之外，戎旅军器，皆宜停罢。"

这就是杨坚所行"太平之法"的主要内容。这些内容主要包括两个方面：一个是用君臣、父子、兄弟、夫妇、长幼、尊卑这套儒家伦理道德观念规范人们的行为；另一个是去私人之刑，除私人之兵，削弱地方豪强势力，加强中央集权。这就触动了江南豪强的势力。

　　南方自从侯景之乱后，士族受到很大的打击，地方上的豪强势力崛起。史书上记载："梁末之灾诊，群凶竞起，郡邑岩穴之长，村屯邬壁之豪，资剽掠以致强，恣陵侮而为大。"如熊昙朗，在侯景之乱时，"稍聚少年，据丰城县为栅，桀黠劫盗多附之。梁元帝以为巴山太守。荆州陷，昙朗兵力稍强，劫掠邻县，缚卖居民，山谷之中，最为巨患"。又如周迪，侯景之乱时，招募乡人随从周续。周续手下将领"皆郡中豪族，稍骄横，续（即周续）颇禁之，渠帅等并怨望，乃相率杀续，推迪（即周迪）为主"。周迪率领部众，占地为王，将土地分给当地农民，"督其耕作，民下肆业，各有赢储，政教严明，征敛必至"，俨然一个有独立军事力量、独立经济的小王国。这些豪强力量，在陈朝时虽然有的受到打击，但绝大部分没有被触动。杨坚诏书中要求戢私兵、去私刑，就是针对南方地方豪强的。这就激起了豪强势力的疯狂抵抗。他们有的自称天子，署置百官；有的自称大都督，多者有众数万，少者也有几千。他们攻陷州县，抓到州县长官，或将其剖腹抽肠，或将其切成碎块吃掉，还愤恨地说："还能让我诵习《五教》吗？"苏威作《五教》，让江南人诵习，这是杨坚所行"太平之法"的一部分。而地方豪强怨恨《五教》，不过是他们用以反对杨坚"太平之法"的借口。制造把江南人迁往关中的谣言，是他们借以煽动更多的人反对杨坚"太平之法"的手段。

　　对于江南豪族的反抗，杨坚也早已料到，从某种意义上说，平定地方豪强势力是统一南北的必要条件。杨坚没有退缩，而是果断地派出大军，以杨素为行军总管讨伐江南叛乱。杨素率大军破京口，击晋陵，在浙江大破高智慧叛军，又在温州平定沈孝彻，一直打到福建，将高智慧擒住，斩于泉州，迅速平定了江南叛乱。

　　平定江南叛乱，是南北统一后的必要磨合。通过平定江南叛乱，磨去了江南妨碍中央集权政府行使统一政令的毛刺，使统一的国家机器能更有

效地运转。

　　江南发生的叛乱，是对隋朝统一南北的考验。杨坚派兵迅速地平定了这次叛乱，证明了隋朝统一南北的力量不可抗拒，南北统一的发展趋势不可逆转。

勤政固本

第五章

俭朴爱民

　　杨坚是历史上有名的勤政爱民、崇尚俭朴的皇帝。他深知"自古帝王未有好奢侈而能长久者"，因而自奉俭省，反对浮华。而且，他的俭朴程度甚至被认为是吝啬。

　　不谈其他的，仅从国库粮仓而论，隋文帝杨坚积财的本领已为后代世人公认。隋朝在短短的几十年里，积储了大量的粮食，成为历史上储粮最多的王朝之一。他建立的一整套完善的积谷制度，使全国的粮食储备仓迅速爆满；于是，又设立了义仓。储备粮食原是为灾荒之年使用的，遇有水旱灾年，便应取仓粮赈济百姓。可是，杨坚如同一位吝啬的守财奴，一味大量囤积财富，却从不动用一点仓粮。不仅如此，他还命令各粮仓除非皇帝有令，任何人不许随便开仓。经过他千方百计所积蓄的财富不但逐渐成为他执政期间王朝的重负，而且成为其继承者——他的儿子隋炀帝穷奢极侈的资源。唐太宗李世民曾经嘲笑杨坚"不怜百姓而惜仓库"。富足本是好事，积财也是很必要的，但如果忘记财富应取之于民，用之于民，而一味地积财爱财，成为一个吝啬鬼，那最终必将促使天下人起而自取，成为众矢之的。而后代子孙据财为非，挥霍无度，更是败亡的关键所在。杨坚积财而不适时地去用财，自己厉行节俭，却又因过于吝财，终于埋下了亡国的祸根，世人多为之叹息。

　　然而，杨坚毕竟不像历代横征暴敛的贪君，他还能因人民吃豆屑杂糠

而流泪，他还能在国库充实的时候实行轻徭薄赋。杨坚在位的开皇年间，为了取悦民心，他对百姓的赋役负担是比较轻的。又如兵役，北周实行"二十丁兵制"，按照这种制度，每个十八岁以上、六十四岁以下的男丁每年要服一个月兵役。隋文帝开皇年间，将军人成丁的年龄提高到二十一岁，将十二丁兵制改为每年二十日役。开皇九年（公元589年），隋灭陈，杨坚下令，因江南初定，免征这个地区十年赋税。开皇十年（公元590年），又因"宇内无事，益宽徭赋。百姓年五十者，输庸停防"。开皇十二年（公元592年）又下诏："河北、河东今年田租，三分减一，兵减半，功调全免。"开皇十七年，"户口滋盛，中外仓库，无不盈积。所有赉给，不逾经费，京司帑屋既充，积于廊庑之下。高祖遂停此年正赋，以赐黎元"。正是杨坚的轻徭薄赋，给劳动人民提供了安居的前提，也提高了劳动者的生产积极性，于是造就了隋朝开皇年间社会稳定、农业发展的繁荣盛世。

杨坚崇尚俭朴，能以身作则，然后倡导天下。他本人的饮食，除了祭祀、宴会之外，每餐不得重荤。他的乘舆用具，破了又补，修了再修。后宫服装从不奢侈豪华，他也不佩戴珠玉之类的首饰。地方官用布袋装着干姜，用毡袋包裹香料，他认为浪费了棉布和毡料，严厉地批评了他们。传说杨坚曾经想要配制止泻的药，须用胡粉一两。这种东西平常宫中不用，经多方寻求，最后还是没有得到。又有一次，杨坚想要赏赐给柱国刘嵩的妻子一件织成的衣领，没想到宫中连此物都没有，只好作罢。在杨坚称帝的初期，他下令，全国上下任何人不得献犬马之玩，珍奇之味。有一次，相州刺史豆卢通贡献了一匹绫纹布，杨坚非常生气，他当众下令在朝堂上焚毁，并宣布下不为例。

他还教导儿子生活务必从俭。有一次，他的儿子杨勇在朝见杨坚时，把铠甲装饰得特别漂亮，杨坚看了很不高兴，唯恐他逐渐养成奢侈的作风，便告诫他："历观前代帝王，没有奢华而能够长久的。你现在身为太子（此时杨勇还未被废），如果不上称天心、下合人意，怎能继承宗庙做万民之主呢？我将过去的衣物各留一件给你，你要常看看它，用来告诫自己。现在再赐给你一把刀，希望你能理解为父的心意。"又有一次，他的儿子杨俊因不遵从训导，生活奢侈，被杨坚一气之下免去官职。很多人都为杨俊讲情，杨坚一概不允，并且斥责杨俊："我戮力关塞，创此大业。作训垂范，希望臣下遵守它不犯有过失。你是我的儿子，却在败坏我的训导，我真不知该怎样责罚你！现在，先免掉你的官职，希望你能够醒悟自悔。"杨俊死后，杨坚立即下令将他生前置办的奢侈之物全部焚毁，丧事务从节俭。王府的僚佐请求为杨俊立块碑，杨坚却说："要想留名，只需一卷史书就足够了，用石碑干什么？如果子孙不能保家，石碑白白地让人拿去做镇石。"

杨坚不但在物质生活上崇尚俭朴，在精神生活上，同样也抑黜浮华。开皇四年（公元584年），他接受了治书侍御史李谔的建议："魏之三祖，崇尚文词，遂成风俗。江左齐、梁，甚弊弥甚。竞一韵之奇、争一字之巧；连篇累牍，不出月露之形；积案盈箱，唯是风云之状。世俗以之相高、朝廷以之擢士。以儒素为古拙、以词赋为君子。故其文日繁、其政日乱。良由弃大圣之规模，构无用以为用也。"

于是诏令天下公私文书都要写得符合实际情况。泗州刺史司马幼之的奏表文章浮华艳丽，杨坚因此竟把他交付有关部门治罪。不久，李谔又上书说："有些士大夫炫耀功绩、出身以谋求进身做官，没有廉耻之心，请求明示其罪，加以黜退，以矫正社会风气。"他的奏章文风朴素、平实，于是，隋文帝杨坚立即诏令将李谔前后的奏章颁布天下。这对于扭转当时浮艳的文风起到了积极的作用。

杨坚似乎不好虚名，唯务实际。他不许封禅，以表彰自己的功德；他制订雅乐，以抑制淫靡之音。贺若弼撰写了《御授平陈七策》送给杨坚，他连看也不看，便说："公欲发扬我名，我不求名。公宜自载家传。"这一席颇为幽默而又语带讥讽的话，表现了杨坚不尚虚浮的性格。

杨坚虽然"素无学术，不达大体"，但他却能接受以文化教化天下的建议。

开皇三年（公元583年），隋秘书监牛弘上表，说："官府收藏的典籍屡经战乱，大多散失民间。原北周朝廷收集的典籍，仅有一万多卷。平定北齐时所得到的典籍，除去重复的以外，只增加了五千卷。大规模汇集典籍，理当在圣明之世。治理国家，没有比此事更为重要的了。岂可使典籍长期流落私家，不归官府朝廷所有！因此必须借助陛下的威令，迫令献书，并给予献书者一定的赏赐。这样，各种典籍一定会汇集至官府，国家的书库就会收藏丰富。"杨坚立即接受了他的建议，并下诏在全国各地购求散佚书籍，并规定每献书一卷，赏缣一匹。

杨坚崇尚节俭、厌恶浮华的性格是他一生不平凡的经历影响而成的。他是在一次次激烈的政治斗争中拼搏取胜的幸运儿，能取得天下是各种机遇的巧合。但是，杨坚本人也明白，无论是政治资本，还是威望，都是自己在一点一滴的积累中形成的。而节俭的作风，以至于吝啬的性格，是因为饥荒和长期的战乱导致的。在他的意识中，永远是饥民的逃荒和亡国的威胁，似乎只有积财才能应付这些可怕的危机。

均田于民

开皇四年（公元584年），是杨坚登上帝位的第四个年头。

这一年，关西地区出现了少有的大旱。火红的太阳每天从东面升起，从西方落下，每到午时，便把热辣辣的光芒射向人间，这时，世界便仿佛又回到传说中后羿还没将九个太阳射下来的时代。人们多么希望有一块云彩将它遮住，落下几滴雨来。于是，人们不知道杀了多少猪羊，乞求雨神光临人间；不知道烧了多少香火，乞求苍天赐一点甘霖。然而，太阳依然每天火辣辣地照着，雨神迟迟不肯光顾。

河干了、井枯了，田地里裂开了一道道大口子，农民辛辛苦苦种下的禾苗还没长成便夭折在干巴巴的土中。这一年，关西灾区的粮食颗粒无收，饥饿困扰着没有隔年储备粮的灾民。

此刻皇宫中的杨坚，尽管没有灼热阳光的烘烤，没有饥饿的煎熬，但不时传来的灾情，也使他坐卧不宁。他吩咐左右出去看看灾情严重到什么程度，看看那些灾民靠什么度日。不久，出外巡视的人回来了，带回来一些豆屑杂糠，并告诉他这是灾民赖以活命的食物。

杨坚见到这些，哭了，哭得涕泪纵横。

群臣见到这种情况，感动了，多么富有同情心的仁爱之主啊！

其实，杨坚的哭出于一种极为复杂的心态。他的眼泪有对灾民的同情，但更多的是委屈、焦虑。

　　他感到委屈。自己当上皇帝刚刚四年，上天就降下这么大的灾难。他不由得想起周静帝的禅位诏书中的一段话："王受天命，叡德在躬，救颓运之艰，匡坠地之业，拯大川之溺，扑燎原之火，除群凶于城社，廓妖氛于远服，至德合于造化，神用治于天壤。"

　　如今，仅仅受天命四年，上天就这样和自己过不去，降下这么大灾难。自己的叡德何在？治天壤之神何在？他不由暗暗说道：天啊，为什么这么和我过不去？

　　他感到焦虑。自己登上帝位仅仅4年，根基未稳。他担心发生天灾—饥饿—饥民—动乱这一连串的连锁反应。他不由得想起北魏末年的六镇起义。它的直接起因，不正是六镇的军户及镇民饥饿无食吗？后来这些饥民被强送到河北"就食"。但河北诸州也连年遭受水旱之灾，"饥馑积年，户口逃散"，北镇饥民无食可就，又得不到朝廷的救济，走投无路，又引发了河北地区的起义。那时杨坚虽还未出生，但他的岳父独孤信等都曾亲身作为饥民而参加了六镇及河北的起义。这些事杨坚从他们那里听到过不止一次，对此他太熟悉了。

　　委屈归委屈，焦虑归焦虑。杨坚在天灾面前并不是无所作为，他下令撤去自己膳食中的酒肉，以此向上天谢罪，乞求上天免除对自己的惩罚。又下令严禁在关西地区酿酒卖酒，以避免过多地耗费粮食。同时，下令将关东地区的粮食运往关中，以接济这里的灾民。通过这一系列的措施，旱灾最终没有引起社会的动荡。

　　国以民为本，民以食为天。农业兴，才能有饭吃，人民才安定。兴农才能固本，经过这次天灾，杨坚对这个道理体会得更深了，他加紧实施各项兴农措施。

　　首先，他在全国加紧推行均田制。均田制开始实行于北魏。魏孝文帝初期，水旱连年成灾，百姓被饥饿所困，四处流散。豪强们乘机兼并土

地。主客给事中李安世描写当时土地不均的情况说："窃见州郡之民，或因年俭流移，弃实田宅，漂居异乡，事涉数世。三长既立，始返旧墟，庐井荒毁，桑榆改植。事已历远，易生假冒。强宗豪族，肆其侵凌，远认魏晋之家，近引亲旧之验。又年载稍久，乡老所惑，群证虽多，莫可取据。各附亲知，互有长短，两证徒具，听者犹疑，争讼迁延，连纪不判。良畴委而不开，柔桑枯而不采，侥幸之徒兴，繁多之狱作。欲令家丰岁储，人给资用，其可得乎！"因此，李安世建议：重新均量土地，根据劳力配置相应的土地，使"细民获资生之利，豪右靡余地之盈"。有争议的田地，"宜限年断，事久难明，悉属今主"。魏孝文帝根据这个建议，于太和九年（公元485年）十月，下诏实行均田制。

北魏均田制规定：男子年十五岁以上，给不栽树的露田四十亩；女子给露田二十亩。若有奴婢，依照良人授田。若有耕牛，每头牛给田三十亩，但只限于四头牛的田数。这种露田只给劳动者耕种，劳动者老了或死了，要将田还给国家。另外，每个成年男子给桑田二十亩，这种桑田可世代继承，死后不归还国家，也不得买卖。但要在三年之内在田上种桑树五十棵、枣树五棵、榆树三棵。若三年内种不足，则将桑田收回。不适于栽桑养蚕的地区，男子给麻田十亩，妇人给五亩，男子另加一亩以种榆、枣等树。麻田和桑田不同，耕种者死后，田地要退还国家，不得继承。原来有宅基地的，不再分配宅田，若移居新址之人，三口给宅田1亩，以为居室。

北魏实行这个制度，使农民重新得到部分土地，游离的劳动力重新与土地结合起来，这对恢复北方的农业生产起了一定的积极作用。但北魏的均田制实行得不是很彻底，在有些地方特别是六镇地区并没有实行均田制。即使在实行均田制的地方，地主豪强的大土地制仍在继续发展，买卖土地甚至抢夺百姓土地的事时有发生，可见北魏均田制对恢复农业生产的积极作用是有限的。到北魏末期，由于社会动荡，均田制被彻底破坏，这点有限的积极作用也不复存在。

北魏灭亡后，北齐、北周分别继续实行均田制。

北齐河清三年（公元564年）下令：每个成年男子给露田八十亩，妇女给四十亩。奴婢比照良人给田。耕牛一头给田六十亩，只限四牛。另外每个男丁给永业田二十亩。永业田不还给国家，此外的田地都按规定退还。同时还规定了给田奴婢的数额：亲王三百人，嗣王二百人，第二品嗣王以下及庶姓王一百五十人，正三品以上及皇宗一百人，七品以上官八十人，八品以下官至庶人六十人。这个均田制度，显然对官僚富人有利。高官不说，仅以一个八品以下的小官为例，如果他有六十个奴婢，四头耕牛，就可以分到三千八百四十亩土地。所以宋孝王《关东风俗传》中说：在北齐，"河渚山泽，有司耕垦，肥饶之处，悉是豪势，或借或请，编户之人，不得一垄"。"其时强弱相凌，恃势侵夺，富有连畛亘陌，贫无立锥之地"，正说明北齐均田制是多么不彻底。

西魏、北周的均田制规定：已娶妻者，给田一百四十亩，未娶者给田一百亩。另外，十口以上人家给宅田五亩，九口以下给宅田四亩，五口以下给宅田三亩。十八岁成丁受田，六十四岁年老还田。但由于关中地区地少人多，有资料表明，当时普遍存在受田不足额的现象。

杨坚登帝即位后，重新颁布了均田法。规定男丁受露田、永业田皆遵北齐之制，园宅三口人给一亩，奴婢则五口人给一亩。官吏受田，自诸王以下至于都督，皆给不同数量的永业田，多者一百顷，少者四十亩。此外又给职分田，一品官给田五顷，以下每品减少五十亩，至九品为一顷。外官也给职分田。此外还有公廨田，以充公用。开皇十二年（公元592年），在统一南北三年后，杨坚又派使四出。均天下之田，在全国推行均田制。当然，不能指望隋文帝的均田与前代有什么本质区别，杨坚实行均田，同样是照顾了大地主阶级的利益。但杨坚实行均田，在当时至少起了两个作用：第一，均田令关于受田数额的规定，是对诸色人等占田的最高限额，这种限额对地主贵族的土地兼并多少有些限制作用。第二，杨坚所行的均田与赋税紧密结合。北周的租调相当重，均田户每户纳调麻十斤；田租因户受田一百四十亩，纳粟也增至五斛。如前所述，均田户尽管规定给田一百四十亩，但实际给田往往不足额，而田租并不因为授田数额不足而有所削减。杨坚所行均田规定，均田户交租粟三斛，并明文规定未受地者不课租调。农民的租调负担确实有了很大程度的减轻。

在推行均田制的同时，杨坚又下令实行"大索貌阅""输籍定样"等办法。

兴修水利

水利是农业发展的基础，大禹治水自古以来成为一种美谈。开皇四年（公元584年）的大旱使杨坚进一步意识到：农业的发展离不开水，水是农业发展的根本。

在进行一系列经济制度改革的同时，杨坚对水利也十分重视，他下令在全国各地兴修水利。

杨坚刚刚建立隋朝时，都官尚书元晖就奏请"决杜阳水灌溉三畤原"。杨坚很快批准了他的建议。这项工程完成后，三畤原数千顷盐碱地得到灌溉，大大促进了当地农业的发展。

　　开皇四年（公元584年）五月，杨坚因为渭河多沙，河水深浅不固定，使漕运的丁役深以为苦。六月二十二日，杨坚下诏令太子左庶子宇文恺率领民工开凿渠道，引渭水入黄河。

　　隋初，京城的粮食大多靠漕运关东地区的粮食，即所谓"漕关东及汾、晋之粟，以给京师"。其中流入黄河的渭水是一条重要的漕运水道。杨坚修建的渠道正是为这一条水道开通的。

　　宇文恺是隋朝著名的巧匠，曾负责过庞大的新都营建工作。他工作认真细致，在接受杨坚的诏旨之后，他带领工匠，巡察渠道，观测地理地势，最后选择了一条"一得开凿，万代无毁"的路线。方案确定下来之后，杨坚又把开凿运河的工作具体交给两个总督，一个是苏孝慈，他当时任太府卿。史称"于时王业初基，百度伊始，征天下工匠，纤微之巧，无不毕集。孝慈总其事，世以为能"，可见他十分擅长国家工程的组织工作。另一个是郭衍，他被任为开漕渠大监。二人部率水工在大兴城（今陕西西安）西北凿渠，引渭水向东，至潼关后流入黄河，全长四百多里，这条渠名叫"广通渠"。修好之后，关东的粮食通过它源源不断地运往关中，"关内赖之，名之曰富民渠"。

　　开皇七年（公元587年），杨坚又下令修复山阳渎。山阳渎古名邗沟，是春秋时吴国开凿的一条沟通江淮的人工河。杨坚下令修复此渠，使淮河水从今清江浦经淮安、扬州入长江。

　　当时，礼部尚书杨尚希很受杨坚重用。杨尚希任蒲州（治所在今山西永济）刺史时，极善于施政。他重视农业，重新引渭水，设立堤坊，新开稻田数千顷，使农业增收，大大改善了当地人民的生活水平。

　　河南洛阳人赵轨，是隋初有名的忠良官吏。他先后任过齐州（治所在今山东济南）别驾、原州（治所在今宁复固原）总管司马、硖州（治所在今湖北宜昌西北）刺史等职，因政绩突出，又被任为寿州（治所在今安徽

寿县）总管长史之职。寿州的芍陂是古代重要的水利工程，但由于年久失修，芍陂的五门堰已变成一片荒地，荒草丛生，狼藉一片，已经失去了往日的作用。赵轨到任后，大力改革，加紧修复，很快使芍陂恢复原状，重新达到灌田五千多顷的能力，给当地农业生产带来了极大的便利，他也因此得到了当地人民的称颂。

河东汾阴人薛胄，隋初曾被杨坚任为兖州（治所在今山东兖州附近）刺史。薛胄未到任之前，兖州城东的沂水、泗水汇合一处向南流入大泽，常泛滥成灾。薛胄到任后，下令积石修坝，使河水改道西流，"陂泽尽为良田。又通转运，利尽淮海，百姓赖之，号为薛公丰兖渠"。

这些忠良官吏为杨坚兴修水利的措施做出了很大贡献，为隋代水利建设立下了汗马功劳。

经过一系列兴修水利措施，隋朝的水利工程建设迅速发展。包括杨坚在位时开凿的广通渠、疏浚的山阳渎，以及后来隋炀帝杨广时期开凿的从今北京到黄河的永济渠、从板渚（治所在今河南荥阳北）到淮河的通济渠、从京口（治所在今江苏镇江）到余杭（治所在今浙江杭州）的江南河，构成了隋代的大运河，是隋代国内兴修的最大的水利工程。

开皇三年（公元583年），经过长期战乱刚刚建立不久的隋朝，京师仓廪储备不足。为了防备水旱灾难，杨坚下诏在黄河附近的十三个州招募，设置运米丁。这十三个州是：蒲州、陕州、虢州、熊州、伊州、洛州、郑州、怀州、邵州、卫州、汴州、许州、汝州。在这些地方设置四个转运仓：黎阳仓（在今河南浚县）、河阳仓（在今河南孟州）、常平仓（在今河南三门峡）、广通仓（在今陕西华县）。各地的运米丁将粮食一个仓一个仓地转运，最后通过渭水运到京师。开皇四年（公元584年）关西大旱，这些转运仓转运的粮食为缓解旱灾造成的饥荒起到了一定的作用。

开皇五年（公元585年），度支尚书长孙平又上书奏道："臣闻国以

民为本，民以食为命，劝农重谷，先王令轨。古者三年耕而余一年之积，九年作而有三年之储，虽水旱为灾，而民无菜色，皆由劝导有方，积蓄先备者也。去年亢阳，关右饥馁，陛下运山东之粟，置常平之官，开发仓廪，普加赈赐，大德鸿恩，可谓至矣。然经国之道，义资远算，请勒诸州刺史、县令，以劝农积谷为务。"

杨坚非常赞赏这份奏书，特别是他"水旱为灾而民无菜色，皆由劝导有方，蓄积先备"的论述，杨坚尤喜欣赏。

杨坚立即接受了长孙平的建议，下令民间每年每家拿出粟麦1石以下，在当地建立的仓库储存起来，以备荒年赈济。这就是前面所提到的"义仓"。

开皇十五年（公元595年）二月，杨坚下诏："本置义仓，止防水旱，百姓之徒，不思久计，轻尔费损，于后乏绝。又北境诸州，异于余处，云、复、长、灵、盐、兰、丰、鄯、凉、甘、瓜等州，所有义仓杂种，并纳本州。若人有旱俭少粮，先给杂种及远年粟。"

开皇十六年（公元596年）正月，杨坚又下诏，令秦、迭、成、康、武、文、芳、宕、旭、洮、岷、渭、纪、河、廓、幽、陇、泾、宁、原、敷、丹、延、绥、银、扶诸州的社仓，全都归县里安置，统一管理。同年二月，又下诏令交社仓税，上户交一石以下，中户交七斗以下，下户交四斗以下。

隋代佣人

这三个诏书，表明社仓此时已经变了性质，它已由民间仓储变为国家仓储，其实质就是剥削农民的一种方式。

隋文帝开皇年间，通过推行均田制，使劳动力和土地得到充分利用；检括户口，使国家的编户大大增加；开凿河渠兴修水利，便于粮食的运输和农业灌溉；广设仓储，大大增加了粮食布帛的储备。这些措施特别是兴修水利，大大促进了隋朝农业生产的迅猛发展。农业的迅猛发展，使国家的经济实力日益增强，为杨坚灭陈、安定边陲打下了坚实的物质基础。

各业并举

隋朝的手工业是在南北朝手工业的基础上发展起来的。由于南北朝时期社会的动荡不安和广大农民沦为豪强地主的荫庇户，民间商业和民间手工业均呈现出衰落的趋势。与此同时，同民间手工业衰退趋势相反，官府手工业却有较大的发展。由于官府手工业主要是满足宫廷和贵族的需要，加之统治阶级的奢侈成风，这就刺激了宫廷手工业的发展。特别是南北朝时期战争的频繁，与兵器制造业相关的军用手工业亦有较大的发展，这也是官营手工业迅速发展的重要原因之一。

隋王朝统一中国，社会安定，农业经济恢复和发展，为手工业的发展开创了有利的条件。隋文帝沿用前朝制度，在主管全国官府手工业的最高行政机构太府寺中，下设左藏、左尚方、内尚方、右尚方、司染、右藏、黄藏、掌冶、甄官等九个官署，掌管全国诸多的手工业部门。在各个官署之下，工匠是从事各种手工业生产的主力大军。由于手工业生产任务的繁

重，隋初农民每年为国家服役一个月，而工匠则必须服役两个月，即"役丁为十二番，匠则六番"。

就手工业部门而言，隋朝的丝织业和造船业是较为发达的部门。北齐时，在定州（今河北定县）曾设置纳绫局，是当时著名丝织业中心。隋朝时，相州（治所在今河北临漳县西南邺镇）所生产的绫文细布，十分精美。此外，蜀郡（治所在今四川成都市）所生产的"绫绵雕镂之妙，殆侔于上国"（《隋书·地理志》）。当时，豫章郡（治所在今江西南昌市）出产"鸡鸣布"，据载，这里"一年蚕四五熟，勤于纺绩，亦有夜浣纱而旦成布者，俗呼为鸡鸣布"。关于造船业，平陈前杨素在永安（今四川奉节县）所监造的特大级"五牙"战舰，于船上建五层楼，高100余尺，全舰可载800名战士。隋朝造船业所达到的水平，由此可见一斑。

在瓷器制造业方面，于陕西西安李静川墓发现了隋炀帝大业四年（公元610年）入葬的白瓷螭把双手鸡首瓶，于陕西西安姬威墓发现了大业六年入葬的白瓷罐，在李静川的墓葬中还发现了碧色玻璃瓶。这些精美的白瓷器皿的出土，表明隋朝的瓷器业已达到了较高的水平。玻璃瓶的发现，表明隋朝确已能够制造玻璃器皿。在雕刻业方面，有蜀郡的精巧雕刻，还有魏郡（治所在今河南安阳市）的"浮巧成俗，雕刻之工，特云精妙"。在造纸业方面，由于选用优质原料和造纸技术提高，已出现了加工加料染色的纸张，标志着造纸业的技术水平已有了很大的提高。例如隋文帝开皇十三年（公元593年）的写经卷子，便是用麻和楮皮混合加工而成，为竖帘密罗纹，纸面纯洁细微，略带白色。

除此之外，在制茶业、制盐业以及漆器业等方面，隋朝时期亦取得了相当的成就。

隋朝农业和手工业的发展，促进了商业的发展。这里，首先介绍一下隋文帝为统一货币和度量衡方面所做的工作。隋建国之初，各地流通的货币相当紊乱，如关东地区所流通的常平钱，关中地区所流通的五行大布、永通万国等钱币，不仅在形制、轻重上极不划一，而且劣质钱币数量很多。这种状况，对于商品交换是极不便利的。隋文帝即位后，下令改铸新的五铢钱，每枚铜钱重为五铢。这种新五铢钱"背面肉好，皆有周郭，文曰五铢，而重如其文。每钱一千，重四斤二两"。即是说这种新币正反两面的边缘和方孔，都有凸出的圆郭和方郭，以防磨损毁坏。"肉"指圆钱的周边，"好"指圆钱方孔。钱的正面在方孔两边分别铸有"五""铢"二字，钱的重量与圆钱上铸有的五铢字样相一致。每一千枚铜钱，重四斤二两，即每枚铜钱重0.042两。

新钱的样钱铸成后，隋文帝于开皇三年（公元583年）诏令"四面诸关，各付百钱为样，从关外来，勘样相似，然后得过。样不同者，即坏以为铜入官"。开皇五年，隋文帝"又严其制，自是钱货始一，所在流布，百姓便之"。从此，隋王朝流通的钱币统一起来了。

在统一钱币的同时，隋文帝又下令统一度量衡制，在度、量、衡三个方面，规定以古尺一尺二寸为一尺，以古斗三斗为一斗，以古秤三斤为一斤。当时，冀州（治所在今河北冀县）刺史赵煚制作铜斗铁尺，并在市场上作为标准器以统一度量，百姓们认为很是便利。隋文帝"闻而嘉焉，颁告天下，以为常法"。

隋文帝即位后在统一钱币和度量衡方面所做的工作，适应了中国南北统一后经济发展和政治统一的需要，这是他对中国历史发展的贡献之一，唐王朝建立后的度量衡制度，大体上是沿袭了隋朝的度量衡制度。

隋朝商业的发展，集中地表现在工商城市的繁荣上。据《隋书·地理志》、赵万里《汉魏南北朝墓志集释》以及《大业杂记》记载：岐州（治所在今陕西凤翔）"密迩京坼，古称繁剧，兼以西通河陇，舟车辐辏，内多豪族，外引名商"。

蜀郡（治所在今四川成都）、临邛、眉山、隆山、资阳、庐川、巴东、遂宁、巴西、新城、金山、普安、犍为、越巂、样柯、黔安，"得蜀之旧域。其地四塞，山川重阻，水陆所凑，货殖所萃，盖一都之会也。……人多工巧，绫锦雕镂之妙，殆侔于上国。贫家不务储蓄，富室专于趋利"。

河南的蔡州（治所在今河南汝南），"地接荆郢，商旅殷繁"。

荆州（治所在今湖北江陵）"南控岷峨，东连吴会，五方杂隋，四民昌阜"。

位于长江以南的宣城、毗陵（今江苏常州）、吴郡、会稽、余杭、东阳等，"数郡川泽沃衍，有海陆之饶，珍异所聚，故商贾并凑"。

丹阳郡（治所在今江苏南京），"旧京所在，人物本盛，小人率多商贩，君子资于官禄，市廛列肆，埒于二京，人杂五方，故俗颇相类"。

京口（今江苏镇江），"东通吴、会，南接江、湖，西连都邑，亦一都会也"。

豫章（今江西南昌）官僚地主"多有数妇，暴面市廛，竞分、铢（二十四分之一两为一铢）以给其夫"。

南海（今广东广州）亦是一大都会，"所处近海，多犀象瑇瑁珠玑奇异珍玮，故商贾至者，多取富焉"。

隋朝的东西二京，是当时最大的商业都市。

西京长安，有东西二市。东市名都会，西市名利人。由于是国都的所在地，因而"俗具五方，人物混淆，华戎杂错。去农从商，争朝夕之利；游手为事，竞锥刀之末"。

东京洛阳，有三市。东市名丰都，南市名大同，北市名通远。洛阳的商业十分发达，其中通远市周围六里，"其内，郡国舟船，舳舻万计"；

丰都市"周八里，通门十二，其内一百二十行，三千余肆。薨宇平齐，遥望一加，榆柳交阴，通渠相注。市四壁有四百余店，重楼延阁，互相临映，招致商旅，珍奇山积"。

为了对市场进行管理，隋朝在内地都市设有市署，长官为市令。关于边境同少数民族以及对国外的贸易，由国家专门设置的机构互市监（长官为监与副监）进行管理，操纵在国家和官僚手中，私人从事对外贸易是违法的，而贵族、官僚却往往同官商勾结，对边境少数民族和国外进行贸易往来。例如大贵族宇文述同西域商人相勾结，"富商大贾及陇右诸胡子弟，述皆接以恩意，呼之为儿，由是竞加馈遗，金宝累积"（《隋书·宇文述传》）。他的儿子宇文化及，不仅"与屠者游，以规其利"，而且"违禁与突厥互市"（《隋书·宇文化及传》）。至于大贵族杨素，在全国一些大都会设立的牟利店铺，更是数不胜数。隋王朝本有工商子弟不得做官的制度，然而"西州大商"的儿子何妥，却官至国子祭酒；王世充本是商胡儿子，亦官至江都通守。可见，官僚与豪商二者是相互勾结、盘剥人民的。

隋朝的境内外贸易，陆路主要是西北经西域的所谓"丝绸之路"，海上主要经南海（今广州）的对外贸易。长安、洛阳、南海不仅是国内的大商业都市，也是当时著名的国际大商业都市。边境少数民族和国外客商云集上述三大都市之中，盛况空前。

绥服四夷

第六章

镇抚突厥

　　突厥是匈奴的别支，"平凉（今甘肃平凉西北一带）杂胡也"，姓阿史那氏。突厥兴起于北魏末年，至北齐、北周时势力已经很是强大。据《隋书·北狄·突厥传》记载：北魏太武帝灭匈奴沮渠氏时，阿史那以五百家逃奔柔然，以后世代居于金山（阿尔泰山）之阳，因善于冶铁和制作铁器，为柔然铁工。金山的形状犹如甲士所戴的头盔，当地人俗称头盔为"突厥"，因此便以"突厥"为阿史那氏的名号。

　　关于突厥的祖先，《突厥传》还记载了如下一段神话传说故事。

　　突厥的祖先，原居于西海（指今日的青海湖）的草原之上，后被邻国所灭，其男女老少尽被杀害。最后，剩下一个男孩，不忍心杀死，便将其砍足断臂，遗弃于大泽之中。有一母狼，每每衔肉来到弃儿的居处，弃儿因得到母狼衔来的肉食，得以不死。后来，弃儿渐渐长大，与母狼交配。母狼因此而怀孕。邻国国王得知这一消息后，又派使者前往杀害弃儿，而母狼便在弃儿一旁守护。当使者将要杀害弃儿时，母狼似乎有神灵相助，忽然间便到湖东，止于山上。此山在高昌（今新疆吐鲁番盆地东部哈拉和卓以东一带）西北，下有洞穴。母狼入洞穴，遇到一大片平壤茂草，地方二百余里。后来，母狼生下十个男儿，其一姓阿史那氏最为贤能，于是被拥戴为君长，所以突厥的军帐营门上建立"狼头纛"，即绘有狼头的旗帜，以表示并不忘本。

　　这段关于突厥先祖史诗般的神话传说，说明突厥的祖先是以狼为其图腾崇拜的。

　　阿史那氏的部落中出现了一个名为阿贤设的首领，率领部落从洞穴中走出，世代臣属于茹茹（即柔然）。到首领大叶护时，突厥渐强。北魏末年，首领伊利可汗率兵击铁勒，大败铁勒，降服五万余家，势力渐强，并向茹茹主求婚。茹茹主阿那瓌大怒，派使者辱骂。伊利斩杀来使，率部众击败茹茹。伊利可汗死，其子乙息记可汗立。乙息记可汗死，立其弟俟斗，称木杆可汗。"木杆勇而多智，遂击茹茹，西破挹怛，东走契丹，北方戎狄悉归之，抗衡中夏。后与西魏师入侵东魏，至于太原。"（本节引文不注明出处者均见《隋书·突厥传》）

　　《突厥传》又载："其俗畜牧为事，随逐水草，不恒厥处。穹庐毡帐，被发左衽，食肉饮酪，身为裘褐，贱老贵壮。官有叶护，次设特勤，次俟利发，次吐屯发，下至小官，凡二十八等，皆世为之。有角弓、鸣镝、甲、矟、刀、剑。善骑射，性残忍。无文字，刻木为契。候月将满，辄为寇抄。谋反叛杀人者死，淫者割势而腰斩之。斗伤人目者偿之以女，无女则输妇财，折肢体者输马，盗者则偿赃十倍……敬鬼神，信巫觋，重兵死而耻病终，大抵与匈奴同俗。"

　　这段记载表明，突厥作为我国北方的一支游牧民族，此时已进入奴隶社会，设有职官、法律，习俗与匈奴大抵相同，善于骑射，对外富有掠夺性。

　　开皇三年（公元583年）四月，由于突厥多次入侵边境，隋文帝下诏书，申明讨伐突厥的大义，诏书说："往昔周、齐两国抗衡，分割华夏，突厥同时勾结二国。周人忧虑东面的齐国，担心齐国与突厥友好情深；齐人忧虑西面的周国，担心周国与突厥交情深厚。二国都认为突厥的意向举足轻重，关系国家安危，这是因为周齐都把对方看成是自己最大的忧患，想要减少一个方面的防御力量。朕以为厚敛民众的财富来恩惠突厥豺狼，他们也未曾感恩戴德，反而成了他们入寇边境的资助。如今用礼义节制突厥，不再虚费民众的财富，减轻徭役赋税，使国家经费充足。把过去给予突厥的财物，加赐给抗敌的将士；使令那些奔波在道路上的服役百姓，得以专心从事耕织劳作。清除边患，克敌制胜，这是成竹在胸的策略。突厥愚昧无知，不知朝廷的深刻用意，把如今天下统一安定比作战国纷争的年代，凭借往昔的骄横，结下今日的怨恨。近日倾巢出动，同时进犯北部边境，这就使得上天愤怒，驱使他们前来送死。诸位将领今日出征，还包含有抚育众生的意义，如有投降的一律接纳，有违抗者一律诛杀，使令他们不再敢窥视南方，永远畏服我朝的威严。"

隋文帝下达讨伐突厥诏书后，任命卫王杨爽为行军元帅，分八路出塞进击。杨爽督率总管李充等四将出兵朔州道（今山西朔县），于己卯日与沙钵略可汗相遇于白道（今内蒙呼和浩特北）。总管李充对卫王杨爽说："突厥贪求速胜，必定轻视我军而没有防备，如用精兵袭击，可以击败他们。"众将领对于李充的建议大多持怀疑态度，唯有长史李彻表示赞成。于是，杨爽拨给李充精兵五千，向突厥发起突然袭击，果然把敌兵打得大败。为逃脱危险，沙钵略抛弃了所佩的金甲，藏于草丛之中而逃遁。突厥军中无粮，粉碎兽骨用以充饥，再加上遇到疾疫，突厥军队死亡甚多。

幽州总管阴寿帅步骑兵十万出兵卢龙塞，进击高宝宁。高宝宁求救于突厥，突厥正在防御隋军，无力救援。庚辰日，高宝宁弃城逃奔漠北，和龙各县全部平定。阴寿悬重赏购买高宝宁的人头，又派人离间他部下的心腹人物，宝宁逃奔契丹，被部下所杀。

五月癸卯日，隋行军总管李晃进军摩那度口，击败突厥军队。隋秦州总管窦荣定率领九位总管的步骑兵共三万人出兵凉州（治所在今甘肃武威），于高越原与突厥阿波可汗相拒，阿波可汗屡战屡败。

前上将军、京兆人史万岁，因犯罪被发配到敦煌（今甘肃敦煌西）充当戍卒，此时，他亲自到窦荣定的军门，请求报效国家。窦荣定很早便闻知史万岁的大名，见到后十分高兴。壬戌日，双方将要交战，窦荣定派人对突厥说："士兵们有什么罪过，驱使他们死于疆场，只应双方各派出一名壮士以决胜负。"突厥同意，派出一名骑兵出阵挑战。窦荣定派史万岁出阵应战，史万岁策马飞奔，将那名突厥骑兵斩首而还。突厥大惊，于是请求结盟，引兵离去。

长孙晟当时在窦荣定军中任副将，他派使臣对阿波可汗说："摄图每次前来，交战都是大获全胜。而可汗才领兵交锋，立即遭到失败而逃奔，这是突厥的耻辱。况且摄图与可汗相比，军事力量本来相当，如今摄图天天获胜，受到众人的崇敬；可汗出师不利，为突厥国带来耻辱。摄图必定将罪名加在可汗的头上，实现他长期以来的计谋，消灭可汗在北方所设立的牙帐。愿可汗认真地为自己考虑一下，能抵御住摄图吗？"

阿波可汗果然派使臣前来商议，长孙晟又对阿波可汗的来使说："如今达头可汗与隋军联合，而摄图不能制止，可汗为何不依附隋天子，连结达头可汗，相互合作，转为强盛，这才是万全之计啊。怎可以丧兵负罪，回到摄图那里受他的杀戮和侮辱呢？"

阿波可汗听过使臣的汇报，认为长孙晟讲得在理，便派使臣随同长孙晟进京朝见隋文帝。

不久，沙钵略可汗因为一向忌恨阿波可汗的骁勇骠悍，自从白道战败退回来后，又闻他想要投靠隋朝，因而提前撤军并派兵袭击北可汗阿波的牙帐，大败守军，杀死阿波可汗的母亲。阿波撤军后，无处可归，便率部向西投奔达头可汗。达头可汗对沙钵略的所作所为大为恼怒，派阿波可汗从西方向东进军，沿途归附阿波的部落甚多，已拥有十万骑兵，于是与沙钵略相互攻战，屡次击败沙钵略，收复北方的故地，兵势愈发强盛。贪汗可汗平素与阿波可汗友好，沙钵略夺取贪汗可汗的部众而且废除可汗王位，贪汗可汗也逃奔到达头可汗那里。沙钵略可汗的叔伯弟弟地勤察另外统领自己的部落，与沙钵略有嫌隙，于是带领部众叛逃并归附阿波可汗。于是达头可汗、阿波可汗等联合举兵东向，与沙钵略攻战不已。阿波可汗日渐强大，东距都斤，西越金山，西域诸胡全部归附，号称西突厥。东西突厥的分裂，从此形成。

突厥内部战乱不已，都各自向隋朝派出使者到长安求和并请求援兵。隋文帝一概不予允许。

六月，突厥军队侵掠幽州，幽州总管广宗壮公李崇率步骑兵三千人抵拒。隋军转战十余日，死伤甚多，于是退守砂城。突厥大军围城，城墙荒废倒塌，难以固守，早晚苦战，军中又无粮食补给，只得于夜间出城掠夺敌军的六畜、粮食来充饥。突厥担心隋军夜袭，做了周密的防备，每天于夜间结阵防备。李崇的军队困苦饥饿，夜间出城劫掠，总会遇到敌军的截击，死亡殆尽。待到天明，从城外逃回城中的尚有百余人，然而大多已身负重伤，无力再与敌人作战。突厥想要逼迫隋军投降，派使者对李崇说："如果前来投降，封你为特勤（突厥的高级官员）。"李崇自知难免一死，便向士卒们下令说："我李崇丧失军队，罪该万死，今日效命疆场，用来报效国家。你们待我死后，可暂且向敌人投降，然后分散逃走，想办法返回乡里。如能见到皇上，禀告我李崇的这番心意。"

于是，李崇举刀突入敌阵，又杀死二人，被突厥乱箭射死。七月，任命豫州刺史周摇为幽州总管，命李崇的儿子李敏承袭父亲的爵位。

八月，隋文帝派尚书左仆射高颎出兵宁州道（在今甘肃泾川东北），内史监虞庆则出兵原州道（在今宁夏固原），攻击突厥。

开皇四年（公元584年）二月，突厥苏尼部男女万余人归顺隋朝，达头可汗也请求向隋投降。九月，沙钵略可汗由于多次被隋军击败，向隋请

求和亲。这时，千金公主也请求改姓杨氏，做隋文帝的女儿。隋文帝派开府仪同三司徐平和出使于沙钵略，更封千金公主为大义公主。晋王杨广请求乘突厥内乱出兵袭击，隋文帝不予允许。

这时，沙钵略派使臣致书隋文帝，在书中说："皇帝既是我妇的父亲，如同我的父翁；我是公主的丈夫，情同儿例。两地虽风俗不同，情义是一致的。自今子子孙孙，乃至于千世万世，亲密友好永不断绝，愿上天作证，绝不违背誓言！我国的羊马，全是皇帝畜产；贵国的丝绸，都是我国的衣物。"

隋文帝在复信中说："接到来书，知可汗大有善意。朕既然是沙钵略的妇翁，今日看待沙钵略与儿子没有两样。今后当随时派大臣前往慰问女儿，同时也问候沙钵略。"

于是，隋文帝派尚书右仆射虞庆则出使沙钵略，派车骑将军长孙晟担任副使。

当虞庆则率领使团到达突厥沙钵略可汗的牙帐时，沙钵略陈兵接待，陈列宝物，坐着接见虞庆则，声称有病而不能起身，并且说："自我父辈以来，从不拜见他人。"虞庆则对于沙钵略的傲慢无礼提出指责，并向他晓之以礼。千金公主在一旁私下对虞庆则说："可汗豺狼本性，过于相争，将会咬人。"副使长孙晟见沙钵略奉诏不肯起身答拜，便进前说："突厥与隋都是大国天子，可汗不起身，安敢违意。可贺敦（突厥可汗的妻子称"可贺敦"）为帝女，那么可汗便是大隋皇帝的女婿，怎可以不尊敬妇翁？"在长孙晟的理喻之下，沙钵略便笑着对自己的显贵们说道："须拜妇公，我从之耳。"（《隋书·长孙晟传》）于是"跪受玺书，以戴于首。既而大惭，其群下相聚恸哭。"沙钵略说："能作为大隋天子奴仆，是得力于虞仆射啊。"于是向虞庆则赠马千匹，并以叔伯妹妹嫁与虞庆则为妻。

沙钵略致书于隋文帝之时，正是他被西突厥达头可汗与阿波、贪汗联兵所困扰之际。他又畏惧东方的契丹，便派使臣向隋朝告急，请求率部众渡过大漠以南，寄居于白道川（今内蒙古呼和浩特市北）内。隋文帝诏令允许，并诏令晋王杨广率兵救援，给予衣食，赐给车服鼓吹。有了隋王朝的援助，沙钵略因而率兵西击阿波可汗，将阿波击败擒获，隋军参预攻击阿波，击败后将俘获全部给予沙钵略。沙钵略十分高兴，与隋王朝订立和约，以碛（沙漠）为边界。沙钵略为此向隋文帝上表，《表》中有"伏惟大隋皇帝，真皇帝也""永为藩附""北面之礼，不敢废失。当令侍子入朝，神马岁贡，朝夕恭承，惟命是视"等语。隋文帝为此下诏书说："沙钵略称雄漠北，多历世年，百蛮之大，莫过于此。往虽与和，犹是二国，今作君臣，便成一体。情深义厚，朕甚嘉之，……宜普颁天下，咸使知闻。"

沙钵略之妻千金公主既已被隋文帝赐姓杨氏，编之属籍，改封大义公主。"沙钵略大悦"，于是"岁时贡献不绝"。

开皇七年（公元587年），沙钵略病卒，隋文帝为此"废朝三日，遣太常吊祭焉"，赐布帛五千段。

沙钵略因其子雍虞闾懦弱，遗令其弟叶护（"叶护"是突厥的高级官职）处罗侯为大可汗。雍虞闾派使者迎接处罗侯，将要立他为可汗。处罗侯说："我突厥自从木杆可汗以来，多是以弟弟代替哥哥，以庶子夺取嫡子的王位，有失先祖的法度，不敬重畏惧嫡长，你应当继承可汗王位，我不会介意拜见你。"

"叔与我父，共根连体。我是枝叶，怎可以使根本反而服从于枝叶、叔父屈从于卑幼呢？况且这是先父的遗命，怎可以废置呢？愿叔父不要再疑虑了！"雍虞闾再三辞让说。

叔侄二人就这样相互辞让了五六次，最终还是处罗侯立为可汗，是为

莫何可汗。莫何可汗立雍虞闾为叶护，派使者上表隋文帝汇报此事。

隋文帝派车骑将军长孙晟持节封立处罗侯为莫何可汗，并赏赐鼓乐、幡旗等物。

处罗侯"勇而有谋"，立为可汗后，以隋王朝所赐给的旗鼓西征阿波可汗。西突厥因处罗侯得到隋朝的援兵，各部落大多前来归附，于是生擒阿波可汗。不久，处罗侯上书隋文帝，请示对阿波是否处以死刑，文帝令大臣们议论此事，乐安公元谐请就地斩首，武阳公李充请押至京师，斩首示众。

隋文帝询问长孙晟："卿的意见如何？"

"若是突厥一致背信弃义，须用刑罚来整治。如今是兄弟之间自相残杀，阿波的罪恶并非是背叛大隋国家。趁着阿波在困穷的时候，将他取来杀戮，恐怕并非是安抚远方的方法，不如使双方都能保存下来。"长孙晟回答。

"骨肉之间相互残杀，这对教化最为有害。应当对阿波存留教养，以表明朝廷的宽大为怀。"左仆射高颎赞成长孙晟的意见。

隋文帝听从了长孙晟、高颎的意见。高颎向隋文帝敬酒，说道："自轩辕以来，獯粥（匈奴、突厥的远祖）多为边患。今远穷北海，皆为臣妾，此之盛事，振古未闻，臣敢再拜上寿。"

开皇八年（公元588年）十二月，莫何可汗率兵西进，攻打邻国，被飞箭射中而死。东突厥立雍虞闾为可汗，是为都蓝可汗。都蓝可汗继立后，每年都派使臣向隋天子朝贡。

开皇十三年（公元593年），隋文帝将平定南陈时所获的大屏风恩赐给大义公主（即千金公主）。大义公主虽然受到隋文帝赐姓改封的厚遇，但心中总是以为自己原是北周皇室的公主，对隋文帝的篡周自立和自己的遭遇，心中不平，因而在屏风上作诗，"叙陈亡自寄"。其诗曰：

盛衰等朝暮，世道若浮萍。

荣华实难守，池台终自平。

富贵今何在？空事写丹青。

杯酒恒无乐，弦歌讵有声！

余本皇家子，飘流入虏庭。

一朝睹成败，怀抱忽纵横。

古来共如此，非我独申名。

唯有《明君曲》，偏伤远嫁情。

　　隋文帝闻知大义公主所作的诗，心中颇为厌恶，给予她的恩赐逐渐地减少。

　　彭公刘昶先前娶北周皇室的公主，亡命之人杨钦逃亡到突厥那里后，诈称刘昶同他的妻子想要作乱反隋，派我杨钦秘密告知大义公主，发兵侵扰隋朝边境。都蓝可汗信以为真，便不按时向隋朝贡，经常骚扰隋朝边境。

　　隋文帝派车骑将军长孙晟出使突厥，私下观察动静。大义公主接见长孙晟，出言不逊，又派同她私通的胡人安遂迦与杨钦谋划，蛊惑煽动都蓝可汗。

　　长孙晟回到京师长安，将所得情报向隋文帝禀告，隋文帝派长孙晟再次出使突厥牙帐，要求引渡杨钦，都蓝可汗不予交出，说道："查遍客栈，没有此人。"

　　长孙晟贿赂可汗帐下的显官，得知杨钦的住所，便在夜间将杨钦捉拿，交给都蓝可汗，并乘机揭发大义公主同胡人安遂迦私通的事情。突厥国人都以此为莫大的耻辱。都蓝可汗逮捕安遂迦等人，一同交付长孙

晟处理。

隋文帝为长孙晟所获得的成功感到十分高兴，加授他开府仪同三司的官衔。内史侍郎裴矩请求前往突厥劝说都蓝可汗，使令他杀死大义公主。这时，居于北方的处罗侯儿子染干，号称突利可汗，派使者到长安求婚。隋文帝派裴矩对使者说："应当杀死大义公主，才能答应这门亲事。"

突利可汗于是向都蓝可汗说大义公主的坏话，都蓝可汗于一怒之下，将公主杀死于帐中。

都蓝可汗因此向隋文帝上表求婚，朝廷议论时准备答应这一请求。这时，长孙晟说："臣观察雍虞闾（都蓝可汗）反复无常，不讲信义，只是因为与玷厥（达头可汗）有嫌隙，所以想依附于朝廷，虽然同都蓝可汗和亲，最终还是会叛离而去。再说他如果娶了公主为妻，必定会依仗朝廷的威势，玷厥、染干必将受他的征伐。待到都蓝可汗强大后反叛，恐怕以后就更难制服了。况且染干是处罗侯的儿子，平素有归服朝廷的诚意，至今已经二代，不久前曾来京求婚，不如答应染干的请求，招令他南迁。染干可汗兵少力弱，容易驯服，使令他抵挡雍虞闾，作为边境上的屏障。"

隋文帝认为长孙晟的意见很好，又派长孙晟前往突厥，安慰晓谕染干可汗，答应他娶隋公主。

开皇十七年（公元597年），突利可汗派使臣来长安，隋文帝令使者居于太常寺，向他"教习六礼"，然后将宗室女儿安义公主嫁给突利可汗为妻。隋文帝为离间突厥各部，因此对突利可汗施以厚礼，先后派牛弘、苏威、斛律孝卿为使臣出使突厥，突厥前后派使入朝三百七十辈。突利可汗原本居于北方，因为娶安义公主为妻，南徙至度斤旧镇，得到隋朝优厚的赏赐。为此，雍虞闾可汗大怒道："我，大可汗也，反不如染干！"于是不再向隋朝进贡，多次骚扰边境。

开皇十八年（公元598年），隋文帝诏令蜀王杨秀从灵州（今宁夏灵

武西南）出击雍虞间。

开皇十九年（公元599年），隋文帝派汉王杨谅为元帅，左仆射高颎率将军王詧、上柱国赵仲卿同时从朔州（治所在今山西朔县）出兵，右仆射杨素率柱国李彻、韩僧寿从灵州道（治所在今宁夏灵武西南）出兵，上柱国燕荣从幽州（治所在今北京城西南）出兵攻击突厥都蓝可汗，全军都归汉王杨谅指挥。然而汉王杨谅却没有到前线亲临指挥。

都蓝可汗得知上述消息后，与达头可汗结盟，合兵袭击突利可汗，双方大战于长城脚下，突利可汗大败。都蓝可汗将染干可汗的兄弟子侄全部杀死，乘胜渡过黄河进入蔚州。突利可汗的部落失散逃亡，与长孙晟带领五百名骑兵向南败走。待到天明，行走约百余里，又收拢骑兵数百名。突利可汗与他的部下谋划说："如今兵败后入京朝见，不过是一个降人罢了，大隋天子还能礼遇我们吗？玷厥虽然与都蓝可汗一同前来攻击我们，但彼此一向无有冤仇。如果前往投奔，必能存恤救济我们。"

隋代观音菩萨像

长孙晟得知突利可汗想要投奔达头可汗，便秘密派使者进入伏远镇，令他们快快点燃起烽火。突利可汗望见举发四束烽火，询问长孙晟是何缘故，长孙晟欺骗突利可汗说："城头高，望得远，必定是遥望着敌寇前来了。我们国家规定：如果敌兵人数少，点燃二束烽火；敌兵多，点燃三束烽火；如果大兵逼近，点燃四束烽火。如今四束烽火并起，一定是望见大批敌兵逼近

了。"

突利可汗闻听后大为恐惧，对部下说："如今追兵逼近，可暂且进入城中。"

进入伏远镇后，长孙晟留下突利可汗帐下的高官执室统领其部众，自己与突利可汗乘驿站快马急驰进京入朝。

四月丁酉日，长孙晟与突利可汗到达京师长安，隋文帝十分高兴，任命长孙晟为左勋卫骠骑将军，持节护卫突厥。

隋文帝令染干与雍虞闾的使者因头特勒辩论，因染干理直，隋文帝优待染干。雍虞闾的弟弟都速六弃其妻子，与突利可汗来朝，隋文帝对他们表示嘉许，给予赏赐，以安慰他们。

高颎派上柱国赵仲卿统领三千名骑兵，到达族蠡山，与突厥的军队相遇，交战七日，大败突厥军队。追击至乞伏泊（在今内蒙古察哈尔右翼前旗东北），又大败突厥军队，俘虏千余人，各种牲畜数以万计。突厥的军队又大举而来，赵仲卿布下方阵，四面拒战，坚持了五日。适逢高颎率大军赶到，与赵仲卿合兵反击，突厥战败逃走。隋军乘胜追击，渡过白道，翻越秦山（今大青山），追击七百余里，然后返回。

杨素统帅的大军与达头可汗相遭遇。在此以前，诸将领与突厥交战，忧虑敌人的骑兵横冲直撞，都是利用兵车同步、骑兵相互配合，协同作战，用抵挡敌军战马的"鹿角"为障碍，摆成方阵，骑兵居于中间。杨素对部下说："这是用来固守的作战方法，不足以取胜。"

于是，杨素废除旧有的布阵方法，下令诸军结成骑兵方阵，达头可汗闻知后，十分高兴地说："这真是上天赐给我的破敌良机！"

说着，达头可汗下马仰天而拜，然后率领十余万骑兵直冲隋军。

这时，上仪同三司周罗睺说："贼兵兵阵尚未完整，请率兵出击。"于是率领精锐骑兵出阵迎战，杨素率大军紧随其后，突厥军大败，达头可汗身受重伤而遁逃，杀伤敌军不可胜数，突厥兵众哭号着退走。

十月甲午日，隋文帝封突利可汗为启民可汗，汉语即"知健"的意思。启民可汗为此上表谢恩说："臣既蒙竖立，复改官名，昔日奸心，今悉除去，事奉至尊，不敢违法。"

突厥归附于启民可汗的有男女万余人，隋文帝命长孙晟统领五万军民在朔州修筑大利城（在今内蒙古和林格尔西北），安置启民可汗和他的部属。这时，安义公主已经去世。隋文帝又派长孙晟持节护送宗室女义成公主嫁与启民可汗为妻。

长孙晟上奏说："染干的部落归附的人越来越多，虽地处长城之内，还是受雍虞闾的掠夺，不得安居。请将他们迁徙到五原（治所在今内蒙古河套地区五原南），以黄河为固守的屏障，在夏州和胜州之间划出东至黄河、南北四百里的地区，令他们居住并在这一地区任意放牧。"

隋文帝采纳了长孙晟的这一建议。又派上柱国赵仲卿在这一地区驻军二万人，来防御达头可汗的侵扰；命代州总管韩洪等人统率步骑兵1万人镇守恒安（今山西大同市西北）。

达头可汗率十万骑兵前来入寇，被韩洪率军击得大败。赵仲卿自乐宁镇出兵截击，斩首千余级。

在隋军击败达头可汗的有利形势下，隋文帝派越国公杨素出兵灵州（治所在今宁夏灵武西南）、行军总管韩僧寿出兵庆州（治所在今甘肃庆阳）、太平公史万岁出兵燕州（治所在今河北涿鹿西南）、大将军姚辩出兵河州（治所在今甘肃临夏东北），攻击都蓝可汗（雍虞闾）。

在隋朝各路大军尚未出塞之前，都蓝可汗被部下所杀，达头自立为步迦可汗，国内大乱。长孙晟上言对隋文帝说："如今官军已临近敌境，多次立有战功，敌虏内部自相叛离，国主被杀，乘此机会招降安抚，可使突厥全部降服，请求派染干的部下分道招抚突厥全境内的部众。"

隋文帝采纳了长孙晟的这一建议，投降隋朝的突厥部众果然很多。

开皇二十年（公元600年）四月壬戌日，突厥达头可汗率兵侵犯边塞，隋文帝诏令晋王杨广、杨素从灵武道（今宁夏银川市东北）出兵；汉王杨谅、史万岁从马邑道（今山西朔县）出兵，同时向突厥进击。长孙晟率领降服的突厥人，任秦州行军总管，接受晋王杨广的节制调度。长孙晟认为突厥人饮用泉水，容易施行投毒的计策。于是派人在上游投毒，突厥的人畜饮用后多中毒而死，便大为惊恐地说："上天降下恶水，这是要灭亡我们啊！"

因此，突厥于夜间率兵遁逃，长孙晟乘机追击，斩首千余级。

史万岁率军出塞后，到达大斤山，与突厥的军队相遭遇。达头可汗派人询问："隋军的主将是何人？"

"史万岁。"侦察骑兵报告说。

"莫非就是那位敦煌的戍卒吗？"达头又问。

"正是。"侦察兵再次回答。

达头可汗闻知是史万岁率军前来，恐惧而引兵退走。史万岁率兵急驰，追击百余里，大破敌军，斩首千级。乘胜追入漠北数百里，因敌军逃遁而回还。隋文帝诏令长孙晟再次回到大利城，安抚那里新归附的突厥部众。

达头可汗又派他的弟弟俟利伐从大漠的东面进攻启民可汗，隋文帝发兵帮助启民可汗守卫交通要道。俟利伐不得不退入大漠。启民可汗为此上表感谢说："大隋圣人可汗怜养百姓，犹如上天那样无不覆盖，如同大地那样无不承载。我染干犹如枯木长出枝叶，枯骨更生新肉，千世万世，当常为大隋天子，主管牧养羊马。"

隋文帝又派赵仲卿为启民可汗修筑金河（今内蒙古托克托东北）、定襄（今山西大同市东北）两座城池。

都蓝可汗被杀后，启民可汗已全部占有东突厥的故地。

仁寿元年（公元601年）正月，突厥步迦可汗入侵边塞，代州总管韩洪于恒安（今山西大同市东北）被突厥击败，被废为庶人。五月，突厥男女九万人前来投降隋朝。十一月，诏令杨素为云州道行军元帅，长孙晟为受降使者，挟启民可汗向北方进击步迦可汗。

仁寿二年（公元602年）三月，突厥阿勿思力俟斤等人率兵南渡黄河，掠夺启民可汗的部众男女六千口、各类牲畜共二十余万而后离去。杨素率领诸军追击，转战六十余里，大败敌军。突厥向北方逃走，杨素又率兵追击，于当天夜间追上敌军。杨素担心敌兵再度逃走，令骑兵稍后前进，亲自带领两名骑兵和投降过来的两个突厥人与敌兵并马而行，敌兵亦没有发觉。突厥在宿营地尚未安排妥当的时候，杨素命令后面骑兵突然冲杀上来，大败敌军，被敌军掠去的所有人口、牲畜全部归还启民可汗。从此突厥逃向远方。杨素又派柱国张定和、领军大将军刘升另路截击，多所杀斩后回还。兵既渡河，贼兵又掠夺启民可汗的部落。杨素率骠骑将军范贵于窟结谷东南奋击，又大败敌军，追奔八十余里。

仁寿三年（公元603年）九月，突厥步迦可汗部下大乱，附属的铁勒、仆骨等十余部背叛步迦并投奔启民可汗。步迦由于部众逃散离去，便向西投奔吐谷浑。长孙晟送启民可汗并安置在碛口（今内蒙古自治区二连浩特西南）。此时，泥利可汗被铁勒击败而死，射匮可汗与处罗可汗有矛盾，处罗投降于隋朝，西突厥势力从此衰落，而东突厥启民可汗则年年向隋天子朝贡。

隋文帝在位的二十五年间，他在处理同东、西突厥的关系上，虽然也曾多次出动军队，但彼此间的战事和伤亡有限。隋文帝采纳长孙晟的策略，利用东西突厥内部各部间的矛盾，时而挑拨离间，时而笼络其中一方，使之归顺朝廷；时而孤立、打击另一方，并不被其中的某一方所利

用，有时采取远交近攻的策略。同时，又往往伴之以和亲政策，使东西突厥始终未能联合成统一的力量，未能对隋王朝的边境安全构成严重威胁。历史表明，隋文帝对突厥的政策是正确的，并收到了预期的效果。在这种政策之下，隋王朝同突厥经济交流和文化往来日益密切，突厥的马、羊大量输入内地，汉人的丝织品、瓷器也大量传入突厥。事实表明，隋文帝时期隋与突厥的关系，友好往来是主导方面，隋文帝所实行的是北和突厥的政策。

和吐谷浑

"吐谷浑本是辽西鲜卑徒河涉归的子孙。当初，涉归有二子，庶长子吐谷浑，少子若洛廆。涉归死后，若洛廆代为统领部落，是为慕容氏。吐谷浑与若洛廆不合，于是西度陇山，止于甘松以南，洮水以西，南至白兰山，地有数千里之广，据有今青海、新疆南部，其后代遂以吐谷浑为国氏焉。"（本节引文凡不注明出处者，均见《隋书·西域·吐谷浑传》）吐谷浑国内居民，皆为羌族。北魏、北周之际，首领始称可汗，都城伏俟城（今青海湖西岸布哈河河口附近），在青海湖西岸十五里处。人们大都逐水草，过着游牧生活。国中亦有城廓，官职有王公、仆射、尚书、郎中、将军，其器械衣服略与中国相同。国无常税。法律为"杀人及盗马者死，余坐则征物以赎罪"。风俗与突厥相类似，国中"司马、博士皆用儒生""衣服略同于华夏"（《北史·吐谷浑

传》）。这一记载表明、吐谷浑和汉族的联系已日见密切，汉代的制度和文化对吐谷浑已有较大的影响。

南北朝时，吐谷浑同南北均通商往来，北魏正始、正光年间，"牦牛、蜀马及西南之珍，无岁不至"。吐谷浑的农作物有大麦、粟、豆，多产嫠牛、铙铜、铁、朱砂，其特产"青海骢"为名马，能日行千里。东魏静帝曾娶吐谷浑王夸吕（或作夸吕）的从妹为嫔妃。由于周、齐交争，各自争取与国，因此，北周和吐谷浑虽有往来，也时常有战事发生。

开皇初年，吐谷浑曾出兵入侵弘州，隋文帝因弘州地广人稀，因而废弘州设置，派上柱国元谐率步骑兵数万人出击吐谷浑。吐谷浑王夸吕征发国中的全部士兵，自曼头至于树敦，甲士骑兵络绎不绝。夸吕所署河西总管、定城王钟利房及其太子可博汗，率兵前来拒战，接连被元谐击败，俘虏斩首甚多。夸吕大为恐惧，率领自己的亲兵远逃。夸吕部下的"名王"十三人，率领各自的部落向隋军投降。隋文帝因为高宁王移兹裒平素很得人心，拜为大将军，封河王，令他统领投降的部众，其余也给予不等的赏赐。不久，夸吕又前来入寇边境。旭州刺史皮子信出兵抵拒，被夸吕击败，皮子信战死。汶州总管梁远率精兵出击，斩首千余级，夸吕逃奔而还。不久，夸吕率众人寇廓州（今青海贵德南），被州兵击败逃走。

夸吕在位多年，屡屡喜怒无常，"废其太子而杀之"。后来，所立太子惧怕被废辱，便谋划拘执夸吕向隋朝投降，向隋朝边境的官吏请求援兵。秦州总管、河间王杨弘请求率兵应援，隋文帝不予允许。吐谷浑太子的阴谋泄露，被其父夸吕所杀，又立少子嵬王诃为太子。叠州刺史杜粲请乘吐谷浑内乱而出兵征讨，隋文帝又是不予允许。

开皇六年（公元586年），嵬王诃惧怕被父王夸吕诛杀，谋划率部落1.5万人投奔隋朝，请求派兵迎接。为此，隋文帝对左右大臣说："吐谷浑的风俗，有异于常人的伦理，父既不慈，子复不孝。朕以德训人，怎能成

就嵬王诃的恶逆，我当用做人的正道教导他。"

于是，隋文帝对嵬王诃派来的使者说："朕受命于天，抚育四海，希望使所有的人都能向往仁义。况且父子之间的情感，本出于天性，何得不相亲相爱！吐谷浑既是嵬王的父亲，嵬王是吐谷浑王的太子。父亲有所不是，做儿子的须进行劝谏。如果劝谏而不听从，应当令近臣亲戚从内外用委婉的话进行劝说。若是再不听从，便哭泣着进行劝谏。人都是有感情的，如此定能使父亲感动省悟。不可暗中谋划非法的事，落得个不孝的名声。普天之下，都是朕的臣妾，都能各自多做善事，朕也就称心如意了。嵬王既然是一片好意，想要来投奔朕，朕唯有教嵬王为臣子之道，不可能向远方派出兵马，助他人做恶逆的事。"

嵬王听到使者的回报后，便中止了投奔隋朝的谋划。

开皇八年（公元588年），吐谷浑的名王拓拔木弥请求率千余家归顺隋朝。为此，隋文帝对臣下说："普天之下，皆为朕臣，虽地处荒远，不知晓风化教诲。朕的抚育，都是以仁孝为本。浑王昏庸，他的妻子都想要归顺，自救于危亡。然而，背叛丈夫、父亲，不可收纳。察其本意，本是避死，如果拒不接纳，又属不仁；如果更有意信，只应安抚劝慰，任其自行逃离，不须出兵马接应他们。拓拔木弥的妹夫及外甥想要前来，也是任凭他们自己拿定主意，不得进行劝诱。"

这一年，河南王移兹衰死，隋文帝使令他弟弟统率其部众。

开皇九年（公元589年），隋文帝平定南陈，势力强盛，夸吕大为恐惧，逃遁而据守险要，不敢再骚扰隋朝边境。

开皇十一年（公元591年），夸吕死，其子世伏立为吐谷浑王。世伏派兄子无素奉表向隋文帝以藩国自称，向隋朝贡献特产，请求献女儿充实隋天子的后宫。隋文帝说："这并非是出于至诚之意，不过是困急之计而已。"于是，隋文帝对来使无素说道："朕知道浑王想要使令女儿侍奉

朕，如果依从来请，其他国家闻知后，便当效仿。有的允许，有的不允许，是不公平；如果都予以允许，又不是好的办法。朕存心安养自身，任其自然，怎可以聚敛子女来充实后宫？"

隋文帝最终没有答应吐谷浑王伏献女的请求。

开皇十二年（公元592年），隋文帝派刑部尚书宇文弼安抚慰问吐谷浑王。

开皇十六年（公元596年），隋文帝以光化公主为吐谷浑王世伏妻，世伏上表称公主为天后，文帝不予允许。

开皇十七年（公元597年），吐谷浑国内大乱，国人杀世伏，立其弟伏允为王，派使臣向隋文帝陈述国中废立国王的事，向隋朝表示谢罪，并请求娶隋公室女为妻，隋文帝予以允许。从此以后，每年按时朝贡，但又时常探听隋朝内部的消息，隋文帝因此很厌恶他。

吐谷浑是隋王朝西部边境的强敌之一，夸吕王曾多次率众入寇边境，隋文帝派兵将其击退。对于吐谷浑夸吕王同太子间的内部矛盾以及太子、名王归降等事，隋文帝采取正面劝导和不介入的政策；对于夸吕王的后继者世伏与伏允又采取和亲政策，再加之平定南陈后隋王朝势力的强大，隋文帝同吐谷浑之间大体上维持着和平友好的关系。这对于彼此之间经济文化交流的加强，无疑是有益的。隋文帝西和吐谷浑的政策，亦有助于隋王朝的发展和强盛。

远安外邦

　　靺鞨地处高丽以北，邑落各有酋长，不相统一，共有粟末部、伯咄部、安车骨部、拂涅部、黑水部、白山部，而黑水部尤为劲健，即古代的肃慎氏，居住多依山水。

　　开皇初年，靺鞨相继派使者向隋天子贡献，隋文帝诏令靺鞨使者说："朕闻听你们那里的土著居民勇敢敏捷，今特前来相见，实与朕意相符。朕视你等如子，你等应敬朕如父。"

　　使臣答对说："臣等地处偏僻一方，道路遥远，闻知中国有圣人，所以前来朝拜。既已承蒙慰劳赏赐，有幸亲见圣上尊颜，心中不胜欢喜，愿长久得为奴仆。"

　　靺鞨国北与契丹相接壤，经常相互劫掠。后来，靺鞨来使至京，隋文帝告诫使者："我对于契丹的怜爱和思念，与对你等没有差异，应各守自己的领土边境，如此岂不安乐？为什么动辄相互攻击，很是违背我意！"

　　使者向隋文帝谢罪，文帝因而慰劳使者，令他宴饮于殿前。使者乘着酒兴，与一同前来的同伴离席起舞，多是表现战斗的场面。隋文帝观看靺鞨使者等人舞蹈，回首对待臣们说："天地间乃有此物，常作用兵意，何其甚也！"

　　靺鞨与隋朝相距遥远，唯有粟末部、白山部距隋朝较近。

　　契丹的祖先与库莫奚异种而同类，居于黄龙（今吉林农安），其风俗与靺鞨类似，好为寇盗。北魏时期，靺鞨遭受高丽的侵掠，部落中有万余人请求归附隋朝，止于白貔河。后来又遭受突厥的逼迫，又有万余家寄居高丽。

开皇四年（公元584年），靺鞨的莫贺弗部来长安拜见隋文帝。开皇五年（公元585年），莫贺弗部众归顺隋朝，隋文帝予以接纳，听任他们居住于故地。开皇六年（公元586年），契丹内部的诸部之间相互攻击，久而不止，同时又与突厥相互侵夺。隋文帝派使臣对契丹内部的相互攻战予以谴责，契丹派使臣至长安叩头谢罪。后来，契丹的别部出伏等背叛高丽，率部众归顺隋朝，隋文帝予以接纳，安置在谒奚那颉的北面。开皇末年，其别部四千余家背离突厥前来向隋朝投降。当时，隋文帝刚刚同突厥和好，以不失远人之心为重，给予他们粮食，令他们回归故地，并敕令突厥安抚接纳前来归降的契丹别部。然而，契丹别部坚持不肯离去。部落逐渐众多，于是逐水草北徙，当辽西正北二百余里，依托纥臣水而居。东西五百里，南北三百里，分为十部。各部兵多者三千人，少者千余人。

靺鞨、契丹是居于我国东北地区的民族，于隋文帝在位期间臣属于隋王朝，隋文帝对他们亦采取友好政策，对于他们内部各部之间的攻伐予以谴责，劝他们同突厥友好相处，主张靺鞨与契丹之间实行睦邻政策。隋文帝的这一政策对于安定隋王朝边境、密切隋王朝同靺鞨、契丹的经济文化联系，无疑都起到了积极的作用。

高丽、百济、新罗是朝鲜半岛上的三个国家，历史悠久。隋文帝在位期间同上述三国的关系，现分述如下。

北周时期，高丽国王汤曾派使臣朝贡，周武帝宇文邕拜汤为上开府、辽东郡公、辽东王。隋文帝即位后，高丽王汤派使臣至长安，隋文帝进授汤为大将军，改封高丽王。

据《隋书·东夷·高丽传》记载，高丽国东西两千里，南北千余里，

国都平壤，亦曰长安城。城东西六里，随山而筑，南临贝水（今朝鲜大同江）。又有国内城、汉城，与平壤并列为都会，国人称为"三京"。高丽与南方的邻国新罗，经常相互侵夺，战争不息。

开皇初年，高丽王频频派使者入朝。待到平定南陈之后，隋朝国势日强，高丽王汤大为恐惧，在国内整治兵器军械，积蓄粮草，做据险守城的准备。

开皇十七年（公元597年），隋文帝闻知高丽王"治兵积谷，为守拒之策"，特赐给高丽王长篇玺书一封，书中指责高丽王"虽称藩附，诚节未尽""修理兵器，意欲不臧""数遣马骑，杀害边人，屡骋奸谋，动作邪说，心实不宾"。同时，晓谕高丽王："王若无罪，朕忽加兵，自余藩国谓朕何也！王必虚心纳朕此意，慎勿疑惑，更怀异图。"玺书的结尾，隋文帝以南陈的灭亡警告高丽王："王谓辽水之广，何如长江？高丽之人，多少陈国？朕若不存含育，责王前愆，命一将军，何待多力！殷勤晓示，许王自新耳。"

事实上，隋文帝在平定南陈后，国势日强，对于高丽王的"治兵积谷"是不能坐视的。他的大臣们也有向高丽用兵的意图，即所谓"开皇之末，国家殷盛，朝野皆以辽东为意"（《隋书·刘炫传》）。不过，隋文帝对于高丽，如同他对待突厥、吐谷浑一样，不主张轻易用兵，更不肯首先用兵，而是采用晓谕和威慑的政策，谋求边境上的安宁。

隋文帝的一道玺书，有指责，有晓谕，但结尾却是严重警告。高丽王汤得书后不由得诚惶诚恐，将要奉表陈述并向隋文帝谢罪，适逢患病而死。

汤的儿子元继承高丽王位，隋文帝奉行对高丽的一贯政策，向高丽派出使臣，拜高丽王元为上开府、仪同三司，袭爵辽东郡，赐衣服一套。元奉表向隋文帝谢恩，并以祥瑞向隋天子祝贺，乘机请求受封为王。隋文帝特予以优待，册封元为高丽王。

开皇十八年（公元598年），高丽王元率领靺鞨族万余名骑兵入寇辽西，被营州总管韦冲击退。隋文帝闻知此事后大怒，任命汉王杨谅为元帅，总领水陆兵马进军讨伐，下诏令废除高丽王元的爵位。当时，由于粮草供给不继，六军给养缺乏，隋军师出山海关，又遇到疾疫，士气不振。待到隋军进驻辽河，高丽王元也感到恐慌惊惧，派使臣向隋文帝谢罪，在上表中自称"辽东粪土臣元"。于是，隋文帝下令罢兵，待之一如当初，高丽王元也每年派使臣向隋天子朝贡。

百济国的祖先，出自高丽国，汉代时已成为朝鲜半岛上的强国之一。隋开皇初年，百济王余昌派使臣向隋贡献特产，隋文帝拜余昌为上开府、带方郡公、百济王。

百济国东西四百五十里，南北九百余里，南接新罗，北距高丽，其都城曰居拔城。官分文武，有十六品，居民为新罗人、百济人、汉人和日本人。"俗尚骑射，读书史，能吏事，亦知医药、蓍龟、占相之术""有僧尼，多寺塔"，行南朝宋的《元嘉历》法，以建寅月为岁首。国中大姓有八族。"婚娶之礼，略同于华，丧制如高丽。"可见，百济国的文化较为发达，受中国影响较大。

隋文帝平定南陈的那一年，有一战船漂流至海东射牟罗国。该船在归还途中，经过百济国，国王余昌资送很丰盛，并派使臣奉表祝贺平定南陈。隋文帝为此很高兴，下诏书说："百济王闻知平定南陈，从远方奉表而至，旅途往返，甚为艰辛，如遇风浪，便有危险。百济王的心意和行迹淳厚，朕已全然知悉。相距虽远，事同言面，何必屡次派来使臣相聘问。自今以后，不须一年中再次入贡，朕也不派使前往，望（余昌）王知悉。"开皇十八年（公元598年），百济王派长史王辩那前来贡献特产，当时隋军正出师辽东。百济王派使臣奉表，请求为隋军担任向导，隋文帝

下诏书说："往年高丽不按时朝贡，无人臣之礼，所以命令将帅讨伐。高丽君臣恐惧，畏服认罪，朕已赦免其罪，不可再兴兵讨伐。"

高丽对百济王奉表为隋军充当向导的消息颇有微词，十分恼怒，发兵侵掠百济国的边境。

新罗国在高丽国东南，即西汉乐浪郡的故地，或称斯罗。国内居民杂有汉人、高丽人、百济人。其国王本是百济人，自海上逃入新罗，称王于新罗国。

开皇十四年（公元594年），新罗王金真平派使臣向隋天子贡献特产，隋文帝拜金真平为上开府、乐浪郡公、新罗王。新罗国先附庸于百济国，后来因百济征伐高丽，高丽人不堪忍受百济王的兵役和徭役，相继归附新罗，新罗因此逐渐强盛。后来，新罗因袭百济，附庸于迦罗国。新罗地多山险，虽然与百济嫌隙颇深，百济也无力图谋新罗。

隋朝与朝鲜半岛三国的关系：同高丽虽然有过一次战争，但也以和平相处为主；至于同百济、新罗两国，则堪称友好关系，经济文化方面的往来日益密切。

日本在古代亦称倭国，在百济、新罗东南，水陆三千里，于大海之中依山岛而居。汉光武帝时，日本曾派使臣入洛阳朝见汉天子，自称大夫，接受光武帝册封。在魏晋南北朝期间，世代与中国相通。

开皇二十年（公元600年），倭王姓阿每，字多利思比孤，号阿辈鸡弥，派使臣至长安朝贡，隋文帝令有关部门派人考察倭国风俗。其国设有职官、法律，有兵器而无征战。其民信佛法，从百济国求得从中国传去的佛经，开始使用汉人文字，知卜筮，尤信巫觋。

新罗，百济皆以倭国为大国，多有珍宝，因而敬畏，经常通使往来。

隋炀帝期间，隋与倭国的友好往来有了进一步的加强。

隋王朝时期同东南亚交往较多的国家有林邑（今越南中部）、赤土

（今马六甲）、真腊（今柬埔寨）、婆利（今文莱）等国。

林邑其国延袤数千里，多香木、金宝，物产大抵与交趾相同。南北朝时期，曾与南朝通使往来。乐器有琴、笛、琵琶、五弦，颇与中国相同。每击鼓以警众，吹蠡为准备投入战斗的信号。居民都信仰佛教，文字与天竺国相同。

隋文帝平定南陈后，林邑派使臣向隋天子进献特产，后来朝贡断绝。平定南陈后，隋王朝境内天下平定，群臣中有人向隋文帝进言，说林邑多有奇宝。于是，隋文帝于仁寿末年，派大将军刘方为砵州道行军总管，率领钦州（治所在今广西钦州东北）刺史宁长真、砵州（治所在今越南荣市）刺史李晕、开府秦雄等步骑兵万余人以及犯罪者数千人出击。林邑王率领徒众乘大象与隋军交战，刘方出师不利。刘方施用计谋，于丛林中挖掘很多深坑，上面覆盖杂草，伪装起来，然后率兵挑战。林邑王梵志率全军布阵，交战后，刘方率军佯败逃走，梵志率兵追击。兵众多陷入坑中，转相惊骇，林邑军大乱。刘方乘机纵兵反击，大败林邑军队。梵志屡战屡败，不得不弃城逃走。刘方率军入林邑都城。刘方获胜后班师回国，梵志又恢复原有的故地。经过这次战争后，林邑王梵志派使臣向隋朝谢罪，从此林邑向隋朝朝贡不断，两国间的经济文化往来有了进一步的加强。

赤土即今马六甲。在隋炀帝即位后，与隋王朝有密切的往来。

真腊即今柬埔寨。据文献记载，真腊同隋王朝的经济文化往来，主要在隋炀帝即位以后。

隋文帝在位期间，陆路通过西域的丝绸之路，海路由南海经马六甲海峡、印度洋，同中亚、东南亚、西亚和欧洲的许多国家都有商业和文化往来。

早在隋文帝即位之初，他向汾州刺史韦冲询问安定胡人的计策，韦冲对他说："夷狄之性，易被反覆，皆由牧宰不称之所致，臣请以理绥静，可不劳兵而定。"（《资治通鉴》）隋文帝深以为然。隋文帝在位二十五年的实践表明，他在处理同周边民族的关系上，基本上执行了"以理绥静"的既定方针。

名君暮年

第七章

废立风波

　　杨坚有五个儿子，其中杨勇最大。早在北周时，杨勇就因其祖父杨忠的军功被封为博平侯。

　　杨坚很喜欢这个儿子。在他做北周的辅政大臣时，就拜杨勇为大将军、左司卫，封为长宁郡公，立他为世子。为了锻炼他的才干，树立他的威信，杨坚让他出外做洛州总管、东京小冢宰，总统北齐旧地。当杨勇再一次被征回京城时，已经被进位为上柱国、大司马、领内史御正，总管所有禁卫了。

　　公元581年，杨坚建隋称帝，杨勇由世子变为太子，也就是说，将来的帝位要由杨勇来继承。从此，军国政事以及尚书上奏的死罪以下的重大事情的决断，全都有杨勇参与。

　　在杨坚的有意栽培下，杨勇在政治方面成长很快。隋初，山东（即今河北、河南、山东一带）地区流民很多，杨坚想把这些流民迁徙到北方以充实边境。杨勇劝阻说："我认为改变百姓的生活习俗应当采取渐进的方式，不能一下子改变。百姓历来有怀旧恋土的传统，他们的流动离乡，是迫不得已的。山东地区在北齐统治时就主暗时昏，北周平齐后，又虐待百姓，致使他们逃亡，并不是他们厌恶本土，愿意羁旅他乡。又加上尉迟迥在去年叛乱，虽然将其平定，但战争给此地造成的创伤还未痊愈。我以为几年以后，随着社会的安定，他们会归还本土。更何况我们的北部边境虽

然屡遭突厥侵扰，但城镇峻峙，所在严固，用不着迁徙流民。"杨坚见杨勇对国家大事能有自己成熟的看法，并对形势有正确的认识，非常高兴，便接受了他的意见。从此以后，杨勇见时政有所不善之处，常常提出自己的意见，也常常被杨坚采纳。

史载杨勇"好学，解属词赋，性宽仁和厚，率意任情，无矫饰之行"，这似乎是在褒扬杨勇的人品。但杨勇失败就失败在"率意任情，无矫饰之行"上。

杨坚对臣下违礼越制的言行极为敏感。而杨勇在冬至这天，派人去请朝中百官到东宫祝贺节日，一时东宫鼓乐齐鸣，百官皆贺。杨坚知道这件事后，便问朝臣："我听说冬至那天，内外百官都到东宫朝拜太子，这是什么礼呀？"

太常少卿辛亶一听话音不对，赶快解释说："我们到东宫应该说是祝贺节日，不是朝拜。"

"是吗？"杨坚冷冷地说，"祝贺节日，去三五个、十数个人，不就行了？就是去，也应随各个人的心意，为什么要派专人征召、百官皆至？为什么太子还要穿上礼服，奏乐接待他们？太子这样做，太悖礼制了。"

隋代大般涅盘经

后来，杨坚因此下诏说："礼有等差，君臣不杂，爰自近代，圣教渐亏，俯仰逐情，因循成俗。皇太子虽居上嗣，义兼臣子，而诸方岳牧，正冬朝贺，任土作贡，别上东宫。"

事非典则，宜悉听断。杨坚传下此诏，实际表达了对杨勇的不满和猜疑。

杨勇的母亲独孤皇后非常关心杨勇的婚事，她看中了元家之女，并为杨勇娶为正妃。但杨勇根本不喜欢元氏，另外纳了许多宠妾。在众多的内宠中，尤其喜欢昭训云氏。如果是善矫言饰行之人，对于母后亲自选中的媳妇，即使不喜欢，也要装装样子。而杨勇却"率意任情"，不喜欢就淡而处之。后来元氏得了心脏病，突然死去。这一下引起了独孤皇后的疑心，她怀疑元氏是被人害死的，从此对杨勇也不满起来。

这一切都被杨广看在眼里，多年来觊觎太子之位的居心，使他敏锐地察觉到：取代哥哥地位的机会来了！

杨广取代杨勇，有很多有利条件。

首先，从兄弟行次讲，他是家中的老二，姿仪秀美，机敏聪慧，也好学，尤其擅长诗文。杨坚及独孤氏特别喜爱他。如果将杨勇除掉，太子之位自然就会落到他的头上。

其次，他不像杨勇那样率意任情，而是善于矫情饰行，给人以假象，将真相隐藏得很深。有一次，他知道父皇要到他的住处，特意做了一番布置。他让人把乐器的弦扯断，又在上边撒满尘土。杨坚到来之后，见此荒败景象，不由感慨万千。杨广趁机说："父皇不必感伤，只不过儿臣终日忙于政务，无声妓之好，所以才致此。"杨坚听了非常高兴，认为他的生活作风很像自己。从此，杨广更加注意装饰自己，每次入宫朝见，"车马侍从，皆为俭素，敬接朝臣，礼极卑屈，声名籍甚，冠于诸王"。他见母后独孤氏不喜欢杨勇姬妾成群，便反其道而行之，与其他姬妾都不接触，

只和萧妃住在一起。独孤氏见此，更加喜欢杨广。

再次，杨广很会笼络人心。有一次他带人出去打猎，不料突然下起雨来。左右见此，急忙把雨披拿出来给杨广披上。不料杨广推开雨披，说："士兵们都在雨地里淋着，我为什么要独自穿雨披呢！"在场的士兵对杨广此举大为感动。开皇八年（公元588年）冬，杨坚派兵大举伐陈，杨广被任为长江下游的行军元帅。隋军攻下建康后，活捉了陈湘州刺史施文庆、散骑常侍沈客卿、市令阳慧朗、刑法监徐析、尚书令暨慧。这几个人都是有名的祸国殃民的奸佞之臣，江南百姓也对他们没有好感。杨广立即宣布将这五个人斩首，以示自己为民除害。然后又将陈朝府库封闭，资财丝毫不取，人们都称他是个贤达之人。

杨广苦心经营，取得了不少政治资本和好名声。如今，太子杨勇失意于父皇母后，这对杨广废兄夺宗无疑是如鱼得水。从此，杨广加快了争位的步伐。

尽管杨坚对杨勇开始怀疑、不满，但废掉杨勇太子之位的决心不是那么容易下的。爱子之心，人皆有之。作为一个父亲，他不得不考虑亲生儿子的前途。杨勇尽管有令他失望之处，但毕竟是他的儿子，毕竟辛辛苦苦地栽培了他这么多年。一旦将他的太子之位取消，政治上的失意，地位的下降，说不定会毁了儿子的终身前途。作为父亲，他又不得不考虑轻易废立所带来的严重后果。他曾向妻子独孤氏发誓，自己的孩子都是一母同胞，决不同别的妃妾有孩子。他不但这样说，也这样做了，五个儿子，都是独孤皇后所生。他这样做的目的，一方面是表明他对独孤氏的钟爱，另一方面是用最亲最近的血缘关系为纽带，将孩子们拢在一起。如果太子在位，别的兄弟妄想自然而绝；如果太子之位虚而待人，那么，兄弟之间为争位而自相残杀之事在历史上可太多了。同胞的血缘纽带在对权力地位的欲望面前，到底会有多大的维系力量呢？

　　然而，作为一个政治家，他又不得不考虑江山社稷的前途。十几年来，他含辛茹苦地将开皇基业创至如此辉煌的程度也不容易。而太子生活奢侈、沉溺姬妾、妄自尊大等毛病，使他对把江山社稷交给这样的人也真感到不放心。

　　杨坚遇到了巨大的矛盾。这个矛盾是常人的理智难以解决的。于是杨坚想到了神灵。

　　隋朝有一个能掐会算的人，名叫韦鼎，史书上说他"博涉经史，明阴阳逆刺，尤善相术"。这个人起初生活在南朝，传说他通过望气的方术，预测到陈霸先当代梁建陈；后来又预测到陈朝的灭亡。陈朝被隋灭亡后，韦鼎被迁到隋都长安。

　　韦鼎到长安后，杨坚听说他通晓占卜，测事如神，便把他召来，授给他上仪同三司之职，对其待遇甚厚。杨坚在废立问题上进退维谷时，又找到韦鼎。他问韦鼎："我这几个儿子谁可以继承皇位？"

　　"至尊、皇后所最爱者，即当与之，非臣敢预知也。"韦鼎答道。

　　杨坚见他答得圆滑，无奈地笑笑说："先生怕是不肯明告我吧？"

　　杨坚又把善相者来和找来，让他秘密给诸子相面。来和看过后，对杨坚说："晋王（指杨广）眉上双骨隆起，贵不可言。"

　　两个人的答复，一个含混，一个明确。来和之所以敢明确回答，是因为他久与杨坚接触，对杨勇与杨广之间势力的消长，以及杨坚的心态了如指掌。

　　就在杨坚举棋不定时，社会上又风传着这样一件事：在繁昌县（今安徽繁昌附近）有一个叫杨悦的人，一天他到山中采药，忽然看见天空飘来片片白云。白云越积越厚，从白云后面又冒出两只动物，样子很像两只公羊，呈黄色，大小就像刚生下来的小狗。这两只羊一样的东西在天上厮打着，一只掉到地上。杨悦赶紧跑过去抓住，另一只却不见了。他把抓到的

那只抱回家去伺养，但几十天后却不见了踪影。这个故事就像长了翅膀一样，一传十，十传百，越传越广。当这个故事传到京城时，除了故事本身以外，又加上许多牵强附会的东西。有人说，云体掩蔽，这是邪佞之象。这东西像小狗一样大小，又像公羊一样的形状，是两只羊羔之象。"羊"即暗指一个"杨"字；羊羔，即杨子。这表明两个皇子有一个要从上边落下来。

只要稍加分析，就不难看出这是杨广在利用神道逼迫其父杨坚快下废掉太子的决心。

首先从地点上看。上述传说是从繁昌县传出的。繁昌县的位置离江苏省很近，在当时扬州总管的管辖之内。而在平定江南之乱以后，杨广长期任扬州总管，在扬州植根很深。两羊相斗的传说源于繁昌绝非偶然。

再从时间上看。杨坚问韦鼎谁可继承皇位的时间大约是开皇十一年（公元591年）。据《隋书·艺术·韦鼎传》记载，时兰陵公主寡，上为之求夫，选亲卫柳述及萧玚等以示于鼎。鼎曰："玚当封侯，而无贵妻之相。述亦通显，而守位不终。"上曰："位由我耳。"遂以主降述。上又问鼎："诸儿谁得嗣？"答曰："至尊、皇后所最爱者，即当与之，非臣敢预知也。"上笑曰："不肯显言乎？"在这段记载中，杨坚向韦鼎询问将公主嫁谁和谁将继承帝位这两件事似乎在同时，起码相距时间不远。因此只要知道杨坚将女儿嫁给柳述的时间，就可以知道杨坚询问继承人的时间。兰陵公主嫁给柳述，时年十八岁，死于隋炀帝大业元年（公元605年），时年三十二岁。可知兰陵公主嫁给柳述的时间正好是开皇十一年（公元591年）。这正是杨坚在废立太子问题上心情极度矛盾的时期，而第二年就出现了两只羊羔相斗，一只羊羔坠地的传说和利用谐音及牵强附会诠释，这难道是偶然巧合吗？

最后，再从杨广的处世人品看。杨广为了坐稳太子的宝座，不惜用方

术激怒其父杨坚，以除掉弟弟杨秀。难道他就不能为了登上太子宝座，用方术促进其父废掉哥哥杨勇吗？

杨广这一招的确厉害，他抓住了其父的一个致命弱点：笃信数术。他也抓住了一个非常难得的时机，这就是其父正在企图求助神灵解脱面临的矛盾。

杨广不但知道杨坚笃信数术，还知道杨坚对独孤氏的畏惧。他知道，如果废掉杨勇的事能得到她的支持，那自己登上太子宝座就十拿九稳了。

独孤氏对杨勇虽然不满，但不满到什么程度呢？会不会决定她对废立太子的态度呢？杨广利用进京朝见的机会进行了一次实质性的试探。朝见完毕，在回扬州的前一天，杨广来到后宫向母后辞行。他跪在地上，向皇后行过礼，目光里充满了眷恋之情。

"母后，"杨广无限深情地说，"儿臣镇守地方，归期已被限定。马上又要离开您了，臣子之恋，实结于心。我这一走，又不能侍奉您了，不知什么时候再能见到您。"

说完这番话，杨广早已是泪流满面、泣不成声了。

听到这些话，独孤后也说："你在方镇，我又年老，今天一别，我的恋子之情比往常离别更觉深切。"说到这里，独孤氏也潸然泪下。

母子感情沟通到这种程度，杨广觉得说什么也不为过了，即使母后不爱听，也不会对他有所责怪，便大着胆子说："儿臣性识愚下，始终恪守兄弟之间的情意。但不知我犯了什么罪过，惹得太子对我如此怨恨，常常对我大发盛怒，欲加陷害屠戮。我常常害怕太子对我进行谗毁，又怕他对我进行毒害。所以勤忧积念，惧履危亡！"

"可不是！"杨广这番话引起了独孤氏的共鸣，"这个𪟝地伐真让我不能容忍！"𪟝地伐是杨勇的小名。她见杨广正在聚精会神地听着，便继续说："我好不容易为他娶了元家之女，指望他能兴隆大隋基业。然而

他竟不与之作夫妻，却专宠阿云。元氏本无疾病，忽然暴亡，分明是太子派人下药，将其毒死。事已如此，我也不再深究了。怎么现在又想对你下毒？我活着他还这样，我死后他还不把你吃了？我常常想，太子连个正妻都没有，至尊千秋万岁之后，你们兄弟向阿云前拜候问讯，这是多么痛苦的事啊！"说到这里，独孤氏已伤心得泣不成声了。

杨广表面装出十分悲伤的样子，心里却得意得很，他已经将独孤氏对杨勇的不满了解得清清楚楚了。一个夺取太子之位的阴谋开始策划并付诸实施。

隋朝有个人叫宇文述，此人在平定尉迟迥时立有战功，平陈战役中，在杨广手下任行军总管，战功卓著。他与杨广关系一直很密切，杨广任扬州总管后，为了拉拢宇文述，举荐他为寿州（治今安徽寿县）刺史总管。杨广决意夺太子位，便向宇文述问计。宇文述说："皇太子早就不被皇上所喜爱了，也没有什么美德令天下人佩服。而大王您以仁孝著称，才能盖世，多次领军，数立大功。主上与内宫对您很钟爱，四海之望皆归之于您。但是废立是国家的大事，像我们这样处在太子与主上父子关系之间的一般人，要想帮您谋太子之位是很难的。能够使主上改变主意的臣子只有杨素，而杨素所信的谋臣，只有其弟杨约。杨约与我关系很好。请让我进京朝拜，与杨约相见，共同图谋废立之事。"杨广听后大喜，给了宇文述许多财宝，让他以朝拜的名义进京。

宇文述进京后，经常把杨约请到住处，有时与他畅饮，席间将所带宝物出示给他，见他喜欢，就慨然相送。有时又与杨约一起赌博，故意将财宝输给他。渐渐地，杨广让宇文述所带财宝，大多转到杨约手中。

杨约也不是傻子，他见宇文述如此大方，知道其中必有文章。一天，他来到宇文述处，进门就向他道谢。宇文述佯装糊涂，问："先生为何谢我？"

杨约说："自然是为了先生所赠珍宝了！"

宇文述说："先生谬谢了。我哪里有这么多东西送人。实不相瞒，这些都是晋王（指杨广）所赐，他让我带给您的。"

杨约大惊，问："晋王此举为何？"

宇文述说："欲与先生图大事，以保先生的终身之安。"

杨约说："先生之言我不甚明了，我有何危？"

宇文述说："您的兄长杨素，功名盖世，在朝中长期大权在握，朝中大臣被令兄所得罪的有多少，您能数得过来吗？这是一危也。"

"还有其他危险吗？"

"还有。皇太子因为不能为所欲为，常归罪于您兄弟二人，对您恨得咬牙切齿。您现在虽然受着主上的重视，但欲危害您的人可谓多矣。主上一旦千秋，谁还来庇护您呢？"

杨约听着宇文述的分析，不住点头称是，然后问道："先生有何见教？"

宇文述说："如今皇太子失爱于皇后，主上也有废掉太子之意，这您是知道的。如今，请皇上立晋王为太子，就在贤兄的口舌之功。如果您真能在此时立此大功，晋王对您的感激一定会刻骨铭心。这样，您就可以避开累卵之危，成就泰山之安了。"

杨约被宇文述一番话强烈震撼着，他很同意宇文述的分析，决意说服哥哥拥戴杨广为太子。

杨约的哥哥杨素，有大功于朝廷，在隋朝既有高贵地位，又受宠幸待遇。杨约找到杨素，对他说："如今对于皇后之言，主上没有不听从的，我们应该抓住机会，早点与她交结，这样不但可以长保荣华，还可以遗福于子孙。再说，晋王倾身礼士，声名日盛，躬履节俭，有主上之风。我预料他将来必能安天下。兄若迟疑，万一有变，让现在的太子当政，我们就

要大祸临头了。"

杨素虽喜欢结党，对杨约的话一般也很信服，但废立之事毕竟非同一般，他非得亲自知道独孤氏的态度不可。几天以后，杨素入宫内侍奉皇后宴席，他对独孤氏说晋王孝悌恭俭，有当今皇上的风格。杨素表扬杨广，意在揣测皇后态度。一说到杨广，独孤氏又伤心起来，对杨素说："你说得对。我儿杨广真是个大孝子。他在扬州，每当听到至尊和我派遣的内使将到，便派人前去迎接。每当与我们分别时，总是痛哭流涕。他的媳妇也太可怜了，我常派婢女前去，与她同寝共食。谁像那个觇地伐（即杨勇），整日与阿云在一起，酗宴作乐，昵近小人，疑阻骨肉。我之所以更加怜爱阿摩（杨广的小名），就是怕杨勇派人将他暗杀。"

皇后对太子杨勇的不满已经表示得再清楚不过了，杨素便就着皇后的话，盛言太子不才，不堪承嗣大任。他建议皇后向皇上进言，废掉太子杨勇，立晋王杨广。

杨广通过杨素不断地向独孤氏灌输杨勇是如何不才，再通过独孤氏向杨坚施加影响。杨坚废长立幼的倾向也越来越明显了。

自从杨坚、独孤氏表现出废长立幼的倾向后，太子杨勇所住的东宫即处在各方面的监视之中。

杨素先被派去观察杨勇。杨素来到东宫，故意迟迟不进去。杨勇冠帽束带，恭候许久，仍不见杨素来，不由火起，怒形于色，怨现于言。不料这正中杨素诡计，他赶快回去报告杨坚杨勇如何不满及怨恨。

皇后独孤氏也派人秘密探听杨勇的言行，纤介小事，都被经过加工和夸大报告给杨坚。杨坚听后，对杨勇更加疑心，从玄武门到至德门一线布满密探，随时向他报告杨勇的一言一行。为了提防杨勇，他又下令将东宫的宿卫及侍官归皇宫的卫府管辖，东宫卫队中勇健之士全部换掉。

杨广也开始在东宫内部布置心腹。他派一个叫段达的人找到东宫的幸臣姬威，用大量金宝财货将其收买，让他探听报告太子的消息，并威胁他说："太子的罪过，主上全都知道了，晋王已经得到皇上的密诏，废立之事已成定局。如果你能告发太子，定能享受富贵。"这样，姬威又成为杨广打入东宫最深处的密探。

来自各方面的监视，使杨勇处于"内外谊谤，过失日闻"的境地中。

开皇二十年（公元600年）九月二十六日，杨坚从仁寿宫回来，第二天在宫中大兴殿召见近臣。杨坚对他们说："我刚刚回到京师，应该觉得很开心，很高兴，不知为什么，不但没有这种感觉，反而觉得愁苦？"

杨坚说这番话，有他的用意。他以为，他所听到的关于杨勇的罪行朝臣们都知道。他这样问，希望能从朝臣的嘴里听到一些关于杨勇的过失。

不料，吏部尚书牛弘站出来回答："这全都是由于臣等不称职，故使至尊忧劳。"

对于牛弘的回答，杨坚既不满意，也不爱听。他怒气冲冲地转向东宫太子左庶子唐令则说："仁寿宫离京城不远，而我每次从那里回来，你们都严备仗卫，使我如入敌国。我近来患痢疾，昨夜睡在后房，因那里去厕所方便。而你们却说为防紧急情况，让我回到前殿。这难道不是你们这些人要坏我国家吗？"说完，便下令将唐令则等人抓起来，严加拷问。

群臣们见皇上今天突然大找起东宫的毛病，感到很惊讶。杨坚见此情况，便让杨素把近来太子杨勇的一些不法言行通报给众人。杨素便对众人说："我奉皇上敕令，回京令皇太子审讯刘居士的余党。不料太子奉诏，大发雷霆，声色俱厉地冲我吼道：'刘居士之党全都伏法，让我到何处穷讨？你身为右仆射，肩负重任，应当亲自追察，关我何事？'又说：'当初皇上代周，若大事不成，兄弟中我先被杀。如今他做了天子，竟让我不如诸弟，我感到太不舒服了！'"

杨素这一番话，别人还没来得及有什么反应，杨坚却早已怒不可遏

了。他对众人说："我早就觉得这个孩子不胜太子之任了。皇后常劝我将他废掉，我一直想他是我为布衣时所生，又是长子，指望他慢慢改掉坏毛病，所以一直隐忍至今。"

他扫了众人一眼，语气更加愤怒："谁知他越来越不像话！前不久，他从南兖州来，对他的从弟卫王说：'阿娘不给我一个好女子，真令人遗憾'。他又指着皇后的侍女们说：'这些都是我的。'他的媳妇元氏死后，我就怀疑她是被毒死的，曾经责问过他，不料他竟对我说：'我还要杀她的父亲呢！'这不是欲害我而迁怒于他人吗？"

说到这里，杨坚气得声音都有些颤抖。他停住话头，缓了一下情绪，以免自己因激怒而在众人面前失态。然后，又用较平和的语气继续说："当初，他的长子长宁王刚生下来时，我和皇后将其抱走抚养。谁知他竟与我们隔心，连连派人来要。况且，他的宠姬阿云，是在外与他私合而生，由此想来，这个孩子也并不一定是杨家血脉。昔日晋太子娶屠家女，其儿即好屠割。如今，这个孩子倘若非类，便乱了宗庙社稷。再有，那个叫刘金骊的，是个谄佞之人，竟敢称呼阿云的父亲为亲家翁，阿云的父亲还真承认，可见他们云氏父女的愚下。我虽没有尧舜之德，但也不能将天下交给不肖之子。这个杨勇，使我常畏其加害，如防大敌，我想把他废了，以保天下之安。"

这是杨坚首次公开向众臣表达他的废太子之意。当时就有人不顾杨坚的盛怒极力劝说，但无济于事。

几天后，杨坚又接到杨勇的近臣姬威揭发杨勇的表文。共有五点：

第一，皇太子意在骄奢，想把从樊川到散关的大片土地划为太子苑囿，并说："过去，汉武帝准备建上林苑，东方朔谏之。武帝不但接受，还赐他黄金百斤。这多么可笑！我可没有东西赐这种人。如果有人谏我，我就把他杀了，杀他几百个人，劝谏自然会平息。"

第二，苏孝慈被解左卫率之职，皇太子气得奋髯扬肘，说："大丈夫总有一天会出头，终不忘之。"

第三，东宫领取所须之物，尚书多执法不与。皇太子怒道："仆射以下，我当杀他一个两个，让他们知道怠慢我的结果。"

第四，皇太子在宫苑内筑一小城，春夏秋冬，作役不辍，营起亭殿，朝造夕改。还常说："至尊嗔怪我姬妾多，庶子多。北齐的亡国之君高纬，陈朝的亡国之主陈叔宝倒不是庶子，照样断送江山。"

第五，皇太子曾让术士卜吉凶，对我说："至尊忌在十八年，此期促矣。"

杨坚听到这些揭发，更加愤怒，当即下令将杨勇及其诸子禁锢起来。

开皇二十年（公元600年）十月初九日，杨坚戎服陈兵，亲临武德殿，召集百官及所有宗亲。百官站在西厢，宗亲站在东厢。

这个场面，这个规模，预示着杨坚将要决定或者处理重大事情了。

杨坚一声令下，太子杨勇及其诸子被带到殿前，上开府、内史侍郎薛道衡受命宣御制废太子杨勇诏："太子之位，实为国本，苟非其人，不可虚立。自古储副，或有不才，长恶不悛，仍令守器，皆由情溺宠爱，失于至理，致使宗社倾亡，苍生涂地。由此言之，天下安危，系乎上嗣，大业传世，岂不重哉！皇太子勇，地则居长，情所钟爱，初登大位，即建春宫，冀德业日新，隆兹负荷。而性识庸暗，仁孝无闻，昵近小人，委任奸佞，前后愆衅，难以具纪。但百姓者，天之百姓，朕恭天命，属当安育，虽欲爱子，实畏上灵，岂敢以不肖之子，而乱天下。勇及其男女为王、公主者，并可废为庶人。顾惟兆庶，事不获已，兴言及此，良深愧叹！"宣诏毕，薛道衡又传皇上言说："尔之罪恶，人神所弃，欲求不废，其可得耶？"

杨勇初被传入殿中，自以为必死无疑，现只废他为庶人，尚留一条性

命，所以只有感恩的份儿。

　　十一月初三日，杨坚的次子杨广被立为皇太子。

　　一场废立风波终于风平浪静。

兴佛复道

　　废立太子的事情终于办完了，可隋文帝似乎感觉不到胜利的喜悦，他兴奋不起来，心头若有所失，连儿子都反对他，说明这些年的政治清洗是正确的。可是，越清洗敌人越多，而且都是他以前最亲密的战友，这到底是怎么回事？为什么这些人都变了，变得心怀叵测，变得对他不理解而离他远去？他对所有的人都充满疑虑，感到无比孤独寂寞，这种阴郁的心情挥之不去。

　　还是太史令袁充明白杨坚的心意，他不断及时地报告天象，太子杨勇废后，他又上奏："隋兴已后，昼日渐长，开皇元年，冬至之景长一丈二尺七寸二分，自尔渐短，至十七年，短于旧三寸七分。日去极近则景短而日长，去极远则景长而日短。行内道则去极近，行外道则去极远。谨按《元命包》曰：'日月出内道，璇玑得其常。'《京房别对》曰：'太平，日行上道；升平，行次道；霸代，行下道。'伏惟大隋启运，上感乾元，景短日长，振古希有。"

　　袁充的奏章让隋文帝无比快慰，看来凡人不能理解的事自有上天明白，并呈祥瑞以告示人间：时运最是太平上道。隋文帝据此奏章向满朝文武发出指示："景长之庆，天之口也。今太子新立，当须改元，宜取日长之意，以为年号。"

隋文帝另外还有一个心思，明年又是他最迷信的辛酉年，而且是他的本命年，金鸡啼晓，六十华甲，太子新立，万象更始，确实应该好好改个年号，庆祝一番，以驱散阴霾，营造祥和气氛。

前年，他曾对双林寺惠则等沙门写下："尊崇三宝，情深救护。望十方含灵，蒙兹福业，俱登仁寿"。自从建造仁寿宫之后，他越来越喜欢上这座行宫，不仅舒适，名字也起得好。"仁寿"二字，象征着太平盛世，又包含佛教无量寿国的意思，与他晚年的心境十分吻合。于是，隋文帝做出决定，明年改元"仁寿"。

和"开皇"年号相比，"仁寿"颇有功成享福的味道，表明隋文帝锐意进取的远大抱负已经消蚀殆尽，取而代之的是自我陶醉的沉沉暮气。

因此，他特别渴望寻得精神上的满足，以慰藉日益空虚的心灵，这种需要不仅是政治上的，而且还是生理上的。十一月三日举行皇太子杨广继立仪式时，京城刮起大风雪，四处发生地震，以致他内心紧张，难以安宁。后来，袁充上奏昼日变长，顿时使他兴奋起来，特地转告屡有灵验的术士庚季才，希望得到证实。没想到庚季才也变得不识好歹，竟说袁充荒谬，害得隋文帝老大不高兴，当场免其官职，念在他是开国元勋的份儿上，赏他一半俸禄，回家养老去了。现在唯一能让他感到兴奋、觉得充实、获得力量的便是佛教和祥瑞了。

在这种气氛中，颇含宗教祈愿的"仁寿"元年（公元601年）降临了。

元旦朝会，隋文帝隆重宣布改元，大赦天下，任命杨素为尚书左仆射，取代被罢免的高颎；起用苏威复任尚书右仆射；改封杨广长子河南王杨昭为晋王，担任内史令、兼左卫大将军。前几年政治斗争的结果以人事大变动的形式肯定了下来，隋文帝深望这番改组能够巩固高度集权的体

制，并使得朝政焕然一新，尤其是在思想意识形态方面。

十七日，隋文帝专门就战亡将士造墓祭祀问题发布诏书，借题发挥，大谈特谈"君子立身，虽云百行，唯诚与孝，最为其首"，云云。还是开皇初年提倡以孝治国的那一套，丝毫没有新意，所不同者，在于权力的制衡机制失灵了。因此，理论上固然贫乏无力，但更具有强制与威压的气势。

善于揣摩上意的御前文人术士号准了隋文帝这把脉，又纷纷出动，为其灌输君主独裁的意识形态造势助威，掀起一场声势浩大的神化文帝运动，冲在前头摇旗呐喊的是袁充和王劭。

袁充将隋文帝的生平与阴阳律吕排比详参，发现两相合者多达六十余处，赶忙向隋文帝报喜道："皇帝载诞之初，非止神光瑞气，嘉祥应感，至于本命行年，生月生日，并与天地日月、阴阳律吕运转相符，表里合会。此诞圣之异，宝历之元。今与物更新，改年仁寿，岁月日子，还共诞圣之时并同，明合天地之心，得仁寿之理。故知洪基长算，永永无穷。"一席话吹嘘得隋文帝龙颜大悦，厚加赏赐。

袁充的附会本事，比起王劭还颇有不如。王劭不仅能圆梦测字，还擅长诠释图谶，引经据典，巧舌如簧。他把隋文帝生平事迹与道家经书细加对照，诸条道来，竟天衣无缝，仿佛这些经书都是预先为隋文帝而作，以证明其乃天神下凡。例如，《河图皇参持》中有这样几句话："立皇后，翼不格。道终始，德优劣。帝任政，河曲出。协辅嬉，烂可述。"王劭用开皇末年的政治事件来对照，解释为："立皇后、翼不格者，至也，言本立太子以为皇家后嗣，而其辅翼之人不能至于善也。道终始、德优劣者，言前东宫道终而德劣，今皇太子道始而德优也。帝任政、河曲出者，言皇帝亲任政事，而邵州河滨得石图也。协辅嬉、灿可述者，协，合也、嬉，兴也，言群臣合心辅佐，以兴政治，烂然可纪述也。所以于《皇参持》《帝通纪》二篇陈大隋符命者，明皇道帝德，尽在隋也。"说得丝丝入扣，竟无一句多余，叫人岂能不信？

有人在黄凤泉洗澡时，捡到两块白石，觉得纹理颇异，赶忙当作祥瑞呈献邀赏。这两块石头到了王劭手中，顿时点石成金，化腐朽为神奇。他摇头晃脑地指给隋文帝看，那是天神地祇，那是风师雨伯，隋文帝如何端坐南面，而"杨"字正好排在"万年"之前，"隋"字恰巧与"吉"字相并，正是长久吉庆之兆也！说到激动时，他把石纹组成文字，用这些文字作诗二百八十首奏呈。真让隋文帝分不清自己是神还是人。

在上下一片赞颂声中，隋文帝华甲寿辰的隆重庆典已是呼之欲出了。

进入六月，隋文帝做了几件事，一是在三日派遣十六使到各地巡省风俗，访察治绩。二是在十三日宣布废除中央及地方学校，仅保留国子学七十二名学生。看来，隋文帝对迂缓的儒家教育失去了耐心。做完这两件事后，压轴好戏终于登台了，那就是在废学的同一天宣布向全国三十州颁送舍利，表明隋文帝新的治国理念。

其实，此事早就做了精心的准备。此前，隋文帝专门让人造了六座释迦牟尼等身像，安置于释法藏所住寺院。又与其信任有加的高僧昙迁谈到登基前曾有一位天竺僧人送给他一裹舍利，说道："此大觉遗身也，檀越当盛兴显，则来福无疆。"言讫，飘然不见。这明显是与其出生神话中神尼预言他日后登基兴佛一脉相承的故事，但这一次，隋文帝拿出舍利实物为证，并与昙迁共数，数来数去，总是数不清，于是，隋文帝若有所悟，决定派遣三十名高僧前往各州颁赐舍利。显然，此举是与佛教界共同筹划后进行的，其目的不言自明。为了增加送舍利的权威，隋文帝还因舍利大放光明而与皇后及宫女一道用锤子敲击舍利，结果舍利丝毫无损，众以为神。其实，这种锤击舍利以服众的事例，在中国乃至东亚佛教传播中屡见不鲜。因此，仁寿年间的崇佛并非单纯的宗教行为，而是有目的的神化文帝运动。隋文帝寿辰的六月十三日，内史令晋王昭宣读诏书道："朕归依

三宝，重兴圣教，思与四海之内一切人民俱发菩提，共修福业，使当今现在爰及来世永作善因，同登妙果。宜请沙门三十人谙解法相兼堪宣导者，各将侍者二人，并散官各一人，薰陆香一百二十斤，马五匹，分道送舍利往前件诸州起塔；其未注寺者，就有山水寺所起塔依前山；旧无寺者，于当州内清静寺处建立其塔，所司造样送往当州。僧多者三百六十人，其次二百四十人。其次一百二十人，若僧少者，尽见僧，为朕、皇后、太子广、诸王子孙等及内外官人、一切民庶、幽显生灵，各七日行道并忏悔。起行道日打刹，莫问同州异州，任人布施，钱限止十文已下，不得过十文。所施之钱以供营塔，若少不充役正丁及用库物。率土诸州僧尼普为舍利设斋，限十月十五日午时，同下入石函。总管刺史已下、县尉已上，息军机、停常务七日。专检校行道及打刹等事，务尽诚敬，副朕意焉，主者施行。"

根据这道命令，有三十名高僧偕同朝廷官员被派往三十州佛寺颁赐舍利，至于未开列的各州亦须在当地起舍利塔，限十月十五日造毕，全国于当日安放舍利入石塔，各寺僧尼作七日道场，为文帝及皇室宗亲等忏悔，为舍利设斋会，所需费用，由百姓"布施"，不足者由官仓支出。

这三十个州分别是：岐州凤泉寺，雍州仙游寺，嵩州嵩岳寺，泰州岱岳寺，华州思觉寺，衡州衡岳寺，定州恒岳寺，廓州连云岳寺，牟州巨神山寺，吴州会稽山寺，同州大兴国寺，蒲州栖岩寺，苏州虎丘山寺，泾州大兴国寺，并州无量寿寺、隋州、益州、秦州、扬州、郑州、青州、亳州、汝州、瓜州、番州、桂州、交州、相州大慈寺、襄州大兴国寺、蒋州。就其分布而言，遍及全国，甚至远达交州之类边远地区。

实际上，颁赐舍利的范围并不仅限于中国，"高丽、百济、新罗三国使者将还，各请一舍利于本国起塔供养，诏并许之"。与朝鲜三国关系密切的倭国曾于开皇二十年（公元600年）遣使入隋，其后于隋炀帝大业三年再次入隋时，其使者称："闻海西菩萨天子重兴佛法，故遣朝拜，兼沙门数十人来学佛法。"可知隋文帝敬佛，闻名遐迩。

这天，颁赐舍利的仪式进行得庄严肃穆。清晨，隋文帝来到仁寿宫之仁寿殿，从内里捧出盛舍利的七宝箱，缓缓走上大殿，置放于御案。被挑选出来的三十名僧人焚香礼拜，起誓赞颂，取出三十支金瓶琉璃，分别装进舍利，薰陆香为泥，封盖加印，然后启程前往各州。

送舍利使抵达各州之前，家家预先打扫，清除秽物，道俗士女，倾城远迎。使者进入州治，总管刺史率全体官吏夹道先导，四部大众仪容齐肃，打起宝盖幡幢，抬着佛帐佛舆，焚香奏乐，进入庙宇后，沙门宣读忏文，大众齐声发誓："请从今以往，修善断恶，生生世世，常得做大隋臣子！"

起塔之日，隋文帝执铤立于大兴殿西面，迎请佛像及沙门三百六十七人，同唱梵呗，隋文帝焚香礼拜，徐降东廊，亲率文武百官素食斋戒。整个京城停止一切活动，各地政府部门也停止办公七天，同奉法事。实际上，从六月到十月，全国都沉浸在佛教的虔诚气氛中，深深感到佛陀的神圣、皇帝的崇高和作为其子民的无限幸福。于是，人们的精神仿佛得到净化而升华，新的宗教现实世界开始展现，肉身神性的领袖形象深深烙在万民的心头。

仿佛这世界彻底改变，草木含情，山水禀灵，一切都变得具有神性，四面八方传来令人喜悦而肃然起敬的灵验报告。

岐州凤泉寺起塔时，东北二十里忽见文石四段，石函顿生天国图像，佛像放光……

秦州起塔时，雪霁日出，瑞云满天，草木花开；舍利入函之际，神光远照，空中传来梵音，有如赞叹之声……

同州起塔时频有灵验，其后，夜中有五色圆光从塔基遍照城内，明如

白昼……

蒲州起塔时地动山吼，岩上有钟鼓之声，舍利将入函，千人登山参拜，忽有神风自下而起，送众人至山顶佛堂。其后，塔放光明，闪耀夜空，流光中有佛像显现，异香飘溢，十几位妇人手抱的死婴，见光顿然更生，一州病人，照光病愈……

满朝惊异，心悦诚服。安德王杨雄率百官进献《庆舍利感应表》，衷心赞颂："自非至德精诚，道合灵圣，岂能神功妙相，致此奇特！臣等命偶昌年，既睹太平之世，生逢善业，方出尘劳之境，不胜扑跃，谨拜表陈贺。"

如此立竿见影的轰动效应，岂是儒家说教所能比拟的。京城大兴善寺也建起高塔，神圣舍利供奉于尚书都堂，政教相辅相成，如虎添翼。十一月九日，隋文帝把各地上报的符瑞用版文详加记述，祭于南郊，其礼犹如封禅，以敬谢上天。十二月二日，京城举办无遮大会，僧家记下了这一天的盛况："是时天色澄明，气和风静，宝舆幡幢、香花音乐，种种供养，弥遍街衢，道俗士女，不知几千万亿，服章行位，从容有叙。上柱国司空安德王雄已下皆步从至寺，设无遮大会而礼忏焉。有青雀狎于众内，或抽佩刀掷以布施，当入丛而下，都无伤害。"

隋文帝欣然下诏，劝谕官民一体诚心向佛，更宣布再颁舍利于五十三州，令天下普沾法喜。

仁寿二年（公元602年）正月二十三日，送舍利使又上路了，天下百姓再次解囊布施，建立灵塔，并于四月八日佛诞节同时安置舍利。又是停止公务、夹道欢迎，又是颂声四起、灵验频现，传说更加神奇，圣迹更加绚丽，地方呈报的祥瑞长篇累牍，绘声绘色，却已是老生常谈，了无新意。

然而，这些都没有关系，教化贵在持之以恒，所以故事还得延续下去。

翌年五月，隋文帝下诏："哀哀父母，生我劬劳，欲报之德，昊天罔极。但风树不静，严敬莫追，霜露既降，感思空切。六月十三日，是朕生日，宜令海内为武元皇帝、元明皇后断屠。"到了六月，他又专门为服丧一事下诏，实行重丧制度。儒家学说已被他完全割裂，只剩下一根孝骨，硕大无朋，用以支撑流光闪烁的神像。到底是神的威力不足而需要世俗专制的支持，还是皇帝的神性不够而需要将专制主义神化，没有人清楚，也没有人想去弄明白。

仁寿四年（公元604年），隋文帝感到从未有过的疲倦。晚年与亲子大臣没完没了的斗争，耗尽了他的全部心血。尽管如此，他还是眷恋这个世界，还想通过佛事来挽住生命的流逝，为自己营造更多的福田。他再次下诏："朕已分布远近，皆起灵塔，其间诸州犹有未遍。今更请大德，奉送舍利，各往诸州，依前造塔……三十余州，一时同送。"根据诏令，全国再度掀起建寺起塔的狂潮，迎送使者，报告神迹……那个单调的旋律不知道还要重复多少次。

从改元仁寿以来，隋文帝动员全国，投入巨大的人力物力，进行大规模的崇佛运动，短短的三年左右时间，全国指定修建的寺塔达一百一十余处，而未加载明者也不在少数。无论从经济还是精神层面，如此广泛地动员民众，实为隋朝开国以来所未曾有过。显然，开皇后期以来屡兴大狱的强烈政治震撼，使得隋文帝深切感到必须粉饰太平以制造繁荣和谐的表象，而对儒学的失望又驱使他改弦更张，企图用宗教的狂热与迷信来大规模贯彻君主专制的意识形态，作为重新凝聚社会的精神力量，再造社会。

这一切，并不表明隋文帝的统治将趋于和缓。相反，激起宗教精神的亢奋是为了加强政治的统制，就在殷勤礼佛的仁寿二年（公元602年），又发生了蜀王杨秀事件，权力斗争与宗教崇拜双重变奏，交相升调，越发昂扬激进。由此造成强烈的刺激作用，对已成孤家寡人的隋文帝是莫大的精神慰藉，与人的对话已是曲高和寡，那就只能转向与神灵对话，这大概

是众多独裁者内心孤独的悲哀。

当然，隋文帝最大限度地集权的目的并不一定都是自私自利的，客观地说，隋文帝始终保持着强国的梦想和对社会的关怀，他要按照自己的意志去塑造社会。然而，此时他胸中的蓝图是在晚年偏执与脱离社会的状态下构想出来的，主观想象与客观现实的巨大隔膜，使得改造社会的努力反而对社会产生负面作用。这些，隋文帝也许不知道，也不想真正知道。他衷心祈愿也真诚相信轰轰烈烈的崇佛运动会给他以及他所领导的国家带来"仁寿"好运。

忧郁离世

劳民伤财的颁赐舍利似乎并没有给隋文帝带来预期的安定祥和，反而因此加重了百姓的负担，在统治力相对薄弱的地区，民众再度揭竿而起。

仁寿元年（公元601年），资州（今四川资中北）山僚起来造反，朝廷急调卫尉少卿卫玄出任资州刺史，负责镇压。卫玄赶到任上，正逢僚人围攻大牢镇，他单骑闯入僚人大营，大声喊话招抚道："我是刺史，衔天子诏，安养汝等，勿惊惧也！"僚人一时被他的勇敢行动惊呆了。卫玄抓住稍纵即逝的时机，晓以利害，渠帅深受感动，解围而去。在卫玄妥善招抚下，僚人前后有十余万人前来归附。在专制高压的时代，卫玄的做法引人注目，隋文帝闻报大喜，赐卫玄缣二千匹，升任遂州（今四川遂宁）总管。看来，治理国家还是要多问苍生，少问鬼神。

与资州相邻的嘉州（今四川乐山）也爆发夷、僚的反抗，其规模还不小，故朝廷派遣著名老将元褒率步骑二万前往镇压。

然而，西南地区少数民族的反抗斗争还在进一步蔓延，史称仁寿初，西南夷、僚多叛，波及面颇广，以致隋文帝专门将其心腹将领郭荣调来，领八州诸军事行军总管，率兵征讨。郭荣用一年多时间，费了好大气力才勉强平定。

一波未平，一波又起。岭南潮（今广东潮安）、成（今广东封开东南贺江口）等五州僚人也起来造反，高州酋长冯盎驰入京师告变，请发兵讨之。隋文帝让杨素与冯盎讨论岭南形势，冯盎比划指陈，深合兵机，杨素感叹道："不意蛮夷中有如是人！"于是，朝廷决定发江南、岭表之兵，由冯盎讨平之。

翌年，南方的形势似乎更加不稳，一批能员大吏被派往南方，如邢州刺史侯莫陈颖调任桂州总管，宗正卿杨文纪出任荆州总管，齐州刺史张衡也调任潭州总管等。

到了年底，交州（今越南河内）俚帅李佛子还是掀起了一场规模不小的反叛，占据骆越王故城，并遣其侄子大权据龙编城、别帅李普鼎据乌延城。朝廷商讨对策，杨素推荐瓜州刺史刘方有将帅之略，于是被任命为交州道行军总管，率二十七营军众前往镇压。刘方于都隆岭击破李部一股，进逼李佛子大营，遣使招谕，李佛子畏惧出降，被送往京城。刘方担心其余头目日后再起，斩其桀黠者以徇众。

刘方平定交州的消息传入京城，朝中一些人趁机向隋文帝进言，称林邑国（今越南南部）多产奇珍异宝，鼓动隋文帝乘胜取之。林邑自隋平陈后入朝以来，中断朝贡已有多年，隋文帝正感不悦，被臣下一说，顿时动心，遂任命刘方为罐州道行军总管，尚书右丞李纲为司马，率钦州（今广西钦州东北钦江西北岸）刺史宁长真、罐州（今越南义安省荣市）刺史

李晷和开府秦雄等步骑万余，并罪犯从军者数千人经略林邑。刘方分兵两路，水陆并进，从仁寿末年一直转战到隋炀帝大业元年（公元605年），才攻破林邑都城，获其庙主金人十八枚，刻石纪功而还。为了满足隋文帝晚年的成就感，将近半数的远征将士葬身丛林，连统帅刘方也在归途上染疾而逝。

地方上的民变固然反映出社会关系的紧张，但还不足以构成国家的心头大患。更堪忧虑的是高度集权加剧了官吏的腐败，逾制违法行为日趋普遍，文帝发明的杖打下级的做法，使得权力更加恐怖可憎，也使得上级官僚越发横行傲慢。

在中央，如杨素一族"并为尚书、列卿，诸子无汗马之劳，位至柱国、刺史；广营资产，自京师及诸方都会处，邸店、碾硙、便利田宅，不可胜数；家僮千数，后庭妓妾曳绮罗者以千数；第宅华侈，制拟宫禁；亲故吏布列清显。既废一太子及一王，威权愈盛。朝臣有违忤者，或至诛夷；有附会及亲戚，虽无才用，必加进擢；朝廷靡然，莫不畏附"。

隋文帝晚年伴随身边执掌机要的女婿柳述"虽职务修理，为当时所称，然不达大体，暴于驭下，又怙宠骄豪，无所降屈"。有一次，文帝问符玺直长韦云起："外间有不便事，汝可言之。"韦云起望着立于帝侧的柳述，应声奏道："柳述骄豪，未尝经事，兵机要重，非其所堪，徒以公主之婿，遂居要职。臣恐物议以陛下官不择贤，滥以天秩加于私爱，斯亦不便之大者。"此二例可以说是隋文帝晚年重用的大臣的代表，由此可见当时朝政的基本状况。

上行下效，地方吏治亦足堪忧。仁寿三年（公元603年）八月，文帝将幽州总管燕荣赐死。燕荣是隋朝有名的酷吏，本来就以打人为乐趣，自从隋文帝授权上级可以杖打部下后，他越发凶狠，看左右不顺眼，抓来便打。外出巡视时，专门察看道旁荆棘，发现枝条粗实者，立刻取来做成刑

具，在部下身上试用。元弘嗣同样是有名的酷吏，隋文帝不知突发什么奇想，任命元弘嗣为燕荣的副手，让他俩凑在一块。这玩笑开得元弘嗣浑身哆嗦，隋文帝却安慰他大胆赴任，并敕令燕荣凡杖打元弘嗣超过十下，必须奏闻。燕荣接旨大怒，以为被元弘嗣捉弄，决意报复。所以，他有意让元弘嗣看管仓库，只要在仓粟中发现一糠一秕，便笞杖一通，每次虽然不满十下，可一天要打好几次，被整整折磨了几年。燕荣玩够了，干脆把元弘嗣关进监狱，不给他送饭，打算将他饿死了事。元弘嗣的妻子看大事不妙，赶紧到京城叩阙称冤。隋文帝派人调查，燕荣果然不遵圣旨，而且贪赃狼藉，因此被赐死。

元弘嗣从大牢放出来后，独当一面，其苛酷更甚于燕荣，笞杖犹嫌不足，更发明鼻孔灌醋等，花样百出，号称"能吏"。

集权专制迅速滋长着腐败，对此，隋文帝似乎有点力不从心了，或许他也不想多管。在集权与腐败问题上，他恐怕是矛盾的，既然要集权，便只好把腐败作为必要的代价；但他也不愿意看到腐败不受制约，所以有时也会处理个别典型案件。从根本上说，他更不能容许的是至高无上的皇权受到侵害。

据说，当时河汾名儒王通（文中子）曾拜谒隋文帝，谈论治国之道，并将潜心研究的《太平十二策》进呈，隋文帝虽然夸奖了几句，但毫无采纳之意，王通扫兴而归。

据唐人杜淹所撰《文中子世家》

隋代铜护法狮

称，王通在河东聚徒讲学，门人包括李靖、魏徵、温大雅、杜淹、窦威、薛收、陈叔达等，为唐初一代将相俊杰，足可惊人。

《太平十二策》失传，据杜淹介绍，内容包括"推帝皇之道，杂王霸之略，稽之于今，验之于古，恢恢乎若运天下于掌上矣"。王通自己也曾对门人董常说过："有天道焉，有地道焉，有人道焉，此其禀也。"对薛收讲道："故十二策何先？必先正始者也。"似乎内容颇杂，天文、地理、人事无所不包，这种著作恐怕不是不甚悦学又耽迷于佛教的文帝所喜闻乐见的。王通曾对弟子说："无赦之国，其刑必平；重敛之国，其财必削；闻谤而怒者，谗之囮也；见誉而喜者，佞之媒也。绝囮去媒，谗佞远矣。"其见解与文帝的思想乃至时政的格格不入，显而易见。隋文帝拒绝王通轻徭薄赋、清明政治的主张，表明他坚持专制独裁的立场。

居功自傲和集权政治确已把隋文帝腐蚀得面目全非了，人们已经很难希望他能再度振作起来。而且，岁月的流逝和身体的衰老，无论在生理或者心理上，也都使他越发僵化。所以，仁寿年间，从表面上看是佛教活动好不热闹，可内里却是腐蚀的加速、帝国的停滞和精神的颓废。

隋文帝已是疲倦思归了。此时，疾病和死亡的问题突然如此清晰而无情地显现在他面前。在他励精图治的时候，这些问题仿佛不曾存在，而当他停顿下来打算好好享受的时候，死亡的阴影却不知从何处蓦然闪现，尤其是在他害怕眼前的利益受到损害乃至丧失的时候。为私利而进行的权力斗争不仅是最无情、最没有原则，而且也是最疯狂、最残忍也最伤身体的，就算取得胜利也是伤痕累累。当尘埃落定时，首先要面对的也许就是疾病与死亡，新的打击接踵而至。

从开皇后期以来，隋文帝夫妇已经离不开舒适的仁寿宫了，也许他们自己未曾注意到，几乎每年开春，他们总要到仁寿宫来。我们从开皇十七年（公元597年）起略作回顾，是年正月一过，他们就动身前往仁寿宫，一直住到秋高气爽的九月才回到京城；翌年同样也是从二月住到九月；而开皇十九年（公元599年）二月到仁寿宫后，干脆一直居住到翌年九月；只有仁寿元年未见前往仁寿宫的记载。可是，仁寿二年三月，文帝夫妇又动身到仁寿宫去了。

从仁寿官遥控朝政固然是后期政治紊乱的一个表现，但同时也预示着隋文帝夫妇精神体力的衰老。从隋文帝在仁寿宫发生粉红色事件之后，独孤皇后内心受到强烈的打击，不仅有对亲人背叛的愤怒，更有年老色衰的刻骨悲伤。由愤怒激起的报复心理虽然支撑她继续斗争了几年，然而，当敌人被打倒之后，孤寂失落的感觉便经常萦绕心头。当一个女人觉得自己年老而失去爱情的时候，属于她的那一片天也就随之坍塌。虽然隋文帝经常陪伴在身旁，但宫女们还是明显地感觉到独孤皇后"自此意颇衰折"。

仁寿二年（公元602年），来到仁寿宫后，独孤皇后就感到身体不适。精神失落引起的身体萎靡，让太医们束手无策。独孤皇后一天天衰弱下去，到八月，病情陡然加重，史官记录下十九日"月晕四重"，二十四日"太白犯轩辕"，太医回天无术才会干望星空，由此得到天意的解释。这天夜里，独孤皇后走完了五十九年的人生历程。

独孤皇后逝世对隋文帝是莫大的打击，晚年失去一道生活了四十余年的生活伴侣，政治上失去了风雨同舟的战友，尤其是在隋文帝疏远了所有的朝臣而家庭又惨剧迭生的时候，上天又夺去他唯一能够信赖的对话者，难道真的要把他变成彻底的孤家寡人？满腹心思，一腔哀愁，何处话凄凉！

只有王劭最善解人意，他赶出一篇奏文，婉转开导隋文帝说："佛说人应生天上，及上品上生无量寿国之时，天佛放大光明，以香花妓乐来迎之。如来以明星出时入涅槃。伏惟大行皇后圣德仁慈，福善祯符，备诸秘记，皆云是妙善菩萨。臣谨案：八月二十二日，仁寿宫内再雨金银之

花。二十三日，大宝殿后夜有神光。二十四日卯时，永安宫北有自然种种
音乐，震满虚空。至夜五更中，奄然如寐，便即升遐，与经文所说，事皆
符验。臣又以愚意思之，皇后迁化，不在仁寿、大兴宫者，盖避至尊常居
正处也。在永安宫者，象京师之永安门，平生所出入也。后升遐后二日，
苑内夜有钟声三百余处，此则生天之应显然也。"王劭究竟是王劭，他总
能感应到凡人无从听闻的神迹，把独孤皇后去世的情景说得活灵活现，简
直就与释迦牟尼涅槃没有分别，与佛经描绘的往生佛国完全吻合。转眼之
间，就把丧事说成喜事，证明了隋文帝夫妇的神性。

王劭的一通说辞，果然让隋文帝破涕转喜，赶忙召杨素依礼厚葬独
孤皇后。

然而，开皇年间修定的礼典没有丧礼的仪注，如何筹办丧事，杨素心
中无数，据实禀报。隋文帝早就想补充修订《开皇礼》，便于闰十月十日
命杨素与诸术士刊定阴阳舛谬。五天后，又诏令尚书左仆射杨素、尚书右
仆射苏威、吏部尚书牛弘、内史侍郎薛道衡、秘书丞许善心、内史舍人虞
世基、著作郎王劭七人负责修订五礼。这样，修订《开皇礼》便不是个别
规定的补充，而是比较全面的修订，且由朝廷主要大臣领衔，使之更具权
威。对于修订的指导思想，文帝在诏令中明确说道："正父子君臣之序，
明婚姻丧纪之节。故道德仁义，非礼不成，安上治人，莫善于礼。"主要
修订的范围是郊祭和五服方面的仪节。

杨素素来敬重牛弘，领命修礼后，便把重任交给牛弘，说道："公旧
学，时贤所仰，今日之事，决在于公。"牛弘一诺无辞，他又找来刘焯、
刘炫、李百药、崔子发等诸儒商讨，很快就以《齐礼》为底本修订完成，
杨素审阅后，感叹道："衣冠礼乐尽在此矣，非吾所及也！"

朝臣主持的修礼，仍是儒家"旧学"，似乎没有吸收什么术士的东
西，基本上沿续开皇年间以北齐为主，兼采南北诸说的原则，这一点颇有

意思。

仪注完成后，隋文帝又找来术士萧吉为独孤皇后卜择葬地。太子杨广闻讯，急忙派遣宇文述前去致意，请萧吉选一块能佑其早日登基的风水宝地，萧吉自然乐于效劳。实际上，独孤皇后的死预示着一个时代的终结，隋文帝已是折翼的大鹏，野心家已经在悄悄地为他安排后事了。不过，从其晚年的所作所为来看，他的使命就剩下给其时代落下帷幕罢了。

二十八日，独孤皇后安葬于太陵那块萧吉选定的墓地上。隋文帝不顾萧吉的反对，亲自出席葬礼，并坚持来到灵园。他心里空荡荡的，一直想找寻失落的东西……

回来后，隋文帝下诏褒奖杨素道："杨素经营葬事，勤求吉地，论素此心，事极诚孝，岂与夫平戎定寇比其功业！"看来，隋文帝完全被人蒙在鼓里，他越自作聪明，越努力寻找，就越找不回心中的失落。

仁寿三年（公元603年），这一年似乎过得相当平静，史书上也没有见到文帝前往仁寿宫的记载，夫妇双飞双栖的情景已成往事。

上半年，隋文帝似乎还没从独孤皇后逝世的阴影中挣脱出来，没有留下多少处理政务的记载。相反，他把更多的精力放在后宫生活上。

隋文帝越来越喜爱宣华夫人陈氏和容华夫人蔡氏。

宣华夫人陈氏是陈宣帝的女儿，姿貌无双。陈朝灭亡后，配入掖庭，后来又被选入后宫为嫔。经过这样一段辛酸的经历，陈氏磨炼得善解人意，十分讨人喜欢。所以，在独孤皇后严密控制后宫的时候，她能够得到独孤皇后的青睐，服侍隋文帝。后来，在晋王杨广谋篡太子时，她见风使舵，收取晋王杨广的珍宝贿赂，推波助澜，促成太子杨勇垮台，因此更加受宠。独孤皇后去世后，她进位为贵人，专擅房宠，主宰后宫。

容华夫人蔡氏也是江南人，生长在丹阳，陈朝灭亡后被选入后宫，充任世妇。她仪容婉丽，早就被隋文帝看中，只是碍于独孤皇后，故罕见宠

幸。独孤皇后死后，隋文帝得到解放，压抑心头的欲火喷发出来，蔡氏颇为得宠，被封为贵人，协助宣华夫人处理宫掖事务。

有一段时间，隋文帝在两位如花似玉的贵人围绕下，心中的苦楚暂时得以宣泄，不由得沉浸在温柔乡中。可是，每当兴奋过后，他又重新感到空虚寂寥，苦苦追寻的东西，每每在仿佛找着的时候化为泡影。于是，他又再去追求，反复不已，精神的苦闷没能解脱，身体已是虚弱不堪。

其实，隋文帝在百花丛中寻寻觅觅的是独孤皇后的影子，可是，没有一个女人能够填补独孤皇后逝世留下的巨大空白。因此，也就没有一位女人能够满足隋文帝的需求。遗憾的是，隋文帝直到病入膏肓时才明白过来，不无悔恨地说道："使皇后在，吾不及此。"然而，一切都太晚了。

到了七月，隋文帝似乎想重新振作一番，二十七日，他颁布了一道长长的诏令，讲述一通用人的道理之后，向全国求贤道："其令州县搜扬贤哲，皆取明知今古，通识治乱，究政教之本，达礼乐之源。不限多少，不得不举。限以三旬，成令进路。征召将送，必须以礼。"

经过几次牵涉颇广的政治清洗，而且，建国至今也已二十多年，当年任用的官吏也都进入老境，确实到了吐故纳新、更替换代的时候了。看来，隋文帝的头脑依然清醒，至少还保持着政治家的敏锐。

可是，除此之外，就是设置常平官、赈恤河南水灾和人事变更等日常事务，再没有什么新的举措，这一年就这样送走了。

仁寿四年（公元604年）正月，隋文帝宣布大赦。此后，他开始准备再度前往仁寿宫。术士章太翼闻讯，力加劝阻，至于再三，隋文帝坚持不纳，章太翼直言道："臣愚岂敢饰词，但恐是行銮舆不反。"隋文帝大怒，把章太翼抓进牢房，准备从仁寿宫回来，证明章太翼所言虚妄后，将他斩首示众。

二十七日，隋文帝动身来到仁寿宫。次日，他下诏将国家大小政务都交由皇太子处理。这种诏令，以前从未有过，仿佛透露着不祥的气氛。果然，到了四月，隋文帝病重的消息传了出来，尚书左仆射杨素、兵部尚书柳述和黄门侍郎元岩等人入阁侍疾，皇太子杨广入居大宝殿。

这期间，仁寿宫内发生了一系列事情，令后人议论纷纷。

据说，皇太子杨广和宣华夫人陈氏一起侍候文帝，天亮时，陈氏外出更衣，遭杨广非礼，力拒得免，回到隋文帝床前，隋文帝见其衣冠不整，神色有异，问其缘故，陈氏泣诉太子无礼，隋文帝怒不可遏，深责独孤皇后误事，骂道："畜生何足付大事，独孤诚误我！"急令柳述和元岩道："召我儿！"柳述和元岩以为要召杨广，隋文帝急忙纠正道："勇也。"也就是说，隋文帝要废黜杨广，重立杨勇为太子。于是，柳述和元岩出阁起草敕令，让杨素过目。杨素火速将消息转告杨广，杨广立即派遣张衡入寝殿侍候隋文帝，同时，撤换宫中卫士，矫诏将柳述和元岩逮捕入狱，把宣华夫人及宫女一概逐出，俄顷，隋文帝驾崩。宣华夫人与宫人相顾失色，嗫嚅道："事变矣！"

隋炀帝把好端端一个国家搞垮掉，故唐朝君臣以他为鉴，将他的劣迹披露得淋漓尽致，而文人墨客更是加油添醋，描绘得煞有介事，有如亲眼所见一般。赵毅所著《大业略记》称，炀帝"召左仆射杨素、左庶子张衡进毒药。帝简骁健官奴三十人皆服妇人之服，衣下置杖，立于门巷之间，以为之卫。素等既入，而高祖暴崩"。马总的《通历》讲得更加确切，说杨素"乃屏左右，令张衡入拉帝，血溅屏风，冤痛之声闻于外，崩"。

隋炀帝由于政治上的失误而导致隋朝灭亡，小说家却将此理解为好色巡游所致，对隋炀帝个人进行最大限度的丑化，并随时代的推移而愈演愈烈，以至于影响到学术界，甚至采传闻入史，硬要将隋炀帝弑父考为史实。其实，这些"考证"，宋代历史学家司马光已经作过，他当时拥有的史料笔记，远比今日丰富，排比之后，他写下"今从《隋书》"寥寥数

字，做出最清楚的结论。

　　且看《隋书·高祖纪》对隋文帝逝世的记载。四月，文帝不幸在仁寿宫病倒。到了六月六日，朝廷宣布大赦天下。显然，隋文帝病重，故以大赦为他祈福。而且，当时记录下的天象称："有星入月中，数日而退。"含蓄地表明隋文帝病情严重。七月一日，"日青无光，八日乃复"，说明隋文帝已经病笃无望了。果然，到十日，"上以疾甚，卧于仁寿宫，与百僚辞诀，并握手欷歔"。三天后，也就是十三日，文帝崩于大宝殿，时年六十四岁。

　　《隋书》的记载清楚无误，隋文帝自四月生病以来，病势日渐加重，以至于从仁寿元年（公元601年）以来每年文帝诞辰（六月十三日）都要进行的佛事活动也不得不停止。而自此至七月十三日逝世的数十天，御医显然尽了最大的努力才使得隋文帝的寿命得以延长。显然，从隋文帝病重到逝世这段时间里，太子杨广一直和宣华夫人一道服侍隋文帝，相安无事。如果曾经发生强暴未遂事件，则必定发生在隋文帝与百官辞别之后，也就是在七月十日以后，此时，隋文帝已在苟延残喘，而杨广强抑色欲数月，竟在最后一刻功亏一篑，真是可惜。

　　其实，宣华夫人早就与杨广关系紧密，甚至为他充当内应，陷害前太子杨勇。如果说他们两人有私情的话，也没有什么好奇怪的。在那个时代，胡俗中弟娶兄嫂、子承父妾是十分正常的事，隋唐两代起自塞上，祖上数代与胡人通婚，皇室内部婚姻关系甚乱，早就习以为常。将宣华夫人描绘得如何坚贞不屈，那是小说家的专长。实际上，隋文帝一死，另一位容华夫人就自告奋勇，请求面见隋炀帝，有事相告，于是，两人颇效鱼水之欢，胶漆相投。

　　如果说隋文帝临终前发现太子与宣华夫人有私，那倒是十分可能的。但要重新改立太子一事，又成了另一桩疑案。当年废黜杨勇，隋文帝费了

九牛二虎之力，甚至对高颎等朝臣发动政治清洗，其负面影响一直无法消除。而此时，杨广与杨素已经控制朝政，羽翼丰满，这种局面不是躺在病床上进气少、出气多的隋文帝所能改变的，如后述，隋文帝至死都是清醒的，因此，他对眼前的丑事感到愤怒，自可理解。关键的是身边的柳述和元岩很可能利用此事大做文章。

柳述是隋文帝的女婿，十分得宠，晚年跟随隋文帝左右，成为沟通宫省之间的桥梁。但他没有什么功勋，又恃宠傲慢，欺凌朝臣，引来不少反感。重要的是，他看不惯杨素跋扈，每凌辱之，并在隋文帝前揭杨素之短，促使文帝对杨素颇起戒心。故柳述与杨素势同水火。在隋文帝发现太子的丑事时，在场的是柳述和元岩，他们正好是太子与杨素的对立派，趁势火上加油，力劝隋文帝废黜杨广，重立杨勇，试图夺取朝政。因此，所谓废立太子的斗争，实际上是杨广、杨素一方与隋文帝宠臣柳述一方的权力之争。

但是，双方的实力实在悬殊，柳述不过是狐假虎威，哪里是杨广的对手。杨广迅速调来东宫卫士，在宇文述和郭衍率领下，控制了仁寿宫，逮捕柳述和元岩，撤换所有禁卫。至此，杨广已经完全控制了局面，清除了对手，隋文帝的话连寝宫都传不出去。这下子他完全可以放心地服侍危在旦夕的父亲，为其尽孝，不至于蠢到冒天下之大不韪去杀害父亲。事实上，如上面所引，说隋炀帝杀害其父的诸说，有说是杨素进的毒，有说是张衡下的手，即使按其所说，无论是毒杀还是绞杀，都不至于"血溅屏风，冤痛之声闻于外"。也许过于离谱的描述反倒显得生动逼真。

实际上，就是以隋为鉴的唐太宗君臣，也没有一人指控隋炀帝弑父。当年，如火如荼的隋末大起义，成千上万的民众揭竿而起，不少隋朝官僚也趁势反叛，在全国上下一派声讨隋炀帝的声浪中，竟然没有一人揭露隋炀帝弑父这一富有鼓动力的罪行，可知当时并没有隋炀帝弑父之说。

而且，被后人指控为杀害隋文帝的凶手张衡，史书称他"幼怀志尚，有骨鲠之风"，他为隋炀帝出谋划策，夺得太子之位。隋炀帝上台后，打算建造汾阳宫，他进谏道："比年劳役繁多，百姓疲敝，伏愿留神，稍加折损。"结果招致炀帝疏忌，后因谤讪朝政而被赐死于家。唐高祖李渊"以死非其罪，赠大将军、南阳郡公，谥曰忠"。如果张衡果真是弑君凶手，那么，唐高祖决不会为他平反，更不会给他"忠"的谥号，因为这是国家赖以维持的伦理道德问题，绝不容有丝毫的含糊。

从其他记载来看，隋文帝病势加重后，太子杨广就开始进行防范万一的准备。这本来是正常而且应该的事情，但偏偏出了差错。太子杨广手书信函给杨素，征询他对隋文帝后事的意见，杨素将外间安排情况回禀，没想到宫人竟然误送给隋文帝，加上宣华夫人的事，这才激起隋文帝发怒，演出杨素调兵入宫的一幕。碰巧隋文帝在当天病逝，"由是颇有异论"，给后人留下广阔的想象余地。

发生这些事情，隋文帝当然满心凄楚，但他并没有糊涂。在病榻上，往事历历在脑海里浮现，他清楚地记得来仁寿宫前卢太冀的再三谏阻，后悔莫及，他甚至记得卢太冀本姓章仇，自己真不该将他抓进监狱。于是，他唤太子杨广到床前，交代说："章仇冀，非常人也，前后言事，未尝不中。吾来日道当不反，今果至此，尔宜释之。"

隋文帝最怀念的还是独孤皇后，看来，相会的日子在即，他把当年建筑皇后山陵的何稠也叫到跟前，嘱托道："汝既曾葬皇后，今我方死，宜好安置。属此何益，但不能忘怀耳。魂其有知，当相见于地下。"尔后，他搂着太子广的脖子叮嘱道："何稠用心，我付以后事，动静当共平章。"

做完一系列后事交代之后，隋文帝与世长辞，留下著名的遗诏。

嗟乎！自昔晋室播迁，天下丧乱，四海不一，以至周、齐，战争相寻，年将三百。故割疆土者非一所，称帝王者非一人，书轨不同，生人涂炭。上天降鉴，爰命于朕，用登大位，岂关人力！故得拨乱反正，偃武修文，天下大同，声教远被，此又是天意欲宁区夏。所以昧旦临朝，不敢逸豫，一日万机，留心亲览，晦明寒暑，不惮劬劳，匪日朕躬，盖为百姓故也。王公卿士，每日阙庭，刺史以下，三时朝集，何尝不罄竭心府，诚敕殷勤。义乃君臣，情兼父子。庶藉百僚智力，万国欢心，欲令率土之人，永得安乐，不谓通疾弥留，至于大渐。此乃人生常分，何足言及。但四海百姓，衣食不丰，教化政刑，犹未尽善，兴言念此，唯以留恨。朕今年逾六十，不复称夭，但筋力精神，一时劳竭。如此之事，本非为身，止欲安养百姓，所以致此。

人生子孙，谁不爱念，既为天下，事须割情。勇及秀等，并怀悖恶，既知无臣子之心，所以废黜。古人有言："知臣莫若于君，知子莫若于父。"若令勇、秀得志，共治家国，必当戮辱遍于公卿，酷毒流于人庶。今恶子孙已为百姓黜屏，好子孙足堪负荷大业。此虽朕家事，理不容隐，前对文武侍卫，具已论述。皇太子广，地居上嗣，仁孝著闻，以其行业，堪成朕志。但令内外群官，同心戮力，以此共治天下，朕虽瞑目，何所复恨。

但国家事大，不可限以常礼。既葬公除，行之自昔，今宜遵用，不劳改定。凶礼所须，才令周事。务从节俭，不得劳人。诸州总管、刺史已下，宜各率其职，不须奔赴。自古哲王，因人作法，前帝后帝，沿革随时。律令格式，或有不便于事者，宜依前敕修改，务当政要。呜呼，敬之哉！无坠朕命！

病中反思，隋文帝深以"四海百姓，衣食不丰，教化政刑，犹未尽善"为恨，一再交代后继者要安养百姓，"务从节俭，不得劳人"。或许，隋文帝已经意识到经过革新整顿，国家制度基本建立之后，当务之急

是与民休息。遗憾的是这一思想体会得太晚了，其后继者正跃跃欲试，力图再创更加宏伟的事业。

身后之事，不是隋文帝所能左右，或许也不是他所能料及的。

隋文帝死后，杨广秘不发丧。正好伊州刺史杨约到仁寿宫入朝，杨广急令他和郭衍赶回京城，撤换留守者，矫称隋文帝诏令，缢杀杨勇，控制住京城后，陈兵集众，发布隋文帝讣文。

二十一日，在仁寿宫为隋文帝发丧，杨广于灵前即位。

八月三日，隋炀帝扶隋文帝灵柩回到京城，十二日，在皇宫正殿大兴前殿为隋文帝举行隆重的殡仪，同时将柳述和元岩除名，发配边疆。还命令兰陵公主与柳述离异，公主誓死不从，再不朝谒，夫妻双双幽愤而死。

骨肉相残的悲剧还要继续演出最后一幕。隋文帝晚年宠爱小儿子汉王杨谅，他坐镇并州，统领山东五十二州，特许他可以不按律令，便宜从事。无原则的宠爱恰恰在无形中坑害了子女。汉王杨谅自以为居于天下精兵之处，野心陡长，杨勇和杨秀被废黜之后，他便阴蓄异图，招集亡命，豢养士卒。隋文帝死后，隋炀帝让车骑将军屈突通带着伪造的隋文帝玺书征召汉王杨谅入朝。汉王杨谅一看玺书上没有隋文帝与他秘密约定的暗号，知道发生变故，立即起兵造反。以个人私利挑起的内战，得不到民众的支持与响应，很快就被杨素统率的大军所镇压。汉王杨谅兵败被擒，除名绝籍，幽禁而死。隋文帝引以为豪的五个儿子，四个废黜于骨肉相残之中。

十月十六日，隋文帝被安葬于太陵。庙号高祖。根据他的遗愿，和独孤皇后合葬在一起，异穴同坟。

后来，隋炀帝还专门举办无遮大会，剃度善男信女一百二十人，"奉为文皇帝敬造金铜释迦坐像一躯，通光趺七尺二寸，未及庄严，而顶凝绀翠，体耀紫光，放大光明，照映堂宇，既感通于嘉瑞。敕诸郡各图写焉"。

隋文帝的遗诏虽然没有得到隋炀帝的遵循，但他的忧国忧民之情溢于言表，广为传扬。日本史家将它略加删改，作为其古代伟人雄略天皇的遗诏记载于《日本书纪》，此例已经充分显示出隋文帝及其王朝在世界上的巨大影响。

隋文帝留下的政治遗产是巨大的，唐朝史臣评论他说："自强不息，朝夕孜孜，人庶殷繁，帑藏充实，虽未能臻于至治，亦足称近代之良主。然天性沉猜，素无学术，好为小数，不达大体，故忠臣义士莫得尽心竭辞。其草创元勋及有功诸将，诛夷罪退，罕有存者。又不悦诗书，废除学校，唯妇言是用，废黜诸子。逮于暮年。持法尤峻，喜怒不常，过于杀戮。"

唐人的评价影响深远，后人所论，大同小异。清人王夫之从制度沿革考察隋文帝的贡献，指出："隋一天下，蠲索虏鲜卑之虐，以启唐二百余年承平之运，非苟而已也；盖有人焉，足以与于先王之德政，而惜其不能大用也。隋无德而有政，故不能守天下而固可一天下。以立法而施及唐、宋，盖隋亡而法不亡也。"

隋文帝统治的前后期反差实在是太大了。如果能够假设，那么，隋文帝若死于平陈之后不久，他将无比辉煌。然而，这种渴望完人的假设没有什么实际意义。相反，隋文帝前后期的反差，给我们更多的启迪。冲破功利主义与价值判断的局限，深入研究隋文帝的一生，必将多有收获。而隋文帝的历史意义及历史地位，也将显现得更加清晰完整。

隋文帝是中国历史上的著名人物，他的名字和他所创建的皇朝在中国历史的座标系上都具有显赫的位置。

隋文帝也是世界历史上的著名人物。一位名叫麦克·哈特的美国人写了一本书，书名是《人类百位名人排座次》，一共收集了一百位世界名

人，杨坚的名字在第八十二位。

隋文帝是因为他的帝业出名的，他对历史的贡献主要也是称帝以后做出的。因此我们对这样一位中外名人主要也是作为一个皇帝加以评价。

他是一位功不可没、划时代的皇帝。

他所生活的时代，是中国历史上第二次民族融合已达到炉火纯青的时代，经过四百多年的交往与碰撞，中原汉族与周边民族磨掉了对立的棱角，扩大了接触面。共同的政治、经济、文化生活，把他们紧紧地联系在一起。

他所生活的时代，是中国再一次大一统的条件已经基本成熟的年代。经过四百来年的分裂、割据、南北对峙，南北双方不仅日益加强着政治、经济的联系，而且在形成不同特点的基础上，进一步趋向于心理的、文化的认同。

隋文帝是这个时代的骄子，他顺应了这个时代的要求，结束了长达近四百年的分裂，建立起强大的、统一的隋帝国。隋朝建立以后，直到宋、金、元对峙以前，中国基本上没有出现长时期的分裂（唐以后的五代十国仅有五十多年的历史），并出现了在其后的封建社会的又一个高峰——唐朝。这说明中国封建社会进入成熟期。他正是站在封建社会幼稚与成熟之间的一代君主。

他是一位有作为的皇帝。

在他当政期间，定三方之乱，克长江之险，兴均田之业，承府兵之制，创后世不移之政治，立后人依照之法令，成就了仓廪实，法令行，人殷物阜，四海晏如的开皇治世。

他是一位在许多方面都有突出表现的皇帝。

他勤于政事，史载他"每旦听朝，日昃忘倦""自强不息，朝夕孜孜"。这与历代以勤政著称的封建帝王相比毫无逊色之处。

　　他不像一般帝王那样嫔妃成群、庶子众多，而是始终信守与结发妻子所立誓言，不与别的女人有孩子。他的五个儿子，全是独孤皇后所生，无一庶出，这在历代帝王中是罕见的。

　　他在位期间，所行仁政颇多。"乘舆四出，路逢上表者，则驻马亲自临问。或潜遣行人采听风俗，吏治得失。人间疾苦，无不留意。尝遇关中饥，遣左右视百姓所食。有得豆屑杂糠而奏之者，上流涕以示群臣，深自咎责，为之撤膳不御酒肉者殆将一期。及东拜太山，关中户口就食洛阳者，道路相属。上敕斥候，不得辄有驱逼，男女参厕于仗卫之间。逢扶老携幼者，辄引马避之，慰勉而去。至艰险之处，见负担者，遽令左右扶助之。"上述行为，诚属于小恩小惠。春秋时，曹刿就曾说过："小惠未遍，民弗从也。"意思说，小恩小惠不能使人民普遍得到好处，人民还是不拥护你。但是，小恩小惠总比无恩无惠强。对百姓连小恩小惠都不肯给的人，对百姓生活漠不关心的人，很难指望他能给人民带来更大的利益。

　　他是一位有严重缺陷的皇帝。

　　他天性沉猜，独断专行，没有政治家从谏如流的气度，缺乏知人善任的睿智。像高颎那样的名臣最终被他废黜，像史万岁那样的良将最终被他诛戮。

　　他素无学术，不悦诗书，没有良好的文化修养，所以在个性上苛酷任情、喜怒无常，常在律外另立酷法，过于杀戮。

　　他好为小术，雅信符瑞，又听无知之言，惑邪臣之说。致使杨广利用这些夺兄弟之宗，篡太子之位，断送了隋朝的基业。

　　人无完人，这对所有的人来说莫不如此。但每个人的长短优劣又不尽相同。正是上述一切，构成了历史上独一无二的隋文帝。

文帝趣话

第八章

隋文帝与智仙的关系

在隋文帝的童年生活中，有一位名叫智仙（或智迁）的尼姑一直相伴其左右，对他的人生观、价值观的形成有着重要的影响。究竟这位神秘的尼姑与隋文帝是什么样的关系呢？

据传，在隋文帝出生不久，由于天气异常炎热，可谓是酷暑难耐，杨忠夫妇怕杨坚受热，便用扇子为他驱暑。谁料，杨坚却被扇得寒战不已，几绝身亡，杨忠夫妇吓得惊惶失措，不知该如何是好。在此危急关头，一尼姑深夜造访称她能化解此劫，果然，杨坚遇此神尼即刻转危为安了。杨忠夫妇见之立即谢恩，询问之下，才知神尼法号智仙，乃是特意从河东赶来挽救杨坚的。智仙告知杨忠夫妇说："此儿所从来甚异，不可于俗间处之。"杨忠闻言便将儿子托付神尼照料，并割宅为寺以作神尼修行之所，从此杨家人不再过问儿子的日常起居，皆由神尼智仙亲手料理。

而与上述说法不同的是，《佛祖历代通载》卷第十则记载说："释尼智迁者，河蒜蒲坂刘氏女也。少出家，有戒行，长通禅观，时言吉凶成败事，莫不奇验。居般若寺，会文帝生于寺。"照此来看，隋文帝乃是出生于般若寺，恐怕是杨忠由于自己的身份所限，又逢战乱之世，难以照料儿子，故将之托付于智仙代为养育，也就是说智仙乃般若寺尼姑，并非从外地专程赶来的所谓神尼。

一个智仙，两种说法，孰是孰非，我们暂且不论。但从以上的传说和

史料文献中可以看出，隋文帝与智仙当是抚育关系，即智仙是隋文帝的养母。事实上，隋文帝的确是在佛教寺院里度过了十三年，并且是由一位尼姑抚养成人的。在佛院里长大的隋文帝，由于难得见到双亲，故少了儿时的快乐，暮鼓晨钟，燃灯诵经，寺院刻板的生活，使他过早地失去了童稚和天真，养成了深沉稳重、孤傲刚毅的性格，举止有度，少年老成，同时，也缺乏幽默诙谐的气度和人情味。在这段时间里，他深受佛学熏陶，而智仙更是以其为护法金刚转世，从小就灌输他要成就一番伟业的理念，并精心培养他领袖般的远大抱负和深沉性格。而且智仙也将弘扬佛法的重任压在了隋文帝的身上，并对他说："儿当大贵从东国来，佛法当灭由儿兴之。"

外部刻板的清灯戒律生活与内心培养的宏远志向的冲撞，给隋文帝的性格注入了极为复杂矛盾的因素，早年的启蒙教育，更是给隋文帝打上了深深的佛学印迹。隋文帝曾回忆这段生活说："我兴由佛法，而好食麻豆，前身似从道人中来，由小时在寺，至今乐闻钟声。"影响之大，可见一斑，想必后来执政后的弘佛兴教之举皆与此有莫大关系吧。

隋文帝除遵养母智仙嘱托大兴佛事外，对于养育自己长大成人的养母，他也终生难忘，思念情深，为了报答这份恩情及以示怀念之心，他建隋之初，便令著作郎王劭为智仙立传。后来，又为之塑像，画貌，并广颁于寺庙中，以示尊崇。"慈母手中线，游子身上衣。……谁言寸草心，报得三春晖。"缺少了父母双亲的爱抚，智仙恐怕就是隋文帝童年唯一的牵挂了。

隋文帝对货币与度量衡有何改革

　　秦始皇横扫六国，第一次完成了货币与度量衡的统一，汉武帝再接再厉，对货币与度量衡进行了第二次改革，促进了经济的飞速发展。然而至东汉后，神州大地哗然大变，四分五裂，魏晋南北朝的动荡，使得政权迭立，群雄并起，结果各地的货币与度量衡极为混乱，严重阻碍了各地经济的交流，对此，隋文帝又进行了一番改革。

　　关于隋建国之初的货币与度量衡混乱情况，史书记载说前朝北周、北齐货币有四等，重量不一，民间私钱，种类繁多，皆无所依。比如关东地区所流通的常平钱，关中地区所施用的五行大布、永通万国等币种，不仅在形制、轻重上极不统一，而且劣质钱币数量很多。导致这种情况产生的原因则是分裂使得各自为政的王国为了保护本国经济，便依照国内的经济情况制定自己的货币与度量衡的规制，同时也便于本国国民的使用。当然，这种情况在分裂的南北朝时期，的确对经济起到了保护和促进作用。但对于天下一统，追求太平盛世的隋文帝来说，却是难以容忍的，这不仅有碍隋朝的经济发展，更不利于他实现自己心目中的政治蓝图，于是隋朝的货币与度量衡改革便开始了。

　　据史载，改革首先是从货币开始的。隋文帝即位后，便于开皇元年（公元581年）诏令重铸五铢钱，每一千重四斤二两，并下令悉禁古钱及私钱，又"禁行恶钱""自是钱币始一，民间便之"。所谓五铢钱，即是

说每枚铜钱重五铢，这种五铢钱"背面肉好，皆有周郭，文曰五铢，而重如其文。每钱一千，重四斤二两"。这里的"肉"指钱币的周边，而"好"指钱币的方孔。"肉"与"好"的正反面有凸出的圆郭和方郭以防磨损毁坏，同时上边铸有"五""铢"字样，表示这枚钱的实际重量。这种新的币种经过印铸出炉后，文帝审阅认为可用，乃于开皇三年（公元583年）颁诏令"四面诸关，各付百钱为样，从关外来，勘样相似，然后得过。样不同者，即坏以为铜入官"。事隔两年后，隋文帝下令"又严其制，自是钱货始一，所在流布，百姓便之"。开皇九年（公元589年）灭陈后，铸钱的规模更大了，当时在扬州设五炉，鄂州（今武昌）设五炉，铸出了大量的五铢钱流通于市。至此，隋朝的货币经过改制后便告统一了。

与此同时，统一度量衡的工作也在紧锣密鼓中进行着。度量衡与货币的情况基本一样，亦是各种形制、规格通行于市，混乱不堪。为此文帝下令统一度量衡制，并在度、量、衡三个方面分别给予了规定。对此《隋书·律历上》记道"开皇以古斗三升为一升""开皇以古秤三斤为一斤"。隋文帝诏令颁布后，当时的冀州刺史赵煚便制作了一个样品，即铜斗铁尺，在民间进行了试运行，结果得到百姓好评，称甚便利。隋文帝闻知后非常高兴，史称"闻而嘉焉，颁告天下，以为常法"，即将赵煚发明的这种度量衡器具作为隋朝统一的标准度量器具，这样，度量衡也得到了统一。

隋代黄釉人物浮雕执壶

　　隋文帝即位后在统一钱币和度量衡方面所作的工作，不仅适应了中国南北统一后经济发展和政治统一的需要，而且对后世货币与度量衡的发展也有深远影响，盛唐亦多沿袭隋制。

隋文帝为何废除学校

　　开皇九年（公元589年）隋文帝称各地生徒"多而未精"，且"未有灼然明经高第"，主要原因则是"教训不笃，考课未精"，故"今宜简省"。于是仁寿元年（公元601年）诏令"国子学惟留学生七十人，太学、四门及州县学并废。其日，颁舍利于诸州"。七月，又下令"改国子为太学"。这样，全国就只保留了一所太学，其中有博士五人，生员七十二人，其余中央和地方学校全部废弃，这便是隋朝著名的废学事件。

　　为了便于理解整个废学事件的来龙去脉，特此录载隋文帝在仁寿元年（公元601年）六月十三日，颁布的废学诏令。诏曰："儒学之道，训教生人，识父子君臣之义，知尊卑长幼之序，升之于朝，任之以职，故能赞理时务，弘益风范。朕抚临天下，恩弘德教，延集学徒，崇建庠序，开进仕之路，伫贤俊之人。而国学胄子，垂将千数，州县诸生，咸亦不少。徒有名录，空度岁时，未有德为代范，才任国用。良由设学之理，多而未精。今宜简省，明加奖励。"

　　对于上述的隋文帝废学一事，文学界多持批评意见，然而在探求导致文帝废学原因的问题上，各派却产生了分歧，大致说来，有两种观点。

一部分对隋文帝废学持批评态度的学者认为，导致这一事态发生的原因主要与隋文帝的个人素质有关，即文化素养有关。他们查阅了史书后认为文帝"不悦诗书"，乃"废除学校"，可以说是"不达大体"。

尤其是到了晚年，更是"精华稍竭，不悦儒术，专尚刑名，执政之徒，咸非笃好"。也就是说废学事件的发生，与隋文帝的思想认识水平及晚年喜好有关。为此，他们还进一步提出，隋文帝到了晚年崇奉迷信，专事佛教，故相信只有通过弘扬佛法，才能拯救苍生黎民，从而国泰民安，即放弃儒家的教化之学，而改投佛家的修行之术乃是导致隋文帝晚年废学的重要原因，确切地说就是隋文帝已不相信文化的政治作用了。其仁寿诏令中"其日，颁舍利于诸州"就是这种变化的体现。本身的文化缺乏素养再加上晚年的倾心佛道，便构成了隋文帝废学的原因。

而另有一部分学者则认为另有缘由。他们指出这与隋文帝为政治国急功近利、雷厉风行的作风有关。隋文帝是行伍出身，干什么事都要求立竿见影。从开皇初期到仁寿初期，二十多年来的办学历程，得到的结果却是"诸生多不精励"这一事实，即是说尽管教育事业已发展了二十多年，但隋文帝却无法从培养的学生中找到自己所期盼的经国治世之才，对此隋文帝便认为办学并不能获得人才，只能使诸生"徒有名录，空度岁时"。况且这种白白浪费国家财力、人力、物力的兴教之事，竟不能培养出人才，对于一向崇尚节俭的隋文帝来说，自然是无法忍受的。故提出"今宜简省"，仅设一太学尔。也就是说是崇尚节俭和培养无果导致了隋文帝废学。

同时，这些学者还批评了隋文帝的做法，称其是因噎废食，不懂得具体情况具体对待，而是一味蛮干，一竿子打翻了一船人，可谓是"城门失火，殃及池鱼"，整个行为太过偏激，这也从侧面反映了隋文帝治国思想的单一和偏执。

目前，尽管关于隋文帝废学原因的探索尚有分歧，但可喜的是，这种分歧正在慢慢地缩小，激烈的论争，最终得出的将会是客观、科学的结果，就让我们对这个结果翘首以盼吧。

名将贺若弼和韩擒虎结局如何

贺若弼、韩擒虎是隋文帝手下两位声名远播的战将，在平陈战役中立下了不朽功勋。然而，由于两人的脾性各异，结果下场也各不相同。

《隋书·贺若弼传》载，贺若弼，字辅伯，河南洛阳人，父贺若敦为北周金州总管。出身关陇贵胄将门之家的贺若弼从小就有大志，骁勇善弓马，并博览群书，饶有文采，曾任齐王宇文宪的僚属，封当亭县公。周天元在位时随韦孝宽伐陈，攻拔了数十座城池，改封襄邑县公。

《隋书·韩擒虎传》载，韩擒虎，字子通，河南东垣人，父韩雄仕北周官至大将军，也是关陇贵族将门之家。韩擒虎年少时容貌魁梧，有胆略又好读书，有文武才能，袭父爵新义郡公。随周武帝东伐北齐时曾说服齐金墉城守将独孤永业投降，又进军平定范阳，拜永州刺史，后迁任和州刺史，对付南方的陈朝，曾屡败陈兵。

隋文帝在伐陈之前曾向宰相高颎请教何人为伐陈先锋，高颎便推荐了贺若弼、韩擒虎。隋文帝称善，便委二人以重任，同时在伐陈前贺若弼献上的平陈十策，更是令文帝对他愈加器重。开皇九年（公元589年），隋文帝派大军讨伐陈朝，贺若弼以行军总管领一万两千人从广陵渡江神不知

鬼不觉地就进入了陈军的控制领域，接着又以八千劲卒击溃了陈京都建康的十万大军，为隋朝立下了头等军功。而此刻的韩擒虎则领精兵五百，在夜间于采石渡江，所向披靡，攻入了建康城，擒获了陈后主叔宝，亦立不二之功。贺若弼力敌苦战陈军主力，致使晚入建康城，使韩擒虎先入城擒得陈后主，抢了头功，因而极不服气，"耻功在韩擒虎后"，以致竟"挺刃而出"，甚至争功闹到了文帝面前。贺若弼说："臣在蒋山死战，破其锐卒，擒其骁将，震扬威武，遂平陈国。韩擒虎略不交阵，岂臣之此！"韩擒虎毫不示弱，指责贺若弼有违军令，说："本奉明旨，令臣与弼同时合势，以取伪都。弼乃赶先期，逢贼遂战，致令将士死伤甚多。臣以轻骑五百，兵不血刃，直取江陵，降任蛮奴，执陈叔宝，据其府库，倾其巢穴。弼至夕，方扣北掖门，臣启关而纳之。斯乃救罪不暇，安得与臣相比！"隋文帝见二人争执不下，便息事宁人称道："平定江表，乃爱卿之合力也""二将俱合上勋"。并私下安抚贺若弼说："克定三吴，公之功也。"遂即对贺、韩二人加官晋爵，赏赐无数，并命登御座。贺若弼以功封宋国公，并赐陈叔宝妹为其妾，恩宠无比。韩擒虎进位上柱国，赐布帛八千段，因其放纵士兵奸污陈室后宫，故未加封爵食邑。从此以后两人更是趾高气昂，意气风发。

然而，两人相较，贺若弼似乎更狂傲一些。自平陈之役受到隋文帝重赏之后，贺若弼便自以为功名才能在诸朝臣之上，常以宰相自居，对当前朝纲及人事任命指手画脚，形于言色，表示不满，结果得罪了身边不少人，最后竟因怨望下狱。公卿将相们认为此人罪当处斩，隋文帝念在他曾立不朽军功，便宽宥贺若弼，免其死罪，除名为民。一年后恢复贺若弼宋国公爵位，但不复使任，每次设宴，都对之优礼有加。但是至大业三年（公元607年）被隋炀帝诛杀，原因是他曾多次开罪杨广，一是平陈时未按计划行事，先期自行与陈军决战，使杨广主力未发挥作用，失去了建功立业的机会。同时，杨广以"违军令"罪处罚贺若弼时，他竟不服并顶撞，由是杨广便怀恨在心。二是杨广为太子时，曾讨问其对于韩擒虎、杨素、史万岁三员大将的看法，贺若弼表示不屑，并以自己为第一居之首位，由此杨广深觉此人自负狂傲不可留。

而同样立有军功的韩擒虎则不同，虽其封赏低于贺若弼，但他能自知，不居功自傲，将心思放于吃喝享乐上，使隋文帝及诸臣对他无怀疑和嫉妒之心，从而得以善终，病亡府宅中，时年五十五岁。

当然，不管贺、韩二人的最终下场如何，他们对历史的贡献则是不容抹杀的。对此，历史文献评价二人一生之功绩道："贺若弼慷慨，申必取之长策；韩擒虎奋发，贾余勇以争先。势甚疾雷，锋逾骇电。隋氏自此一戎，威加四海。稽诸天道，或时有废兴。考之人谋，实二臣之力。其傲傥英略，贺若居多；武毅威雄，韩擒称重。"

隋文帝两位宠妃身份揭晓

晚年的隋文帝早已没有了开国之初的那份勤事政务的作风了，尤其是独孤皇后去世后，隋文帝几乎很少插手政务，相反，他把更多的生活放在后宫生活上。隋文帝曾对裴肃说："吾贵为天子，富有四海，后宫宠幸，不过数人。"这数人中除了结发之妻独孤氏外，能为隋文帝宠幸的就只有宣华夫人和容华夫人两位妃妾了。独孤氏离世后，便是这两位妃子陪隋文帝走完了他的人生之旅。

据载，宣华夫人陈氏，乃南陈宣帝陈叔宝的女儿。由于古代封建制度下男尊女卑，故史书中一般都不记录女子的名讳，仅以氏代称，因而这里我们将之称为陈氏。宣华夫人陈氏在陈朝灭亡后，被配入掖庭，后因其"性聪慧"，又"姿貌无双"，遂被隋文帝选中充入了后宫。陈氏由于早年经历亡国之事，加之在南陈时常出入后宫，故非常善解人意，精于世故，于察言观色之际尽使手段，深讨隋文帝欢心，同时也颇受独孤皇后青睐，所以竟能在独孤皇后严密控制后宫的时候，侍奉隋文帝，可见其能耐之大。后来，晋王杨广谋篡太子位，据说她又加入了杨广集团，在隋文帝枕边说了不少好话，并推波助澜，促成了太子杨勇的垮台，不仅帮了杨广的忙，更讨取了独孤氏的喜欢。正是因为以上的行为，才促使她更进一步地得到了隋文帝的宠幸，在独孤皇后去世后，她被晋封为贵人，从此专擅房宠，主宰后宫，朝臣亦多有巴结。

另一位容华夫人，名蔡氏，亦是江南人。其生长于江南丹阳，南陈灭亡后被选入后宫，充任世妇。蔡氏生得仪容婉丽，但她没有宣华陈氏那般世故圆滑，未能讨得独孤皇后的欢喜与依赖，故即使早已被隋文帝看中，但却罕见临幸。直到独孤氏去世后，才被晋封为贵人，协助宣华夫人处理后宫事务，并被日渐宠幸。史称蔡氏"参断宫掖之务，与陈氏相亚"。据说在杨广夺嫡的阴谋活动中她也有参与，但由于证据不足，因此不能断定，只是推测而已。

面对两位娇美年轻的妃嫔，隋文帝压抑多年的欲望像火山一样终于爆发了。没有了独孤皇后的专擅宫闱之后，隋文帝竟然忘了自己已是年近古稀的老人，竟沉湎于美色，日夜缠绵于后宫，不理政务。但是秀色并不可餐，日日纵欲的结果是隋文帝身体的迅速衰弱，并"由是发疾""精华稍竭"。直至病入膏肓，沉溺美色的隋文帝才悔悟自己在古稀之年的糊涂，称"使皇后在，吾不及此"。然而，即使此刻独孤皇后在，也于事无补了。

常言道：红颜祸水。隋文帝此刻的心情可能就是这样的。但这又与两位绝代佳人有何干系呢？作为一代君王，不顾年迈之躯，纵情声色，这是他自身的失误，君命不可违，两位弱女子又能如何。或许去世的独孤皇后怎么也没想到自己专擅房事的结果竟是这般光景，越是得不到的越是最好的，这也许就是适得其反的生动写照吧。隋文帝以敬事独孤一妇而博得佳话，却不料晚年竟因红尘事而患疾身亡，真是对一代帝王极大的讽刺。

隋文帝皇后——独孤氏

隋唐时期，妇女较少受礼法的约束，妇女广泛参与社会生活，在商业、科技、文艺等领域，广大妇女均发挥了重要作用，在政治领域，也出现了一批有影响力的女性。

在隋代，参政的后妃中最著名的就是隋文帝皇后——独孤氏。独孤氏出身豪门之家，历经政治坎坷，极有政治眼光。当杨坚被推举为辅弼大臣，正在犹豫不决时，独孤氏派人传话给丈夫："大势难挡，君骑虎难下，当自勉！"要丈夫抛开顾虑，披荆向前。杨坚做了皇帝后，独孤氏成了皇后，她以国为家，政治上十分贤德。突厥与隋互市，有明珠一箱，索价八百万，幽管总管请她购下，独孤皇后回答："这不是我要的东西。当今戎狄寇边，将士疲劳，不如以八百万分赏有功者。"她父母早亡，见公卿有父母者，常予礼赠。她的表兄弟，大都督崔长仁，犯法当诛。隋文帝看在皇后的面子上，欲免其罪。她回答："国家大事，怎可顾及私情？"

崔长仁还是依法被诛。独孤氏颇仁爱，每闻处决犯人，未尝不流涕。她对隋文帝施政的过失常能"随所匡谏"。鉴于她在政治上的影响力与隋文帝不相上下，朝臣把她和隋文帝并称为"二圣"。

隋唐妇女的画眉之风

　　妇女画眉的习俗，起源很早。《楚辞》和《韩非子》等先秦典籍对这一习俗有明确的描述，秦汉时期，这种习俗日渐普及。西汉时，京兆尹张敞亲自为妻子画眉，跟他有仇隙的人知道这事后，向皇帝报告，说张敞的这种行为损害了官员的形象，应予惩罚。皇帝召来张敞，张敞坦承有这件事，并说："臣闻闺房之内，夫妇之私，有过于画眉。"皇帝一想，张敞说得对呀，夫妻之间，什么亲密的举止都有，丈夫为妻子画眉算什么事？于是对张敞不加责备。"张敞画眉"这件事经皇帝一掺和，变得人人皆知，后来"张敞画眉"成了夫妻恩爱的典故。隋炀帝时期，宫中画修长眉式的妇人极得炀帝宠爱。一时间宫人争画长眉，致使画眉的颜料"黛"供不应求，朝廷不惜重资从波斯（今伊朗）购得大量眉黛以供宫中之需。唐人冯贽《南部烟花记》云："炀帝宫中，争画长蛾，司官吏日给螺子黛五斛，出波斯国。"

　　唐代，画眉之风依旧盛行。唐玄宗李隆基风流成性，染有"眉癖"，他对妇女画眉的嗜好，比之隋炀帝毫不逊色。史书上说：李隆基"令画工画《十眉图》。一曰鸳鸯眉（又名八字眉），二曰小山眉（又名远山

眉），三曰五岳眉，四曰三峰眉，五曰垂珠眉，六曰月棱眉（又名却月眉），七曰分梢眉，八曰涵烟眉，九曰拂云眉（又名横烟眉），十曰倒晕眉。"一朝天子对画眉的细心琢磨是社会风尚在统治层的反映，同时也对画眉世风的弥漫起了添薪鼓风的作用。宫里的情况自不用说，比如唐玄宗封杨贵妃三姊妹为韩国夫人、虢国夫人和秦国夫人，每人每月给钱十万，为脂粉之资，但虢国夫人自恃姿色美艳，从不施脂粉，常素面朝见天子。虽不施脂粉，但从不忘画眉，只不过画眉，不尚浓墨重彩，只轻妆淡抹。脂粉可不施，眉却不能不画，对姿色最自信的虢国夫人尚且如此，一般妇女对画眉的偏好，可以想见。

社会上的一些小孩子，也学着大人的模样，描起了细长的蛾眉。李商隐《无题诗》云："八岁偷照镜，长眉已能画。"

如果我们对唐代壁画、雕塑中妇人的形象细心观察，那个时代丰富多姿的画眉之法，如歌如诗的画眉之尚就会一幕幕地呈现在我们眼前。

隋代大运河之谜

隋炀帝登临大宝之后，就立即征发百万民工开挖工程浩大的南北京杭大运河。运河开凿成功之后，隋炀帝又大造龙舟游江都，结果不仅耗费了数十万的民力，耗费了大量钱财，而且导致了隋王朝的直接灭亡。缘于此，历史上就对开凿运河一事展开了评价，一直以来褒贬不一。

传统的观点认为，大运河开凿的原因，是隋炀帝为了满足自己巡游

江都风光的目的，当然也有加强对东南地区的控制和将南方财赋物资运往京都的需要，但主流是满足个人的奢侈生活。唐人皮日休就曾赋诗《汴河怀古》批评道："尽道隋亡为此河，至今千里赖通波。若无水殿龙舟事，共禹论功不较多。"认为如果不是巡游带来的大量钱财的浪费，以致国空民竭，那其功可与禹相提并论。同时持这种观点的人还指出，炀帝不仅好炫耀巡游，更好扬州的春江花月，他就曾为此作《春江花月夜》一诗说："暮江平不动，春花满正开。流波将月去，潮水带星来。"此外的《江都宫乐歌》《泛龙舟》《幸江都作》《迷楼歌》都是其向往扬州奢靡生活的写照，以致有诗云其"种柳开河为胜游"。

与之相对应的一种说法还认为，大运河之所以被开凿，是因为"睢阳有王气"，通过开凿运河可以将此王气"凿穿"，那样隋朝的江山就稳固了。至于隋炀帝喜游江都，那是因为江都是隋炀帝的福气之地。这种观点是流传颇为久远的一种看法，这在历代的野史杂记中均有大量篇幅的描写，唐《开河记》就是一例。

针对以上的观点，许多学者均认为是荒谬之言，乃是史家、小说家拿隋炀帝当暴虐之君并用作反面教材大肆渲染夸张的结果，不足为信。他们指出由于我国水流由西向东的地理地形的限制及政权南北格局的特点，使开运河一事从春秋战国至以后的历朝历代都有进行，而非隋炀帝一朝一代之事，南北京杭大运河的开凿是有其深刻的政治、经济、军事原因的。

隋朝结束了魏晋南北朝以来的分裂割据局面，统一了全国。但要实现南北政治上的统一，则势必要保证交通、通信的便捷有效，这样政令才能贯彻，江南地方有个风吹草动，京都也能及时加以控制，大运河的开凿就是应这种时势而开凿的。同时，由于经济重心已经南移，粮钱等物要从江南源源运抵京师，保证京师的供给，仅靠陆路运输，不但浪费时间，而且运输量大，效率低下也是重要问题，这还不算人畜运输过程中的消耗。相比较下来，水运不但运量大、快捷，而且还省了不少运输费用，降低了成本，可以说是最经济的运输方式了。这样，开凿大运河也就具有明显的经济效益，其开凿是显而易见的利国利民，顺应历史、社会发展潮流的宏伟功业了。当然，在军事上，大运河便捷的运输能力，可以加强中央政府对江南及北方要塞的控制，具有重要的政治军事价值。例如永济渠的开通，就是为征高丽而做的军事准备。由此说来，将隋朝的灭亡，归罪于大运河的开凿是根本站不住脚的。

然而，也有人对上述说法表示质疑，他们认为既然隋大运河的开凿是为了诸多的治国需要，那么隋炀帝在运河开通后三游江都，大肆炫耀，龙舟之华丽，浪费财物之奢侈又该作何解释呢？他滥用民力造成国库空虚，不及时充盈和缓和阶级矛盾，改善人民生活，却着急于享乐，这又该如何解释呢？因而，说运河的开凿是为了政治等方面的需要，说法也是有偏颇之嫌的。

其实，以上的种种说法，都将视角放在了微观领域去进行研究，而忽视了宏观上的把握。大运河的开通，既有形势的需要，也难脱隋炀帝个人享乐主义思想的干系。总之，个中是非曲直，一时还难以断言，留待史家去研讨揭露真相吧。

隋代大运河初建于大业元年（公元605年），完成于大业六年（公元610年）。这条河南起余杭，中经江都、洛阳，北至涿郡，连通了海、河、淮、江、钱塘江五大水系，穿梭于今浙江、江苏、安徽、河南、山东、河北六省及北京、天津两直辖市，全长约二千公里。它是世界上开凿最早、航程最长、规模最大的一条古运河，是古代运河史上一项伟大的工程。

大运河的开凿是分四段进行的。第一段是通济渠，此渠又名御河，这条河连接黄河和淮河两大水系，为最先开凿的一段。通济渠共分3段：一是自洛阳西苑引谷水、洛水，循阳渠故道东向由洛水注入黄河；二是再自

文帝趣话

洛口利用黄河自然河流接通洛阳西苑，方便巡幸之用；三是由板渚引黄河水向东南注入淮水。通济渠全长一千三百多里，史载"河畔筑御道，树以柳"，而关于其当时规模气势之描写，有一首古诗极为恰切，诗云："大业年中炀天子，种柳成行夹流水。西自黄河东至淮，绿阴一千三百里。"

第二段曰邗沟，此段连接江、淮两大水系，虽然全部航道仅有三百余里，但是它的作用却异常重要。其意义史称"为后世运道直径之始"也，这段话的评价其实也就是说邗沟的开凿有开创之功。邗沟不仅地位重要，历史也非常久远，它并非隋代第一次开凿的，它从春秋吴王夫差时代就已有记载，只不过到了隋炀帝时期得到了最完整的修整护理而已。隋炀帝取直了邗沟，缩短了江淮水运的距离，使长江与淮河、黄河之间航运畅通无阻，从而为后世造福万代。如此开创之功，不但未见称颂溢美之词，反而落了个遗臭万年的名声，真是悲悯至极呀。

永济渠是隋代大运河的第三段，它沟通黄、海两大水系，为东北走向。此段的开凿，据《隋书·炀帝纪》载，乃是大业四年（公元608年）正月乙亥日，诏"发河北诸郡男女百余万开永济渠，引沁水南达于河，北通涿郡"。关于永济渠的具体情况，据《隋炀帝新传》记载，该渠是以通济渠渠首对岸的沁水入黄河处附近为渠口，然后经东北取向汇合清河、淇水，经新乡、汲县、卫县，接着流经黎阳（今河南浚县东北），从内黄县与洹水县中间北流而去，经魏县（今河北大名西）、贵乡（大名东北），过馆陶县，穿永济县，再经临清西门外，过清河东南十里、武城、历亭、漳南（均在今山东德州以南）、长河（德州以东）西十里、东光县西南、白桥、南皮、长芦（今河北沧州），直北过今青县、静海，又折向西北，接桑干水（今永定河）达涿郡蓟城（今北京市），全长两千余里。此段为大运河中最长的一段。

第四段江南运河为南北大运河最南的一段，全长八百里，宽约十余丈。其沿途路线大致是北起京口（今镇江），东南经曲阿（今丹阳）、陵口、吕城、奔牛、常州、威墅堰、无锡、望亭、浒墅关、苏州、关江、平望、嘉兴，东环绕太湖而后折向西南，又经石门、崇德、塘栖、拱宸桥至杭州西南的大通桥附近入于钱塘江。江南运河连通了长江水系与钱塘江两大水系，又与邗沟直接相通，这样就与整个运河连接在了一起。

由于我国河流大多是东西走向，这是由我国西高东低的地理走势决定的，而南北大运河的开凿则将南北方向连接了起来，就像是用一条线将五大水系串于其上，从而东南西北，四通八达，给当时的统治者提供了一条便利的管制渠道，加速了南北政治经济的交流，对以后的历朝历代都产生了重要的影响。隋代南北大运河不仅是中国历史上伟大时代的产物，是中华民族智慧和力量的结晶，是中国人民的骄傲，更是古代运河史上的伟大奇迹之一。

隋文帝为何大兴佛事

开皇元年（公元581年），隋文帝颁诏全国令重建先前所废诸寺，营造寺庙及塑像所需费用，从民间征收，百姓可自由出家。同时，各级政府所辖文化部门负责抄写佛经，置于寺内，副本藏于秘阁。"天下之人，从风而靡，竞相景慕，民间佛教，多于六经数十百倍"。据统计，在这一年中文帝曾分别于二月、三月、七月和八月四次颁诏令建寺庙，此等规模的兴建佛事举动，除梁武帝外，恐怕历史再无第二位君王能居隋文帝之首

了。那么究竟是何原因使隋文帝甘心如此为佛教的兴隆大造声势呢？一时众说纷纭，莫衷一是。

一种说法认为，隋文帝崇佛乃是出于政治统治的需要，用佛教来麻痹广大民众是南北朝以来的传统做法，隋文帝的崇佛正是沿袭了这种统治策略。因为当时的情况是，隋文帝是篡周而立的，全国各地有太多的势力实际上并未臣服于他，以佛教将民众的思想钳制，可以避免人心浮动所带来的统治危机，即所谓"隋文承周武之后，大崇释氏，以收众望"，说明了隋文帝的宗教政策是根据政治需要而制定的。

但有学者则认为与隋文帝幼年出生和成长的经历有关。据史载隋文帝出生于佛教寺庙中，并在神尼（一说是寺僧）的抚养下长至十三岁才离开。长期的耳闻目睹，使他对寺院产生了深厚的感情，加之神尼的"儿当大贵从东国来，佛法当灭由儿兴之"的期盼，都令隋文帝深感兴建佛事之重要，于是为了完成养母神尼的愿望，报答在寺院成长过程中所得到的关照，纪念养母神尼的养育之恩，便在一上台就下诏建寺。

然而，也有学者并不认可上述说法。他们指出，隋文帝的个人思想观念决定了他的上述崇佛现象。史载文帝"因集业故，得生人中，王领国土，故称人王。处在胎中，诸天守护，或先守护然后入胎，三十三天，各以己德分，兴是王以天护故，称为天子"。文帝在其给律宗灵藏法师的手敕中说，"弟子是俗人天子，律师为道人天子，有欲离俗者任师度之""律师化人为善，朕禁人为恶，意则一也"。这些学者研究后认为在文帝的意识世界中存在一个俗世与佛教的净世，这两个世界存在的意义是相同的，即同为治人、度人之世。隋文帝大建寺院，崇信佛教，表明了他要和佛教共同治理天下的理念。

但目前比较流行的说法则认为，佛教在隋文帝手中得以崛起，主要是因为隋文帝比较迷信，他在代周而立之际曾大肆屠杀周室宗族，对平定尉迟迥叛乱的过称中亦大开杀戒，为了免遭恶鬼缠身，便大兴佛事以超度亡魂，来换取自身心灵的平静和精神的慰藉。唐朝僧人道宣曾在《集神州三宝感通录卷上》中记载了当年的平叛大屠杀，文中记载："拥俘虏将百万人，总集寺北游豫园中，明旦斩决。围墙有孔，出者纵之，至晓便断，犹有六十五万人，并于漳河岸斩之，流尸水中，水为不流，血河一月，夜夜鬼哭，哀怨切人。以事闻帝，帝曰，'此段一诛，深有枉滥，贼止蔚迥，余并被区。当时恻隐咸知此事，国初机候不获纵之。可于游豫国南葛履山上立大慈寺，坼三爵台以营之，六时礼佛，加一拜为园中枉死者'。寺成，僧伍依敕礼唱，怨哭之声一期顿绝矣。"可见，当年的大屠杀所造成的恐怖在月黑风高之际，使整个游豫园充满了冤魂野鬼的凄厉哭声，即使是隋文帝本人也心中难安，其建寺超度的举动也就不足为奇了。

看来，关于隋文帝大兴佛事的原因的确是百花争鸣，说法各异。然细想之，似乎也并无互相冲突之处，实际上，任何谜团的出现，都有其本身颇为复杂的原因，那么，对于它的破解之法有多方面的注释也就不足为奇了。

隋文帝杨坚大事年表

附 录

541年　西魏文帝大统七年

六月十三日（公元7月21日），出生于华州（今陕西省大荔县）。

出生后，即由尼姑智仙抚养于般若寺中，至十三岁。

554年　西魏恭帝元年　十四岁

被京兆尹薛善辟为功曹。

555年　西魏恭帝二年　十五岁

因父亲杨忠的勋功而被授散骑常侍、车骑大将军、仪同三司，封成纪县公。

556年　西魏恭帝三年　十六岁

升骠骑大将军，加开府；与北周柱国、大司马独孤信十四岁的女儿独孤伽罗结婚。十一月，宇文泰去世。

557年　北周孝闵帝、明帝元年　十七岁

正月，北周立国，宇文觉（孝闵帝）即天王位，宇文护执掌朝政；九月，宇文护废孝闵帝，改立宇文毓（明帝）。杨坚任右小官伯，进封大兴郡公。

560年　北周明帝武成二年　二十岁

四月，宇文护毒死明帝，改立武帝宇文邕。杨坚迁左小宫伯。

561年　北周武帝保定元年　二十一岁

长女杨丽华出生。

565—568年　北周武帝保定五年至天和三年　二十五岁至二十八岁

出任随州（今湖北省随州市）刺史，进位大将军；后征还，侍奉母疾三年。天和三年，父亲杨忠去世，袭爵为隋国公。宇文护想加害于他，被大将军侯伏、侯寿等人所劝阻。

572年　北周武帝建德元年　三十二岁

周武帝诛杀宇文护，收回政权。

573年　北周武帝建德二年　三十三岁

九月，周太子赟纳杨丽华为妃。

575年　北周武帝建德四年　三十五岁

五月，周齐王宪怀疑杨坚，曾密劝武帝除之，未被接纳。七月，周武帝伐齐，杨坚任偏师水军统帅，得以领兵出征。九月，周军撤退，杨坚焚舟舰自陆路撤回关中。

576年　北周武帝建德五年　三十六岁

周大臣王轨以太子赟非社稷之主而劝武帝除掉杨坚，以免后患，未被接纳。十月，周武帝再次率军伐齐，杨坚被委以主力部队右路第三军总管的重任，会同诸军，一举攻克北齐发祥地晋州（今山西省临汾市）。齐后主率主力来援，周以少量部队坚守晋州，全军退回关中，旋又出关，破齐主力于晋州城下。

577年　北周武帝建德六年　三十七岁

北周灭齐。北齐任城王高湝据冀州抵抗。杨坚随北周齐王宪出征冀州，俘虏任城王高湝；二月十三日，因功封定州总管，进位柱国。十二月二十九日，调任南兖州总管。

578年　北周宣帝宣政远年　三十八岁

六月，武帝逝世，宣帝即位，立杨氏为皇后，杨坚因此进位上柱国，回京任大司马。

579年　北周宣帝大成元年、静帝大象元年　三十九岁

元旦，宣帝初置四辅官，杨坚成为四辅之一的大后丞；七月一日，跃升为大前疑，位居四辅官之首。

580年　北周静帝大象二年　四十岁

宣帝要处死杨皇后，杨坚妻独孤氏入宫苦求才获免。不久，宣帝召杨坚入宫，打算诛之，后来因为找不到口实而作罢。杨坚请求外任以避祸。

五月初四，杨坚被任命为扬州总管，但他借口足疾而没有赴任；十日，宣帝发病，杨坚入宫侍疾；二十四日，宣帝驾崩，郑译、刘昉等人矫诏杨坚辅政；次日，静帝入居天台，杨坚为假黄钺、左大丞相，总领百官；六月二十三日，因为尉迟迥、宇文胄等人起兵，静帝诏令杨坚都督内外诸军事；八月，平定尉迟迥，司马消难南奔陈朝；九月二十九日，周朝废除左右丞相之号，仅设大丞相一职，由杨坚担任；十月十日，杨坚加大冢宰职，总摄其他五府，集大权于一身；是月，平定王谦；十二月十三日，杨坚进封为隋王，以十郡为国。

581年　隋文帝开皇元年　四十一岁

二月初九，杨坚任相国，总百揆，加封十郡，剑履上殿，入朝不趋，赞拜不名，被九锡之礼，建天子旌旗，出警入跸。十三日，即皇帝位于临光殿，国名为隋，年号开皇，实行三省六部制，封赏功臣，任命首批行政首长，确立恢复汉魏传统的国策，改变舆服制度，革除周末苛政。降周静帝为介国公，大杀北周宗室。

突厥与北齐营州刺史高玉宁合兵进犯，攻陷临渝镇。四月，诏修长城，停止北周以来向突厥输纳的"岁贡"，确立积极防御的方针，委派大员出镇沿边要地，加强战备。

五月二十三日，派人害死北周末帝。

吐谷浑进攻弘州、凉州，八月，遣行军元帅元谐击破吐谷浑。

九月，反击陈朝的进攻，尽复江北之地。统一货币，行用五铢钱。

十月十二日，颁行《开皇律》；十六日起，巡视岐州一带，奖掖提拔有政绩的地方官，至十二月二十五日才返回长安。是年，下诏听任境内百姓自由出家，令计口出钱，营造佛教经像。

582年　开皇二年　四十二岁

正月八日，幸上柱国王宜府第；十五日，幸安成长公主府第；十六

日，分别置河北、河南、西南三道行台尚书省于并州、洛州和益州，以晋王广、秦王俊、蜀王秀为三道尚书令。二十九日，诏举贤良。

二月十五日，以"礼不伐丧"，诏伐陈诸军班师。十七日，幸赵国公独孤陀第。

五月六日，因关中旱而亲审囚徒，其日大雨。

六月二十三日，下诏营建新都，十二月六日，命名新都为大兴城。

七月，颁行令、格、式。继续推行均田制。

四月起，突厥试探性攻击边塞，被击退。五月，突厥沙钵略可汗悉发五可汗骑兵，倾国来攻，高宝宁也从东北发起攻势，隋朝全线防御。六月，卫王爽率七万大军出平凉，李充于马邑打退突厥，贺娄子干破敌于可洛陔山。但西北一线要塞多处被突厥攻破，长安暴露于突厥兵锋之前。文帝过度操劳而病倒，令太子勇于十月二日出镇咸阳。十九日，文帝病愈，宴请百官于观德殿，赐钱帛，任由自取。十二月一日，于后园讲武。十五日，再派内史监虞庆则驰往弘化拒敌。突厥腹背受敌，大掠甘陕沿边州郡后退兵。

十六日，赐国子生经明者束帛。十七日，亲录囚徒。

是年，纳后梁明帝萧岿之女为晋王妃，罢江陵总管，后梁帝始得掌握国政。

583年　开皇三年　四十三岁

元旦，将入新都，大赦天下。禁大刀长矟。

三月十八日，服常服迁入新都。十九日，下诏购求图书。二十二日，大宴百官，班赐各有差。减丁役制，罢榷盐酒。

二月以来，突厥屡犯北边。至四月，突厥大军压境，吐谷浑也趁势入侵。文帝下诏大举讨伐突厥。卫王爽出朔州道，重创突厥，沙钵略负伤潜逃。幽州总管阴寿平定高宝宁。西北方向也取得重大胜利。突厥内讧。贺

娄子干深入吐谷浑，大败之。

四月十六日，亲祀雨师于京城西南。十八日，诏令天下劝学行礼。二十五日，亲自祈雨。五月二十四日，有事于方泽。

六月二十八日，幸安成长公主第。八月二十二日，亲祀太社。九月十七日，至城东观稼谷。十八日，大赦天下。

十月九日废河南道行台省，秦王俊改任秦州总管，辖陇右诸州。

十一月十四日，诏举人才。河南道行台兵部尚书杨尚希上表请减省州郡，被文帝所采纳。十二月三十日，下诏撤销郡一级行政建制，改州郡县三级制为州县二级制。裁减下来的冗员成为不理时事的"乡官"，实行地方官及其僚佐任期制，品官皆由吏部任命，每年考核政绩。

更定《开皇律》，凡十二卷，五百条。从卫汴至陕蒲，于黄河流经之十三州募丁运米，在卫、陕、华三州设置大型粮仓，转漕粟米供应京师。

584年　开皇四年　四十四岁

正月，六日，亲祭太庙。八日，有事于南郊。十一日，大射于北苑，十日而罢。张宾、刘晖等制成《甲子元历》，二十九日，诏颁新历。

二月十三日，在霸上为梁主饯行。十五日，突厥苏尼部男女万余人投降。十八日，出巡陇州（今陕西省陇县）。突厥可汗阿史那玷率其部来降。

四月十五日，在大兴殿接见并宴请突厥、高句丽和吐谷浑来使。

六月九日，亲审囚徒。二十一日，诏宇文恺主持开凿都城大兴城至潼关三百余里长的广通渠，以利漕运。

八月八日，以秦王俊纳妃，宴请百官，颁赐有差。十七日，宴请秦王府属官，颁赐有差。二十二日，宴陈使。

九月五日，幸襄国公主第。六日，到霸水视察漕运，赐督役者绢帛。十日，亲审囚徒。十五日，以关中饥荒，前往洛阳。突厥沙钵略屡为阿波

所败，请和亲，文帝准其所请，赐千金公主杨姓，改封为大义公主。遣长孙晟陪同尚书右仆射虞庆则赴突厥沙钵略牙帐，沙钵略称臣。

下诏改革文风。

585年　开皇五年　四十五岁

元月，礼部尚书牛弘等撰成五礼，十一日，诏行新礼。

四月十六日，大司徒王谊以谋反罪赐死于家。十九日，诏征山东马荣伯等六儒。二十二日，自洛阳返回京城。

五月十二日，在大兴殿接受契丹使者请降，至九月，契丹内附。二十九日，诏置义仓。后梁孝明帝萧岿逝世，太子萧琮即立。隋复置江陵总管以监视之。

七月，突厥沙钵略屡为西部阿波、达头联盟所败，寄居白道川内，得到隋军支援，勉强立足，沙钵略上表，诚心悦服。

八月二十五日，幸栗园。九月三日，自栗园回京。十二月二十五日，亲审囚徒。

诏令全国检括户口，计账进四十四万三千丁，新附一百六十四万一千五百口；高颎创制"输籍定样"。完善征税制度。发丁修筑长城，东至河，西至绥州，凡七百里。

586年　开皇六年　四十六岁

正月十二日，党项羌内附。十八日，派遣使者颁历于突厥。二月六日，发丁男十一万修筑长城。十九日，大赦天下。

三月八日，洛阳男子高德上书请文帝为太上皇，传位于皇太子，遭拒绝。

闰八月二十八日，上柱国、郧国公梁士彦，上柱国、杞国公宇文忻，柱国、舒国公刘日方，以谋反伏诛。上柱国、许国公宇文善坐事除名。九月四日，文帝素服来到射殿，令百官射梁士彦等三家财物以为奖赏。

十月，设立山南道和淮南道行台尚书省，分别以秦王俊和晋王广为尚书令；旋改晋王文为雍州牧。

587年　开皇七年　四十七岁

正月十七日，有事于太庙。突厥沙钵略遣子入贡。十九日，制诸州岁贡三人。

二月十二日，祀朝日于东郊。二十七日，幸醴泉宫。发丁男十余万修筑长城。

四月五日，幸晋王第。六日，下令于扬州开山阳渎，以通漕运。

突厥沙钵略可汗卒，其弟处罗侯继立。隋遣车骑将军长孙晟持节前往突厥，册立处罗侯为莫何可汗。莫何击破并生擒阿波。

七月十六日，卫王爽去世，文帝为之举丧于门下省。

八月，征梁主萧琮入朝。九月十三日，后梁安平王萧岩率众奔于陈。十九日，诏废梁国，封萧琮为柱国、莒国公。

十月十九日，出巡同州，瞻仰先父故居，赦囚徒。召卧病京城的李德林前来商讨伐陈大计。二十二日，东巡蒲州，二十五日，宴请当地父老，尽欢而罢。

十一月二十三日，回到冯翊，亲祠故社，召见父老，因其应答不合圣意，大怒，免其县官而去。二十七日，回到长安。

588年　开皇八年　四十八岁

三月九日，下诏伐陈。

莫何率军西征，中箭身亡，沙钵略之子雍虞闾继立，隋仍遣长孙晟持节至其牙帐，册立为都蓝可汗。

十月，复置淮南道行台尚书省于寿春，以晋王广任尚书令，为平陈军元帅。二十八日，因伐陈，祭祀太庙。十一月二日，举行出征仪式。十日，在定城陈师誓众，翌日，送远征大军至河东。十二月五日，从河东回

到京师。

589年　开皇九年　四十九岁

正月，隋军渡江，直下建康，陈亡，俘虏陈后主。二十九日，遣使持节巡抚江南。二月一日，废淮南道行台省。二日，诏设乡正。四月六日，到骊山慰劳凯旋之师，十二日，举行三军凯旋仪式，献俘于太庙，拜晋王广为太尉。十七日，文帝亲临广阳门，大宴将士，颁赏有差；陈朝旧境，给复十年，其余诸州，免当年租赋。翌日，大赦天下。二十九日，颁诏偃武修文。朝野请封禅，不许。

十二月五日，下诏修乐。

590年　开皇十年　五十岁

二月二日，巡幸并州，四月四日回到京师。

五月九日，诏令军人垦田籍帐皆属州县管辖，同于百姓；罢山东、河南及北方缘边新置军府。

六月，规定五十岁免除庸役。

七月二十五日，亲审囚徒。平陈后，文帝致书高句丽王高汤，以兵威谕其臣服，二十六日，高阳忧惧而卒，其子高元继位。

十一月七日，亲临国学，颁赐有差。十七日，祭祀于南郊。江南各地一时俱反，派遣内史令杨素前往镇压。

591年　开皇十一年　五十一岁

正月十四日，以平陈所得古器多为妖变，命令尽加销毁。十八日，高句丽使者复来朝贡。二十三日，皇太子妃元氏病逝，文帝为之举衰于文思殿。

八月二十三日，巡幸栗园，鸩死其弟滕王瓒，二十六日，回到京城。

592年　开皇十二年　五十二岁

七月，因修乐意见不和，何妥上告苏威等共为朋党，一日，罢黜尚书右仆射苏威、礼部尚书卢恺等人。十八日，幸昆明池，当天还宫。二十五日，祭祀太庙。

八月一日，诏各州死罪不得执行，皆令大理寺复审。二日，幸龙首池。二十五日，亲审囚徒。

十月十日，祭祀太庙，在太祖神位前，悲不自胜。

十一月九日，祭祀于南郊。十日，宴请百官，赏赐有差。二十二日，与百官大射于武德殿。

十二月十四日，任命杨素为尚书右仆射。

因库藏皆满，增置左藏院以储藏租调，诏减河北、河东当年田租三分之一，兵士减半，且免调。遣使均田，狭乡农民每丁有田不过二十亩。

593年　开皇十三年　五十三岁

正月十一日，亲祀感帝。二十一日，行幸岐州。

二月六日，下诏营建仁寿宫。十七日，自岐州回京，翌日，宴请考使于嘉则殿。二十七日，制私家不得隐藏纬候图谶。

五月二十四日，更禁止民间私撰史书。

七月十九日，幸昆明池。九月十九日，亲审囚徒。

许嫁公主于突厥可汗，以离间其内部关系。

594年　开皇十四年　五十四岁

四月，牛弘等人所修雅乐成，下诏颁行，同时禁止与之不符的民间音乐。

六月四日，诏令中央及地方官府给公廨田，禁止以公廨钱放贷。

八月九日，因关中大旱，率百姓就食洛阳。

闰十月二十三日，诏令萧琮、高仁英、陈叔宝以时祭梁、齐、陈宗祀。陈叔宝因此上表，请封禅。晋王广亦率百官请封禅。

十一月二日，规定州县佐吏任期，不得连任。

十二月五日，东巡。

595年 开皇十五年 五十五岁

正月三日，来到齐州，亲问民间疾苦。七日，至王符山。十一日，祠泰山，大赦天下。

二月二十七日，收缴天下兵器，禁止私造，关中及缘边地区除外。

三月一日，自东巡回京，望祭五岳海渎。二十九日，来到刚落成的仁寿宫。

四月一日，大赦天下。

六月一日，下诏开凿底柱。三日，下令将相州刺史豆卢通上贡的绫文布在朝堂焚毁。十四日，下诏规定：凡名山大川未在祀典者，皆祠之。

七月九日，晋王广献毛龟。二十二日，自仁寿宫回京。

十一月七日，幸温汤，十一日回京。

十二月四日，敕令盗边粮一升以上者皆斩，并籍没其家。罢州县乡官。规定文武官以四考更替。

596年 开皇十六年 五十六岁

六月，规定工商不得进仕，官人九品以上妻、五品以上妾，夫亡不得改嫁。

八月六日，诏决死罪者，三奏而后行刑。

十月十日，到长春宫，至十一月三日回京城。

《续高僧传》卷十九《法藏传》记载："十六年，隋祖幸齐州，失豫，王公已下奉造观音，并敕安济法供养。"

以光化公主妻吐谷浑伏可汗。

597年 开皇十七年 五十七岁

二月十三日，前往仁寿宫。史万岁平西宁羌，王世积讨平桂州李光仕反叛。二十五日，以河南王昭纳妃，宴群臣，颁赐有差。

三月九日，诏令各级官府长官可于律外杖刑属官。十四日，亲审囚徒。十六日，诛上柱国、彭国公刘昶。

四月二日，颁行张胄玄所制新历。

五月，宴请百官于玉女泉，赏赐有差。

七月，虞庆则讨平桂州李世贤反叛。十三日，秦王俊坐事罢官，被召回京师，以王就第。嫁安义公主与突厥突利可汗，使其部落南徙，都蓝可汗怒，归附西部达头可汗，相率南侵。

九月十一日，自仁寿官回京。

十月二十八日，京师大索。

十二月十日，诛杀上柱国、右武候大将军虞庆则。

吐谷浑内讧，世伏可汗被杀，其弟伏允继立，请依俗尚公主，许之。

598年　开皇十八年　五十八岁

正月二十九日，诏令江南诸州民间三丈以上船只尽括入官。

二月三日，来到仁寿宫。翌日，因高句丽联合靺鞨入侵辽西，任命汉王谅为行军元帅，率水陆三十万伐高句丽。

五月，诏畜猫鬼、蛊毒、厌魅、野道之家，投于四裔。

六月二十七日，下诏废黜高句丽王高元官爵。

九月十六日，汉王谅所率大军遇疾疫，无功而返，死者大半，高句丽王旋遣使谢罪。翌日，规定施舍收留没有官府证明的过客，连坐刺史、县令。二十三日，自仁寿宫回京。十一月七日，亲审囚徒。十六日，祭祀于南郊。

十二月四日，诛杀上柱国、夏州总管、任城郡公王景。再度前往仁寿宫，置行宫十二所。

599年　开皇十九年　五十九岁

正月七日，大赦天下。十二日，大射于武德殿，宴赐百官。二月四

隋文帝杨坚大事年表

日，晋王广入朝。十九日，幸仁寿宫。

四月，突厥突利可汗内附，达头可汗犯塞，遣行军总管史万岁击破之。

六月三日，以豫章王暕为内史令。

八月十日，罢免上柱国、尚书左仆射、齐国公高颎。

十月二日，册封突厥突利可汗为启民可汗，筑大利城安置其部落。

十二月，突厥都蓝可汗为部下所杀。

600年　开皇二十年　六十岁

三月，遣行军总管张衡讨平熙州李英林反叛。

四月，突厥犯塞，以晋王广为行军元帅，大破之。

六月三十日，秦王俊忧惧而死。

九月二十一日，自仁寿宫回京。

十月九日，废黜皇太子及其诸子为庶人，杀柱国、太平县公史万岁。十三日，杀左卫大将军、五原郡公元旻。

十一月三日，立晋王广为皇太子。十二月三日，诏令东宫官属不得向皇太子称臣。二十六日，下诏崇敬佛、道二教，于五岳四镇、江、河、淮、海建庙立祀，敢有毁坏偷盗佛及天尊像、岳镇海渎神形者，以不道论；沙门坏佛像，道士坏天尊者，以恶逆论。

601年　仁寿元年　六十一岁

元旦，大赦，改元。以尚书右仆射杨素为尚书左仆射，纳言苏威为尚书右仆射。

五月七日，突厥男女九万口来降。

六月十三日，下诏废除太学、四门及州县学府，国子学仅留学生七十二人。同日，宣布颁舍利于天下三十州，以庆祝生日。

十月十五日，各州举行安置舍利入塔仪式。

十一月九日，文帝把各地上报的符瑞用版文详加记述，祭于南郊，其

礼犹如封禅，以敬谢上天。

十二月二日，在京城举办无遮大会。尔后，文帝下诏劝谕官民一体诚心向佛，宣布再颁舍利于五十三州。

602年　仁寿二年　六十二岁

正月二十三日，第二批颁舍利使出发，于四月八日各州举行安放舍利入塔仪式。

三月二十一日，来到仁寿宫。

七月十日，诏内外官各举所知。

八月二十四日，文献独孤皇后病逝。

九月十一日，自仁寿宫回京。

闰十月十日，令杨素与诸术士刊定阴阳舛谬。十五日，又令杨素等大臣负责修定五礼。二十八日，安葬独孤皇后。十二月二十日，废黜上柱国、益州总管蜀王秀为庶人。派遣行军总管刘方讨平交州李佛子反叛。

603年　仁寿三年　六十三岁

五月二日，诏令全国于六月十三日文帝生日时，为其父母武元皇帝和元明皇后禁屠。

六月二十四日，专门为丧制下诏，强调孝义。

七月二十七日，诏令各地推举贤能。

突厥内乱，达头可汗奔吐谷浑，铁勒、仆骨等十余部皆降于启民可汗。

604年　仁寿四年　六十四岁

正月十九日，大赦。二十七日，幸仁寿宫，翌日，下诏将朝廷大小事务尽交皇太子处理。

四月，文帝病重。

六月六日，大赦天下。

　　七月十日，在仁寿宫与百官诀别。十三日，崩于大宝殿。二十一日，炀帝即位，在仁寿宫为文帝发丧，八月三日，扶灵柩回到京城，十二日在大兴殿举行殡仪。

　　十月十六日，安葬于太陵，庙号高祖，根据文帝生前遗愿，与独孤皇后合葬在一起。